职业教育
课程开发与教学设计
系列指导手册

主　编◎徐国庆

华东师范大学出版社
·上海·

图书在版编目（CIP）数据

职业教育课程开发与教学设计系列指导手册／徐国庆主编．－－上海：华东师范大学出版社，2024．
ISBN 978－7－5760－5564－1

Ⅰ．G712.3

中国国家版本馆 CIP 数据核字第 20256PB158 号

职业教育课程开发与教学设计系列指导手册

主　　编　徐国庆
责任编辑　蒋梦婷
特约审读　朱丽君
责任校对　王丽平
装帧设计　庄玉侠

出版发行　华东师范大学出版社
社　　址　上海市中山北路 3663 号　邮编 200062
网　　址　www.ecnupress.com.cn
电　　话　021－60821666　行政传真 021－62572105
客服电话　021－62865537　门市（邮购）电话 021－62869887
地　　址　上海市中山北路 3663 号华东师范大学校内先锋路口
网　　店　http://hdsdcbs.tmall.com

印　刷　者　启东市人民印刷有限公司
开　　本　787 毫米×1092 毫米　1/16
印　　张　25.25
字　　数　595 千字
版　　次　2024 年 12 月第 1 版
印　　次　2024 年 12 月第 1 次
书　　号　ISBN 978－7－5760－5564－1
定　　价　76.00 元

出 版 人　王　焰

（如发现本版图书有印订质量问题，请寄回本社客服中心调换或电话 021－62865537 联系）

目录

职业院校人才需求调研指导手册 / 1

工作任务与职业能力开发指导手册 / 51

职业院校人才培养方案开发指导手册 / 97

职业教育课程标准开发指导手册 / 165

活页式、手册式教材开发指导手册 / 209

职业教育项目教学设计指导手册 / 261

职业院校案例教学设计指导手册 / 331

职业教育教师教学能力评价指导手册 / 385

职业院校人才需求调研指导手册

目 录

前　言	5
第一章　术语界定	6
一、人才需求	6
二、人才供给	6
三、产业	6
四、行业、职业、岗位	6
第二章　工作思路	7
一、以获取真实岗位需求为核心	7
二、以系统设计整体推进为指引	7
三、以取证规范分析科学为基本要求	7
四、以科学定位高质量就业岗位为根本目的	7
第三章　工作程序	9
一、调研准备阶段	9
二、调研实施阶段	10
三、调研报告撰写阶段	10
四、专家审定阶段	10
五、修改上报阶段	10
第四章　调研准备	11
一、组建调研团队	11
二、设计调研方案	11

第五章　调研方法　14
　　一、文献法　14
　　二、访谈法　15
　　三、问卷法　16
　　四、大数据分析法　17

第六章　调研实施　18
　　一、行业调研　18
　　二、企业调研　19
　　三、毕业生调研　22
　　四、专业培养现状调研　24

第七章　调研报告体例　26
　　一、调研思路和方法撰写要求　27
　　二、专业人才需求分析撰写要求　29
　　三、专业人才培养与需求匹配分析撰写要求　32
　　四、专业人才培养改革建议撰写要求　32

附　录　33
　　附录1　调研问卷案例　33
　　附录2　调研报告案例　36

前 言

2021年10月,中共中央办公厅、国务院办公厅印发了《关于推动现代职业教育高质量发展的意见》,在工作要求中明确提出职业教育应"坚持面向市场、促进就业,推动学校布局、专业设置、人才培养与市场需求相对接";在协同推进产教深度融合上提出"分级分类编制发布产业结构动态调整报告、行业人才就业状况和需求预测报告"。需求是职业教育办学和人才培养的重要起点,因此必须高度重视需求调研在提升职业教育适应性、提高人才培养质量方面的必要性和价值。

专业人才需求调研是职业院校人才培养方案制定工作的必要环节,为方案制定工作奠定基础。本手册贯彻落实《教育部关于职业院校专业人才培养方案制订与实施工作的指导意见》(教职成〔2019〕13号)文件精神,落实调研与分析工作要求,指导院校掌握行业企业调研、毕业生调研和专业人才培养现状调研的设计与实施,准确定位专业人才培养目标。

本手册包括五章内容,第一章为术语界定,定义了人才需求、人工供给、产业、行业、职业、岗位等概念;第二章为工作思路,明确了通过调研确定专业人才培养目标定位的调研目的,强调系统设计调研工作、综合运用多种方法科学开展调研的工作原则,以及科学定位高质量就业岗位的目标指向;第三章为调研工作程序,专业人才需求调研需经过调研方案设计、实施调研、撰写调研报告、专家审定、发布五个环节,明确各环节的工作主体、工作方法和工作成果;第四章为调研准备,包括组建团队和设计方案两方面内容;第五章为调研方法,从内涵界定、操作方法和注意要点三个方面,分别阐述了文献法、访谈法、问卷法和大数据分析法的操作要领与要求;第六章为调研实施;第七章为专业人才需求调研报告体例。

第一章 术语界定

一、人才需求

人力资源是重要的生产要素。人才需求是现代经济学中"供给和需求"范畴引入人才学后产生的新概念，是指社会或组织在一定时期和一定范围内愿意并且能够聘用到人才的需要。人才需求表现为人才需求的数量规模、人才需求的岗位与工作职责、人才需求的结构（年龄结构、专业结构、学历结构、能力结构）等。影响人才需求的要素包括：人才劳动力的价格、企业产品的技术含量和生产规模、用人单位的经营方式、经济周期、人才供给弹性等。

二、人才供给

人才供给是指社会在一定时期和一定范围内的人才在各种价格（收入）水平上愿意并且能够提供的劳动时间或者劳动数量，体现人才价格与人才供给量之间的关系，是人才资本长期投入的结果。人才供给包括劳动力市场中存量人才供给，还包括新增劳动力市场供给。职业院校人才市场调研主要关注以职业院校毕业生为主体的新增劳动力供应情况，但是需要注意比较分析新增劳动力市场供应与存量人才供应的关系和相互影响，为职业院校人才培养定位提供更准确的依据。

三、产业

产业是一个经济部类概念，是根据产品类型，而不是职业活动的性质对经济部类做出的区分，如第一产业、第二产业、第三产业。产业和职业之间并不存在对应关系，但产业发展趋势对预测职业人才需求有较大参考价值。

四、行业、职业、岗位

行业是最为上位的从业概念，是劳动者在从事社会劳动过程中形成的一种社会分工的集团概念，是许多性质比较接近的职业的集合。

职业是指从业人员为获取主要生活来源所从事的社会工作类别。

岗位是职业的下位概念，指不同组织共同设置的职责与任务较为接近的职位。

第二章　工　作　思　路

一、以获取真实岗位需求为核心

调研是职业院校人才培养方案制定工作的必要环节,为方案制定工作奠定基础。人才需求调研要解决的核心问题是专业人才培养目标定位,关注的是新业态的产生、技术与工作组织模式的变化、产业结构升级等对人才需求岗位和人才培养定位产生的影响。通过调研数据采集与分析,获取行业企业真实的岗位需求信息。需要注意的是,需求调研的目的不是职业能力要求,职业能力获取是个比较复杂的技术过程,需要采用分析方法来获得。

二、以系统设计整体推进为指引

专业人才需求调研以明确专业人才培养目标定位为目的,需要围绕这一目的对行业、企业、毕业生、学校等不同对象开展调研。调研工作需要进行系统设计、统筹协调,确保所有的调研工作都为实现调研目的服务。行业和企业调研旨在分析相应行业的人才结构现状、行业企业人才需求状况、企业岗位设置及对人才结构类型的要求、岗位职责与要求、相应的职业资格要求等;院校和学生调研旨在了解现行专业教学情况、学生培养现状、学生就业去向等,分析培养存在的问题,明确改革方向。调研工作应该系统设计,重点突出,目标明确,内容清晰,无须面面俱到。调研范围和对象选择在结合毕业生实际就业范围的基础上,应有一定的前瞻性。

三、以取证规范分析科学为基本要求

调研工作的科学性与规范性是确保调研结果真实、客观反映现实需求的重要保证。综合采用直接调研、间接调研、材料搜集等形式,全面采集需求信息和数据,在对调研资料进行科学整理和分析的基础上,得出调研结论,形成调研报告。调研对象的选取要有代表性,抽样方式科学,确保调研样本反映的情况能较好地反映总体需求趋势。调研工具的设计要有科学性,并确保能通过调研工具采集到服务调研目的的信息和数据。

四、以科学定位高质量就业岗位为根本目的

岗位定位是调研的最终成果指向,所有的调研工作均是为了明确专业的岗位定位服务。进行岗位定位时,需要结合行业企业实际需求,同时需要兼顾未来发展趋势以及岗位待遇和晋升空间对学生的吸引力,要在劳动力市场提供的可能岗位范围内选择有发展前景、就业质量高的岗位作为专业的岗位定位。具体步骤包括:分析专业可能面向的所有岗位,结合毕业

生岗位分布频率确定拟面向的岗位,调查各岗位目前的人才供需情况,分析各岗位未来人才需求的走势,筛选出专业所应面向的岗位(群)。

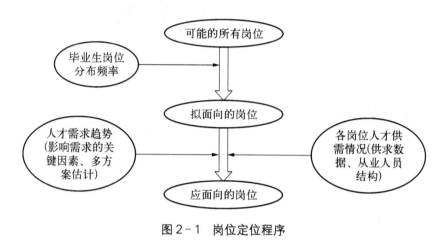

图 2-1 岗位定位程序

第三章 工作程序

专业人才需求调研需经过调研准备、调研实施、调研报告撰写、审定与上报等环节。

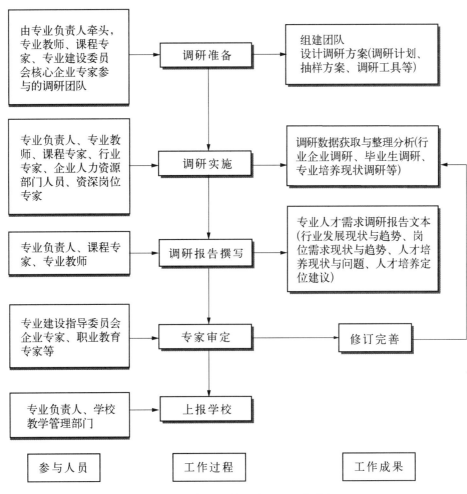

图 3-1 专业人才需求调研工作流程

一、调研准备阶段

成立由专业负责人牵头,专业教师、课程专家、专业建设委员会核心企业专家参与的调研团队,研讨确定调研方案,包括调研计划、抽样方案、调研工具等。

二、调研实施阶段

面向行业、企业、毕业生、同类院校等调研对象,开展调研,获取一手数据与信息。调研实施阶段要求调研小组成员全体参与,分工合作,共同推进。

三、调研报告撰写阶段

对调研实施阶段获取的一手数据与信息进行清洗、整理和分析,形成分析结论,按照调研报告框架撰写调研报告。需要注意的是,应思路清晰、资料翔实、逻辑合理、表述规范,在呈现数据和信息的同时必须进行专业分析,形成分析结论。

四、专家审定阶段

由学校或专业组组织和邀请专家,通常是专业建设指导委员会企业专家、职业教育专家等,对调研报告进行审定,提出修改意见。

五、修改上报阶段

根据专家审定意见,对调研报告进行修改完善后,按照学校要求进行提交存档。专家审定和上报,通常会与人才培养方案的审定和上报工作结合在一起实施。

第四章 调研准备

一、组建调研团队

调研工作团队组建应采取专业负责人负责制,要求专业教师全员、全过程参与,充分发挥课程专家和核心企业岗位(群)专家的作用。团队成员包括专业负责人、专业教师、课程开发专家、专业建设委员会核心企业专家。成员分工如下:

(1) 专业负责人。其职责是负责专业市场调研工作的推进和质量控制,对专业市场调研过程负有领导责任,管理、组织和协调调研工作。

(2) 全体专业教师。全体专业教师应全程参与人才需求调研,承担调研任务,通过调研加深对行业企业和岗位的认知,同时从专业的角度提供建议和意见。

(3) 课程专家。其职责是指导调研设计与实施,确保调研工作的科学性和规范性,判断调研结果的合理性以及是否有利于进行后续的课程建设。

(4) 专业建设委员会的核心企业专家。其职责是为调研设计与实施提供来自企业的专业性建议和意见,帮助调研组拓展调研机会和选择调研对象。

二、设计调研方案

调研方案是对整个调研工作的整体设计和统筹安排。开展调研以前,专业负责人需要与调研工作团队一起商议制定调研方案。调研方案需要明确的内容包括调研目的、调研对象与内容、调研计划、保障条件等。

题目:××专业人才需求调研方案

一、调研目的
二、调研对象与内容
三、调研计划
四、保障条件
附件:
调研工具
拟调研对象名单

（一）调研目的

调研的核心目的是明确行业、企业人才需求，分析专业人才培养现状，通过供求匹配分析，合理确定专业人才培养目标定位与改革方向。调研目的要阐述清楚为什么要开展调研，通过调研意图解决什么问题，调研的价值和意义何在。

（二）调研对象与内容

调研对象包括行业调研、企业调研、毕业生调研、专业培养现状调研。面向不同的调研对象，其调研内容应该有针对性。行业调研重点分析行业发展现状与趋势，尤其需要分析行业发展变化对行业从业人员需求变化的影响。企业调研重点分析企业岗位变化趋势，分析企业技术、运营方式、劳动组织等方面的变化对岗位和人才需求变化的影响。毕业生调研重点分析各专业毕业生就业的岗位分布以及职业发展路径，了解毕业生对专业人才培养的评价与反馈。专业培养现状调研重点分析一定区域内（通常以省为单位）职业院校专业人才培养目标定位与培养成效，从供给侧的角度分析现有的人才供给特点与问题。同时争取对全国范围内本专业或相关专业中的头部单位进行考察，了解该专业的建设和发展现状。

（三）制定调研工作计划

调研工作计划须按照调研工作程序，明确各个工作阶段的具体工作内容、时间节点要求、负责人和阶段性成果。调研准备需要1—2周的时间，包括讨论确定调研方案、联系调研对象、设计调研工具等；调研实施阶段需要4—6周时间，可以分小组承担相应调研对象的调研，要求每位小组成员在调研过程中做好过程记录，收集好过程信息，及时跟进问卷发放情况，确保问卷有效回收；调研报告撰写需要2—3周的时间，首先进行调研数据的整理和分析，其次按照调研报告框架进行初稿撰写和修改；报告完成后，由学校或专业组组织专家进行审定，根据审定意见进行修改，定稿后上报学校。

表4-1 调研工作计划与安排表格示例

工作任务	工作内容	时间节点	负责人	预期成果
调研准备	设计调研方案	1—2周	××	调研方案
	设计调研工具		××	访谈提纲 调查问卷
调研实施	行业调研	4—6周	××	访谈记录
	企业调研		××	访谈记录 问卷数据
	毕业生调研		××	访谈记录 问卷数据
	专业培养现状调研		××	访谈记录 问卷数据

续 表

工作任务	工作内容	时间节点	负责人	预期成果
调研报告撰写	人才需求分析	2—3周	××	调研报告初稿
	专业培养现状分析		××	
	专业培养目标定位		××	
专家审定	组织专家审定会	1天	××	专家意见
定稿上报	修改报告并上报学校	1周	××	调研报告定稿

第五章 调研方法

专业人才需求调研的调研方法主要有：文献法、访谈法、问卷法、大数据分析法等，不同的调研对象与内容需要选择与之匹配的调研方法。

表5-1 调研对象与方法

	文献法	访谈法	问卷法	大数据分析法	……
行业调研	●	●			
企业调研	●	●	●	●	
毕业生调研	●	●	●		
同类院校调研	●	●	●	●	
……					

一、文献法

文献法是通过收集、整理、分析相关文献资料开展研究的方法。在专业人才需求调研中，文献法既用于调研设计阶段的文献综述，又用于行业调研、企业调研和专业培养现状调研各环节。将文献研究获取的信息与实地调查获得的一手资料进行综合分析，有助于更全面、客观地得出研究结论。

表5-2 文献类型与获取途径

调研内容	文献类型	获取途径
行业调研	政府文件	区域/行业发展规划、管理制度、建设方案等
	研究文献	行业发展报告、研究论文、著作等
	统计数据	经济、行业统计数据
	……	……
企业调研	企业文本	企业介绍、招聘信息、岗位职责书等

续　表

调研内容	文献类型	获取途径
企业调研	研究文献	劳动力市场研究报告、研究论文、著作等
	……	……
专业培养现状调研	教学文件	专业人才培养方案等教学文件
	研究文献	专业人才培养研究论文、著作等
	……	……

文献法的基本研究步骤包括文献搜集、文献阅读整理、文献分析三个环节，前两个环节通常独立进行，文献分析则会结合实地调研获取的信息进行整合分析。文献的真实性、先进性、全面性和科学性是影响文献法实施质量的关键要素，在文献搜集和整理环节，需要对其加以鉴别。需要注意的事项包括：

（1）真实性和科学性是就文献内容而言，需要对文献本身的质量进行客观判断。

（2）先进性是就文献时效而言，专业人才需求调研参考的文献须体现行业发展的前沿，具有前瞻性。

（3）全面性是就文献覆盖面而言，文献法是实地抽样调查的重要补充和佐证，因而在文献选取方面需要注意全面性，不能以偏概全。

二、访谈法

访谈法是指通过访谈者和受访者双方面对面地交谈来获取访谈资料和信息的方法。在专业人才需求调研中，访谈法广泛应用于各个调研环节，既可以用于预调研，也可以用于正式调研，是最重要的调研资料和信息获取方法。面对面的深入沟通和交流，有助于调研团队成员深入了解受访对象所代表群体的翔实信息、观点以及影响因素等。选择合适的受访对象是影响访谈效果的重要因素。

表 5-3　访谈对象选择

调研内容	访谈对象	要求
行业调研	行业专家	来自行业主管部门、行业龙头企业、行业协会、产业研究机构等机构的有影响力的、资深行业专家，熟悉全国和区域行业发展现状，能对行业未来发展有科学判断
企业调研	管理层	熟悉企业发展现状和发展方向，能影响企业用人决策
	人力资源部	熟悉企业岗位设置、企业用人情况
	业务部门	熟悉岗位用工情况、岗位要求

续 表

调研内容	访谈对象	要　　求
毕业生调研	毕业生	在近5年的毕业生中选取有代表性的学生,对口就业且职业发展较好
专业培养现状调研	教师	专业教师、文化课教师、相关管理人员

访谈法的基本步骤是：明确访谈目的——设计访谈问题——预访谈并修订访谈问题——访谈人员培训——实施访谈并记录——整理分析访谈结果。需要注意的事项包括：

（1）科学设计访谈问题。首先，根据访谈目的合理选择问题类型，如开放式还是封闭式问题；其次，拟定具体的访谈问题，注意表述清晰、明确、易于受访者理解和回答；最后，确定访谈问题的编排顺序，建议按照"漏斗顺序"进行设计。

（2）访谈人员培训。原则上希望所有专业教师都能参与访谈，让每位教师准确领会访谈要领和要求非常重要。对访谈人员的培训内容包括：调研方案，包括调研目的、对象和内容、工作计划等；访谈提纲，让访谈人员了解每个问题的设计意图、追问方向与记录要求；进行模拟访谈，发现和解决潜在问题，熟悉访谈内容和技巧。

（3）访谈准备与控制。在访谈前，充分了解受访对象及其所在机构，包括受访者的个人信息和主要经历、专长和所在机构的基本情况，针对性调整访谈提纲、准备追问问题，提前将访谈提纲提供给受访者，有助于顺利开展访谈并提高访谈信效度；在访谈过程中，注意访谈技巧，包括保持中立态度、把握方向和聚焦问题、进行追问、控制时间、根据对象特点适时灵活调整等，将有助于访谈顺利进行并达成预期目的。

（4）访谈结果的记录与整理。在获得受访对象同意的前提下，对访谈过程进行全程录音；如受访对象不同意录音，则需要进行现场记录。访谈结束后，及时整理并与受访对象确认访谈纪要。

三、问卷法

问卷法是通过问题表格/调查表等形式，集中采集受访对象的客观数据或受访对象对某些事项的主观评价。在专业人才需求调研中，问卷法主要用于获取企业用工需求数据、毕业生就业岗位数据，以及企业和毕业生对培养工作的主观评价和看法。问卷法的运用与访谈法相辅相成，访谈为问卷设计提供依据，问卷数据分析反映出的问题又为进一步深化访谈提供方向。

问卷法的基本步骤包括：提出问卷调查问题维度——设计问卷——试测并修订问卷——发放问卷——回收和处理数据。需要注意的事项包括：

（1）科学设计问卷。问卷设计技术包括题型和答案设计、问题次序和数量、问题语言与提问方式等。在专业人才需求调查中，问卷一般以封闭式问题为主，主要题型为填空和选择题；问题排列须注意内在逻辑性，且符合人们思考问题的习惯，通常先易后难、先一般后特殊、先客观后主观；问题语言与提问方式简明扼要，表述简短、清楚、准确，不要让受访者产生歧义。

（2）问卷发放与回收。问卷发放可以通过邮寄纸质问卷、发送电子版问卷或者借助问卷星平台等途径。调研团队需要与问卷填写者建立联系,确保对方收到问卷并能正确填写问卷,同时保证问卷能及时有效回收。

四、大数据分析法

随着互联网的普及,行业、企业和职业院校的许多信息都会在各种网络平台上进行发布,例如,企业会通过各大垂直招聘网站或者企业网站发布招聘信息,职业院校、政府或研究平台网站会发布职业院校人才培养相关信息,如职业院校质量年报制度等。针对这些网络信息,可以通过文本挖掘、数据挖掘等技术手段进行抓取、分析。

大数据分析方法通常包含这样几个步骤：第一,选取相对合适完整的数据源,通过编写网络爬虫程序采集已选取数据源中的数据；第二,对获取到的数据集进行数据预处理,其中包括数据清洗、集成与变换等步骤,以满足后期分析需要；第三,基于原有的词典对通过预处理的数据集进行分词,筛选高频词,建立新的招聘词典,并在此基础上进行中文分词；第四,以可视化方式展示分词结果。

第六章 调研实施

一、行业调研

(一) 调研内容

1. 行业发展现状与趋势

主要调研相关行业的发展现状,包括产业政策、产业布局、地位作用、行业职业分布与层次结构、行业人才结构现状、技术与生产模式等;调研行业未来3—5年的发展趋势,以区域或行业发展规划为依据,分析经济增长方式转变、国际环境因素等对行业未来发展可能产生的影响,包括对主流技术、业态、岗位、人才等的影响。

2. 未来3—5年行业人才需求变化趋势

分析行业发展对未来就业趋势的影响;分析未来3—5年行业领域中的职业、岗位变化,包括新职业/岗位、需求增加或减少、职业/岗位消失等情况;分析行业发展对从业人员能力要求的变化趋势。

(二) 调研方法与工具

行业调研主要采用文献法和访谈法,以文献法为主。全面搜集和整理与行业发展相关的文献资料,包括且不局限于:区域/行业发展规划、管理制度、建设方案等,行业发展报告、研究论文、著作等,经济、行业统计数据等。

访谈提纲设计要兼顾广度和深度。通过文献研究对行业发展现状与未来趋势形成初步认识后,聚焦文献未回答的关键问题,寻找行业专家进行深度访谈。

行业专家访谈提纲示例(节选)

* 您认为未来3—5年××行业会呈现哪些发展趋势?

* 不同区域、不同领域的发展存在哪些差异?

* 您认为影响××行业发展的因素有哪些?

* 从××行业的未来发展趋势来看,您认为哪些岗位会消失?哪些岗位的用人需求会增加?为什么?

......

二、企业调研

（一）调研内容

1. 企业经营现状与发展趋势

了解企业生产经营现状，重点调研相关企业技术变化（工艺、设备、材料等）、运营方式变化（商业业态、分销系统发展、服务类型）、劳动组织变化（流水线、小组工作、岗位轮换、一人多岗等）等内容，分析对职业岗位的影响。

2. 岗位用工现状

调研企业当前的岗位设置情况（包括岗位名称、职责、工作环境等）、岗位人员结构（包括年龄结构、专业结构、学历结构、技术等级等）、岗位用工情况（包括招聘途径与要求、薪资待遇、职业发展通道等）。

3. 未来1—3年企业人才需求趋势

调研未来1—3年企业岗位设置和岗位用工需求的变化情况（包括规模、规格）。

4. 对职业院校人才培养的评价与建议

调研企业对职业院校人才培养质量的评价，明确优势与不足；了解企业参与校企合作的意向，包括合作内容与合作方式；了解企业对完善职业院校人才培养的建议。

（二）调研方法与工具

企业调研主要采用访谈法和问卷法，访谈法与问卷法相辅相成。访谈法主要用于问卷调研前期的准备，帮助确定问卷问题与选项；在问卷调查结束后，针对数据分析呈现出的问题，可再次进行访谈，弥补数据缺陷或针对问题进行深入分析。

企业调研在选取样本企业的时候，必须考虑抽样的科学性、代表性，需要兼顾不同规模、不同发展水平和区域的代表性企业。

1. 企业访谈提纲

企业访谈对象主要包括企业的管理层、人力资源管理主管、业务部门主管等。他们熟悉企业发展现状和发展方向、熟悉企业岗位设置和用工情况、熟悉具体岗位用工情况与要求。

企业专家访谈提纲示例（节选）

* 贵企业/单位的主营业务有哪些？在同行竞争中的优势主要有哪些方面？

* 贵企业/单位每年招聘应届中职/专科毕业生的岗位有哪些？招聘人数是多少？招聘要求是什么？

* 这些岗位的职责范围是什么？薪资待遇怎么样？晋升路径是怎么样的？

* 贵企业/单位未来1—3年的发展方向是什么？岗位设置方面有哪些变化？这些变化会对企业的人才需求产生哪些影响？

＊贵企业/单位对在用的职业院校的毕业生的总体评价怎么样？他们有哪些优势，存在哪些不足？

＊您认为目前职业院校的人才培养存在什么问题？如何优化？

……

2. 企业问卷

企业问卷的发放对象是企业人力资源部门和业务部门的主管，旨在获取企业的真实用工信息以及对职业院校人才的主观评价。企业问卷主要包括：标题和卷首语、填表人信息、企业基本信息、岗位用工数据、人才需求的主观评价等内容。

（1）标题和卷首语。

卷首语主要是向受访者介绍调研目的和内容，请求与受访者合作，许诺对受访者提供的资料予以保密，告知调研单位等。卷首语应该包括的内容有：受访者称谓、问好；介绍调研单位；简要说明调研目的和内容；请求与受访者合作；保密承诺和致谢。

卷首语示例

××学校××专业人才需求调查问卷

尊敬的领导：

　　您好！本次调研希望准确了解贵单位对××专业人才的需求，以进一步提升××专业建设水平，提高人才培养质量。我们承诺此次调查所得数据仅用于专业建设，并严格保密！谢谢您的配合！

××学校××专业人才需求调查
××年××月

（2）填表人信息。

为保证问卷回收和填报的有效性，建议设计填表人信息栏目。

填表人信息示例

贵单位名称：＿＿＿＿＿＿＿＿＿＿＿＿＿＿

您的姓名：＿＿＿＿＿＿＿＿＿＿＿＿　您的职务：＿＿＿＿＿＿＿＿＿＿＿＿

联系方式：＿＿＿＿＿＿＿＿＿＿＿＿（手机号），＿＿＿＿＿＿＿＿＿＿＿＿（邮箱）

(3) 企业基本信息。

根据实际调研需要,确定需要采集的企业基本信息,以反映问卷调查样本的代表范围。企业基本信息可以包括:企业主营业务范围、性质、注册资本、资质等级、经营年限等。在选项设计上,一定要符合该行业的基本情况。

企业信息示例

1. 贵单位的主营业务:□工程施工　□工程设计　□工程管理　□其他_____
2. 贵单位的性质:□国有企业　□民营企业　□合资企业　□外资企业
　　□其他_____
3. 贵单位的注册资金:□200万人民币以下　　□200—300万人民币
　　　　　　　　　　□300—400万人民币　　□400—500万人民币
　　　　　　　　　　□500万人民币以上
4. 贵单位的资质等级:□××一级　　　□××二级　　　□××三级
　　　　　　　　　　□××设计甲级　□××设计乙级　□××设计丙级　□无
5. 贵单位的经营年限:□3年以下　□3—5年　□5年以上
……

---

(4) 企业用工数据。

企业用工数据包括企业整体用工情况,及调研专业对应岗位的用工情况两部分内容,重点是专业对应岗位用工数据,包括:岗位雇员人数、未来一年需求人数、学历要求、专业要求、平均月收入、证书要求等。

表6-1　岗位雇员与需求情况调查表示例

岗位名称	雇员人数	未来一年需求人数	最低学历要求 A. 中职　B. 高职	平均月收入(元)
				A. 2500—3500 B. 3500—5000 C. 5000—7000 D. 7000—8000 E. 8000—10000 F. 10000以上
其他:_____				

注意事项：
- 岗位名称需要根据前期研究和了解进行罗列；
- 平均月收入的区间根据实际情况进行合理划分；
- 本表格填报事项可以根据需要进行增减，如可以增加专业要求、证书要求等项目。

（5）企业用人要求。

企业用工情况数据是客观数据，除此以外，还可以通过问卷了解企业对人才需求规格等方面的主要判断，包括对专业核心职业能力的重要性评价、对专业新技术/新软件的重要性评价、对毕业生优劣势的主观评价以及合作意向等内容。

表6-2 企业对软件重要程度评价的调查表示例

软件名称	非常重要	比较重要	不太重要	不重要
AutoCAD 绘图软件				
Photoshop 图像处理软件				
3DSMAX 动画软件				
SketchUp 设计软件				
SketchBOOK 画图软件				
BIM（建筑信息模型）				
办公软件如 Word、Excel、PowerPoint 等				
其他：_____				

三、毕业生调研

（一）调研内容

1. 毕业生就业情况

调研毕业生就业岗位、职业发展、薪资待遇等方面的信息。

2. 毕业生对专业培养的意见和建议

调研毕业生对专业人才培养工作的评价，包括对学习内容重要性的评价、课程设置和教学效果的评价等。

（二）调研方法与工具

毕业生调研主要采用问卷法和访谈法，以问卷法为主。毕业生调研问卷的内容与企业调研问卷内容有交叉，但各有侧重。

表6-3 企业问卷和毕业生问卷调研内容比较

	企 业 问 卷	毕业生问卷
卷首语	√	√
填表人信息	√	√
企业基本信息	√	√
企业用工信息	√	
转岗/岗位晋升		√
职业能力重要程度评估	√	√
新技术/工具/软件重要程度评价	√	√
毕业生优劣势评价	√	√
专业课程重要程度评价		√
校企合作意愿	√	
完善专业人才培养建议	√	√
……		

基于此,此处重点呈现毕业生问卷特有的问题设计：

（1）工作经历。

调研毕业生在毕业后的职业发展路径。

表6-4 毕业生主要工作经历调查表示例

时 间	岗 位	任职单位名称	平均月收入
			A. 2500—3500 B. 3500—5000 C. 5000—7000 D. 7000—8000 E. 8000—10000 F. 10000 以上

(2) 专业课程重要性评价。

调研毕业生对专业课程设置重要性的主观评价。

表6-5 毕业生对专业课程重要程度评价表的示例

课 程 名 称	非常重要	比较重要	不太重要	不重要
其他：_____				

四、专业培养现状调研

(一) 调研内容

1. 专业人才培养的供需匹配情况

调研专业人才培养目标定位、生源情况、就业和升学情况，重点分析就业岗位。

2. 专业人才培养方案实施情况

调研现行的专业人才培养方案实施情况，包括课程设置、执行情况、现存问题等。

(二) 调研方法与工具

专业培养现状调研采取的方法主要是文本分析、数据统计和访谈法。

1. 数据统计

对近5年区域内专业招生、就业数据进行统计分析，包括计划招生数、实际招生数、毕业生人数、升学人数、就业人数、对口就业率、就业岗位等信息。

表6-6 近5年专业招生就业情况统计表示例

学年度	计划招生数	实际招生数	毕业生人数	升学人数	就业人数	就业岗位	专业对口率(%)

续　表

学年度	计划招生数	实际招生数	毕业生人数	升学人数	就业人数	就业岗位	专业对口率(%)

2. 文本分析

对专业人才培养的相关教学文件进行整理分析，包括：专业人才培养方案、专业课程标准、师资配备情况、实验实训设备等。

3. 访谈

对专业教师和在校生进行访谈，调研教师和学生对专业人才培养情况的评价和建议。

4. 座谈

寻找机会拜访全国范围内本专业办学出色的兄弟院校，和专业主任深度交流办学经验、了解办学历程。

第七章 调研报告体例

题目：××专业人才需求调研报告

一、调研思路和方法

（一）调研目的与思路

（二）调研工作开展情况

（三）调研方法与对象说明

二、专业人才需求分析

（一）行业发展现状与趋势

1. 行业发展现状

2. 行业发展趋势

3. 行业发展对人才需求的影响

（二）专业对应岗位分析

1. 岗位设置情况

2. 岗位人员结构

3. 岗位招聘途径与要求

4. 岗位待遇与发展

（三）未来1—3年行业人才需求分析

1. 未来1—3年需求岗位分析

2. 未来1—3年岗位人才需求分析

三、专业人才培养与需求匹配分析

（一）专业人才培养现状

1. 专业招生与就业岗位分布情况

2. 专业培养举措

（二）专业人才供需匹配分析

1. 专业定位匹配分析

2. 培养质量匹配分析

四、专业人才培养改革建议

（一）专业培养目标定位

> 1. 确定人才培养所面向的职业范围
> 2. 确定人才培养目标
>
> （二）专业改革建议

一、调研思路和方法撰写要求

（一）调研目的与思路

阐述调研目的与调研工作思路。

> **案例：**
>
> 为了积极响应国家建筑业"十四五"规划，推动重点行业和重要领域绿色化改造，发展绿色建筑，遵循国家对建设行业技术技能型人才培养、培训工作的建议，更好地满足市场对建筑装饰技术专业人才的需求，学校根据《上海市教育委员会关于推进上海市中等职业教育专业布局和结构调整优化工作的实施意见》，落实调研与分析工作要求，在全市范围内对建筑装饰类相关企事业单位建筑装饰技术专业人才需求、岗位分布情况及整体行业发展开展调研。通过调研，定位专业人才培养目标，初步完成调研报告初稿。

（二）调研工作开展情况

阐述调研工作开展的总体情况，包括时间安排、调研内容、调研成果等。

> **案例：**
>
> 本次调研工作受到了学校领导的高度重视，学校第一时间召集相关部门召开工作会议，明确牵头部门、人员安排，强化人员安排，确保调研工作能够顺利开展。
>
> 本次调研工作于2021年4月启动，8月基本完成。在坚持传统调研方式的基础上，充分运用调查问卷、网络调查、焦点小组访谈等新型调研方式，多渠道收集信息，提高调研报告的敏锐性和实效性。在调研工作中，为了保证调研实效，邀请了行业、企业、学校一线教师、近三年内毕业生，针对行业发展现状及发展趋势、专业对应岗位情况、从业者情况、人才招聘情况、未来人才需求趋势、专业招生及就业岗位分布情况等方面进行调研。

（三）调研方法与对象说明

阐述调研方法的使用，重点阐述调研对象的来源、分布特点等，说明调研对象抽样的代表性和合理性。

案例：

本专业人才社会需求调研，在认真学习建筑装饰行业"十四五"发展规划纲要及行政主管部门相关文件的基础上，采用直接调研、间接调研、材料搜集等多种方式相结合，力求所得信息真实、全面。本调研共收集 129 份有效问卷，14 份访谈样本，整理形成建筑装饰技术专业人才需求调研报告。

1. 问卷调查：结合问题大纲，面对面沟通问题，获得用户的实际情况、态度、观点以及隐藏在其背后的实际动机，作为定性数据。

2. 文献调查：通过查找相关专业性的报纸、杂志、书籍资料，获取可靠、准确、价值含量高的信息资料。

3. 网络调查：通过网络搜集大量的有关信息资料。

4. 焦点小组：采用焦点小组方式，通过一对多访谈，向目标用户群获取该专业对应行业产业内现状、典型问题、趋势等关键信息。

关于调研对象，行业调研对象为协会资深专家，他们熟悉行业发展现状，了解行业未来 3—5 年的发展趋势；企业调研对象涵盖了大型、中型及小型企业的人力资源管理、业务部门主管，他们熟悉企业发展现状和发展方向、具体岗位用工情况与要求；教师调研对象为上海市开设建筑装饰技术专业学校的在职教工；毕业生调研对象则从开设本专业学校的应届、往届毕业生中随机抽取。调研对象的选取合理，具有典型性与代表性。

表 7-1 调研方法选择

调研内容	问卷调查	文献调查	网络调查	焦点小组
行业调研		●	●	
企业调研	●	●	●	
毕业生调研	●		●	●
教师调研	●			
培养现状调研		●	●	●

表 7-2 访谈与焦点小组样本量

访谈对象	样本量(单位：人)
行业协会专家	2
企业主管及人力资源管理部门主管	6
教育专家及教师	6

表7-3 问卷回收情况

	企业组(份)	毕业生组(份)	教师组(份)
回收量	64	38	27
有效量	64	38	27

二、专业人才需求分析撰写要求

(一) 行业发展现状与趋势

从三个方面进行分析：

1. 行业发展现状

分析相关行业的发展现状，包括产业政策、产业布局、地位作用、行业职业分布与层次结构，行业人才结构现状，技术与生产模式等。

2. 行业发展趋势

分析行业未来3—5年的发展趋势，以区域或行业发展规划为依据，分析经济增长方式转变、国际环境因素等对行业未来发展可能产生的影响，包括对主流技术、业态、岗位、人才等的影响。

3. 行业发展对人才需求的影响

分析行业发展对未来就业趋势的影响；分析未来3—5年，行业领域中的职业、岗位变化，包括新职业/岗位、需求增加或减少、职业/岗位消失等情况；分析行业发展对从业人员能力要求的变化趋势。

(二) 专业对应岗位分析

1. 岗位设置情况

分析专业对应岗位的岗位名称、职责范围、工作环境等。

案例：

(1) 岗位名称：施工员

职责范围：施工员是具备建筑施工管理知识，在工程施工现场组织工程施工的生产管理，确保工程进度、质量和安全等工作的专业人员。

工作环境：建筑工程施工一线

(2) 岗位名称：质量员

职责范围：质量员是具备建筑质量管理知识，在工程施工现场从事施工质量策划、过程控制、检查、监督、验收等工作的专业人员。

工作环境：建筑工程施工一线

（3）岗位名称：材料员

职责范围：材料员是具备建筑材料管理知识，在工程施工现场从事材料管理规划、现场材料管理、组织料具进场以及现场材料的验收、保管、发放、核算等工作的专业人员。

工作环境：上海市工程建设质量管理协会

（4）岗位名称：安全员

职责范围：安全员是具备建筑安全管理知识，在工程施工现场从事安全生产规章制度落实、安全生产教育培训以及安全监督检查等工作的专业人员。

工作环境：建筑工程施工一线

（5）岗位名称：造价员

职责范围：造价员是具备建筑计量计价专业知识，在工程施工现场从事工程量计算、工程造价控制与预算结算等工作的专业人员。

工作环境：建筑工程施工一线

2. 岗位人员结构

对岗位从业人员的数量、年龄结构、专业结构、学历结构、技术等级等进行分析。

案例：

根据需求，项目组设计了调研问卷，随机挑选了 27 家企业进行调研，共收到样本问卷 27 份。经统计，共有 3195 人在样本企业从事建筑装饰技术岗位相关工作。其中绘图员 974 人，装饰施工员 896 人，设计师助理 503 人，材料员 248 人，安全员 117 人，深化设计师 101 人以及其他岗位 356 人。

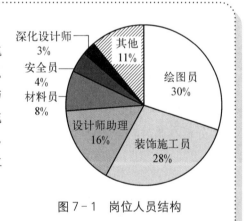

图 7-1 岗位人员结构

3. 岗位招聘途径与要求

分析专业所对应的岗位目前主要的招聘渠道能否满足需要，及其中学校学生所占比例。

列出社会通用的职业资格证书或"1＋X"职业技能等级证书，选择社会认可度高且对学生就业有帮助的证书。

案例:

调研其近三年招聘情况可知,校园招聘、社会招聘、网络招聘为主要招聘人才的渠道。

不同性质的企业招聘人才渠道略有不同,国有企业、私有企业在招聘专业岗位新进人员时会偏向于校园招聘,外资企业则偏向于社会招聘。

建筑装饰技术专业的毕业生一直是各类建筑装饰企业的一线管理和技术人才主要来源,70%以上的行业从业人员都是相关专业毕业,因为作为一个专业性较强且工作强度较大的行业,其准入门槛相对较高。此专业毕业生不仅具备一定专业技术基础知识,而且还有一定的动手能力,具备适应专业岗位群的优势。

据调查,现阶段中职学历建筑装饰专业的人才在第一线的职业技术岗位中占比超过80%,主要集中于绘图员、建筑装饰设计助理、装饰施工员、项目管理助理等岗位。设计师、项目经理等资深岗位则更偏重于社会招聘。

同时调研显示,目前与本专业关联度较高的"1+X"职业技能等级证书主要有:"1+X"建筑工程识图职业技能等级证书、"1+X"室内设计职业技能等级证书。

4. 岗位待遇与发展

分析岗位的薪资待遇、职业发展通道等。

案例:

调研可知,高职学历员工起薪整体较低,一般在 3000—4000 元左右,各岗位薪资情况如图 7-2 所示,深化设计师与预决算员薪资较高,而设计师助理、绘图员等岗位薪资较低。

通过对建筑装饰行业企业相关单位的调查和走访,我们对建筑装饰行业企业人才需求进行了分析,整理出建筑装饰技术专业毕业生的职业生涯路径图,详见图 7-3。

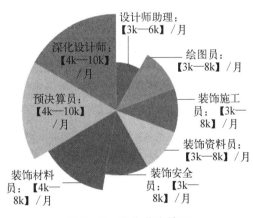

图 7-2 岗位薪资情况

```
┌─────────────────────────────────────────────┐
│   发展岗位:设计师总监、项目主管              │
└─────────────────────────────────────────────┘
┌─────────────────────────────────────────────┐
│   发展岗位:设计师、项目经理                  │
└─────────────────────────────────────────────┘
┌─────────────────────────────────────────────┐
│ 就业岗位:设计助理、绘图员、装饰施工员、项目管理助理 │
└─────────────────────────────────────────────┘
```

图 7-3 职业生涯路径图

(三) 未来 1—3 年行业人才需求分析

1. 未来 1—3 年需求岗位分析

分析未来 1—3 年企业岗位设置的变化,包括岗位的新增和消失、岗位工作内容的变化等。

2. 未来 1—3 年岗位人才需求分析

分析未来 1—3 年岗位变化引发的人才需求变化,包括需求数量、核心职业能力要求、新技术/工艺/工具等应用要求等。

三、专业人才培养与需求匹配分析撰写要求

(一) 专业人才培养现状

1. 专业招生与就业岗位分布情况

统计该专业近三年来在校生数和招生数,以及近三年来该专业毕业生就业岗位分布情况。

2. 专业培养举措

(二) 专业人才供需匹配分析

1. 专业定位匹配分析:包括岗位、数量
2. 培养质量匹配分析:包括核心能力、职业素养、保障条件等

四、专业人才培养改革建议撰写要求

(一) 专业培养目标定位

1. 确定人才培养所面向的职业范围

职业范围是人才培养的整体方向,影响着后续人才培养方案的编写。注意说明专业的具体就业岗位,并相应列举出职业资格证书或"1+X"技能等级证书的名称、等级、颁证单位。画出职业范围图,说明专业人才培养所面向的岗位(群)。

2. 确定人才培养目标

培养目标表述要全面涵盖对学生培养的各方面要求,包括思想教育和职业技能的不同要求等。主要围绕以下问题:面向什么行业,什么岗位,掌握什么知识,具备哪些能力及何种特色的技术技能人才。

(二) 专业改革建议

针对专业培养中存在的主要问题,结合新的专业培养目标定位以及行业、企业、毕业生对专业人才培养的优化建议,列举专业改革建议,可以从课程设置、教学模式、教材使用、实训条件、师资条件等方面进行优化。

附　录

附录1　调研问卷案例

中等职业技术教育××专业用人单位调查问卷

尊敬的领导：

　　您好！感谢贵单位长期以来对我市中等职业技术教育××专业建设及毕业生就业工作的大力支持。为进一步提升××专业水平，提高人才培养质量，特对贵单位的人才需求进行调研。我们保证此次调查所得数据仅用于专业建设，并承诺严格保密！谢谢您的配合！

中职××专业调研组
年　月

　　贵单位名称：_____
　　您的职务：_____，联系方式：_____

　　1. 贵单位的主营业务：□工程施工　□工程设计　□工程管理　□其他_____
_____
　　2. 贵单位的性质：□国有企业　□民营企业　□合资企业　□外资企业　□其他
_____
　　3. 贵单位的注册资金：□200万人民币以下　　□200—300万人民币
　　　　　　　　　　　　□300—400万人民币　　□400—500万人民币
　　　　　　　　　　　　□500万人民币以上
　　4. 贵单位的资质等级：□××一级　　　□××二级　　　□××三级
　　　　　　　　　　　　□××设计甲级　□××设计乙级　□××设计丙级
　　　　　　　　　　　　□无
　　5. 贵单位的经营年限：□3年以下　□3—5年　□5年以上
　　6. 贵单位的业务比重：□设计_____%　□施工_____%　□管理_____%　□其他_____%
　　7. 贵单位的雇员总数_____人，其中：
　　　　专职××设计人员_____人，近三年从本市中等职业学校招聘_____人
　　　　专职××施工人员_____人，近三年从本市中等职业学校招聘_____人
　　　　接下来两年对中职毕业生的需求_____人

8. 中职生对应岗位雇员与需求情况

岗位名称	雇员人数	未来一年需求人数	最低学历要求 A. 中职 B. 高职	平均月收入(元)
设计助理				A. 2500—3500 B. 3500—5000 C. 5000—7000 D. 7000—8000 E. 8000—10000 F. 10000 以上
软装设计助理				
绘图员				
效果图制作员				
装饰施工助理				
施工员				
家装顾问				
预算员				
材料员				
质检员				
售后服务				
项目经理				
其他：_____				

9. 请对以下职业能力的重要程度进行评估

职 业 能 力	非常重要	比较重要	不太重要	不重要
客户沟通、洽谈业务				
现场踏勘绘制原始图				
协助形成设计创意				
手绘方案草图				
电脑绘制效果图				
智能家居设计				
了解材料会选材				
软装配置建议				

续 表

职 业 能 力	非常重要	比较重要	不太重要	不重要
编制工程预算				
现场施工配合				
协助进行工程质量验收				
资料整理与归档				
其他：_____				

10. 请对以下软件的重要程度进行评估

软 件 名 称	非常重要	比较重要	不太重要	不重要
AutoCAD 绘图软件				
Photoshop 图像处理软件				
3DSMAX 动画软件				
SketchUp 设计软件				
SketchBOOK 画图软件				
BIM（建筑信息模型）				
办公软件如 Word、Excel、PowerPoint 等				
其他：_____				

11. 贵单位认可的职业资格证书

序 号	职业资格证书名称	等 级	颁 证 单 位
1			
2			
3			

12. 您认为中职学生亟需：（可多选）
　　□加强职业行为规范的训练　　　□加强语言表达和沟通能力的训练
　　□加强个人品德修养　　　　　　□转变就业观念

☐ 加强专业知识的深入学习　　☐ 加强团队意识的训练
☐ 增加实践动手能力　　　　　☐ 强化职业道德意识
☐ 加强管理能力训练　　　　　☐ 增加企业锻炼经历

13. 您对××专业的人才培养还有哪些要求和建议？

调查到此结束，谢谢您的配合！

附录 2　调研报告案例

建筑工程技术专业人才需求调研报告

一、调研思路和方法

（一）调研目的与思路

为明确建筑工程技术专业人才培养目标定位，针对上海市建筑行业发展现状与趋势、专业人才需求及专业培养现状开展调研工作，为建筑工程技术专业人才培养方案制定提供依据。

调研根据实事求是的工作原则，深入建筑行业和高职院校的第一线，有代表性地选择调研对象与内容。通过系统梳理上海市建筑行业相关的人才结构现状、人才需求状况、专业发展趋势、岗位对知识能力的要求、相应的职业资格以及学生就业去向等内容，把握行业、企业的人才需求，研究分析建筑工程技术专业人才培养现状，明确建筑工程技术专业人才培养目标定位，确定建筑工程技术专业人才培养目标、工作岗位、专业（技能）方向和对应的职业资格证书等内容。

（二）调研工作开展情况

调研工作于 2021 年 1 月启动，6 月基本完成，调研了 30 个典型建筑工程企业，走访了 5 所开设建筑工程技术专业的院校，掌握了建筑行业发展态势、专业人才需求以及培养现状等资料，在科学分析调研资料的基础上，整理形成了建筑工程技术专业人才需求调研报告。

（三）调研方法与对象说明

调研综合运用了直接调研、间接调研、材料搜集等多种方法，调研对象主要包括上海市建筑工程企业及开设建筑工程技术专业的院校。调研企业涵盖了大型、中型及小型企业，三种规模各占比约 1/3，院校则包括了上海市所有开设建筑工程技术专业的学校，学校属性既有公立学校也有民办学校，因此调研对象的选取合理，具有典型性与代表性。

二、专业人才需求分析

（一）行业发展现状与趋势

1. 行业发展现状

根据国家统计局数据，2016—2020 年间建筑业增加值呈现稳定上升态势。2020 年 1—12 月，固定资产投资为 533718 亿元，与上年同期相比增长 5.2%，其中民间固定资产投资为 303786 亿元，与上年同期相比增长 4.5%。2019 年，全年建筑业增加 70904 亿元，同比增长

5.6%。全国具有资质等级的总承包和专业承包建筑企业利润为 8381 亿元,比上年增长 5.1%。从数字来看,投资增长呈稳步上升态势。

图 1　2016—2020 年建筑业增加值及其增长速度图

资料来源:中华人民共和国 2020 年国民经济和社会发展统计公报

综合以上数据可见,建筑业在国民经济中占据了极其重要的地位,其发展总体上处于重要的战略机遇期。随着我国经济从高速增长阶段转向高质量发展阶段,国家实施宏观经济政策逆周期调节,基建投资增速回升、一批重点项目上马,为建筑行业高质量发展提供了广阔的舞台。同时后疫情时期的经济复苏将为建筑业提供新的市场机遇,重大工程和交通基础设施项目将加快开工复工。预计 2021—2025 年基建投资将高位运行,基建企业新增订单、营业收入和经营性现金流,都将呈现增长趋势,为建筑行业提供了千载难逢的市场机遇。

《上海市建筑业行业发展报告(2020 年)》显示,2020 年上海市建筑业发展稳中有进,全市建筑业完成总产值 7112.32 亿元,同比增长 10.67%;实现增加值首次突破千亿大关,达到 1071.75 亿元;建筑业占上海市 GDP(国内生产总值)的比重达到 3.3%,比上年提高 0.08 个百分点,在国民经济中的比重保持稳定,建筑业总产值规模及增速均超过工业六个重点行业中规模最大的汽车制造业。该报告还显示,截至 2020 年年末,上海市住宅、办公、宾馆等各类房屋实有建筑面积已达 13.7 亿平方米,同比增长 3.8%。其中,居住房屋面积达 6.9 亿平方米;高层建筑达到 4.76 万幢,比上年新增 1335 幢,合计 4.7 亿平方米。同时,上海建筑行业外向发展势头更劲。2020 年,上海建筑施工企业在外省完成产值 4023.32 亿元,同比增长 17.4%,近四年增速显著加快;在外省完成产值占总产值的比重为 56.57%,占比同比提高 3.24 个百分点。从全国各省市来看,上海外向度排名由 2019 年的第三名提升到 2020 年的第二名。在勘察设计和工程咨询行业,面临全市建设市场勘察、设计、监理发包额连续五年缩量的环境,行业企业依然能保持较快增长,也得益于持续的外向发展。从整体来看,除建筑施工行业外,上海市勘察设计、建设工程咨询等相关建筑业行业也表现良好,保持平稳发展态势。据上海市勘察设计行业协会统计,主营为勘察或主营为设计的企业,勘察或设计业务收入总体同比增长分别超过18%和10%。据上海市建设工程咨询行业协会统计，主营分别为工程监理、工程造价咨询或工程招标代理业务的工程咨询企业，其主营业务总体分别增长7.85%、17.86%和8.18%，同时，规模以上企业数量逐年增加。

2. 行业发展趋势

(1) 建设数字化与智能建造。

随着人工智能、大数据与互联网等技术的渗透，"数字企业"、"数字建筑"、智能建造等概念层出不穷，建筑行业已经步入数字化、智能化变革的新时代。数字建筑是以数字技术驱动的行业业务战略，它集成了人员、流程、数据、技术和业务系统，管理建筑物从规划、设计开始到施工、运维的全生命周期，包括了全过程、全要素和全参与方的数字化。当前，上海市以BIM技术为核心的云计算、大数据、物联网、移动互联网、人工智能等数字信息技术已日趋成熟，并逐渐与建筑施工深度融合，成为推进建筑业向数字化、智能化转型的重要推动力。

(2) 绿色建筑。

我国现有建筑面积为400亿平方米，绝大部分为高能耗建筑，且每年新建建筑近20亿平方米，其中95%以上仍是高能耗建筑。庞大的建筑能耗已经成为国民经济的巨大负担。通过发展绿色建筑，可实现在全寿命周期内，节约资源、保护环境、减少污染，为人们提供健康、适用、高效的使用空间，最大限度地促进人与自然和谐共生，实现生态文明建设、推进绿色发展，需要强有力的技术支撑和产业基础。我国特别是上海市拥有众多的高楼大厦，也需要进行建筑的节能降耗，因此近年也在积极推广与应用绿色建筑。

(3) 装配式建筑。

发展装配式建筑是建造方式的重大变革，是推进供给侧结构性改革和新型城镇化发展的重要举措。自2015年以来装配式建筑规划密集出台，《上海市建设工程材料使用监督管理规定》（沪建管〔2015〕726号）及相关规定，要求装配式建筑预制构件经本市建设工程材料备案。2017年起，外环以外在50%基础上逐年增加装配式建筑。《上海市装配式建筑2021—2025年发展规划》明确提出了"十四五"期间上海装配式建筑发展的指导思想、发展目标和对策措施，为未来五年上海发展建筑工业化指明了方向。到2025年，装配式建筑要成为上海地区主要建设模式之一，建筑品质全面提升，节能减排、绿色发展成效明显，创新能力大幅提升，形成较为完善的装配式建筑产业体系。

3. 行业人才需求变化趋势

根据建筑英才网最新的招聘数据显示，截至2020年11月中旬，建筑行业的招聘需求与去年同期相比上涨了10.7%。其中上海地区建筑人才需求增长明显，同比达到11.2%，上海市建筑人才总缺口达100万以上。

近年上海市装配式建筑行业发展迅猛，处于行业领跑地位，2020年上海新开工装配式建筑面积达3444万平方米，占新建建筑面积86.4%，位居全国第一。随着上海公布了250个风貌保护街坊和44片历史文化风貌区，上海市城市更新工程建设等需求更加旺盛。而新基建等国家战略的推进，特别是上海市城市数字化转型目标的提出，总体上要求上海市在2025年全面推进城市数字化转型取得显著成效，国际数字之都建设形成基本框架，为2035年建成

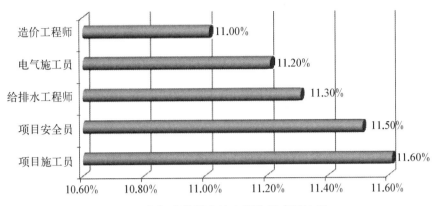

图2 上海建筑行业热点职位需求同比图

数据来源：建筑英才网

具有世界影响力的国际数字之都奠定坚实基础，因此上海市在城市建设过程中对于数字建造、装配式与 BIM 技术应用的需求更加旺盛，对建筑工程技术人才的需求更为迫切。

(二) 专业对应的岗位用工特点分析

1. 岗位设置情况

(1) 岗位名称：施工员。

职责范围：施工员是具备建筑施工管理知识，在工程施工现场组织工程施工的生产管理，确保工程进度、质量和安全等工作的专业人员。

工作环境：建筑工程施工一线

(2) 岗位名称：质量员。

职责范围：质量员是具备建筑质量管理知识，在工程施工现场从事施工质量策划、过程控制、检查、监督、验收等工作的专业人员。

工作环境：建筑工程施工一线

(3) 岗位名称：材料员。

职责范围：材料员是具备建筑材料管理知识，在工程施工现场从事材料管理规划、现场材料管理、组织料具进场以及现场材料的验收、保管、发放、核算等工作的专业人员。

工作环境：上海市工程建设质量管理协会

(4) 岗位名称：安全员。

职责范围：安全员是具备建筑安全管理知识，在工程施工现场从事安全生产规章制度落实、安全生产教育培训以及安全监督检查等工作的专业人员。

工作环境：建筑工程施工一线

(5) 岗位名称：造价员。

职责范围：造价员是具备建筑计量计价专业知识，在工程施工现场从事工程量计算、工程造价控制与预算结算等工作的专业人员。

工作环境：建筑工程施工一线

2. 岗位人员结构

项目组设计了调研问卷,选择了代表性较强的 30 家单位进行抽样调查,共收回样本问卷 30 份。经统计问卷数据,共有 3961 人在样本企业从事建筑工程技术岗位相关工作,其中施工员 1021 人、质量员 856 人、材料员 625 人、造价员 835 人、安全员 624 人,以及其他岗位 439 人。相关岗位的人员年龄结构如下。

由图 3 从业人员年龄结构图可知,80% 以上的建筑工程从业人员年龄在 20—39 岁之间,40—49 岁占比为 13.7%,50—59 岁占比仅为 4.1%。30—39 岁占比达到 50.9%,表明了建筑行业从业人员需要大量精力和时间的投入,因此中年是从业人员工作的黄金时期。

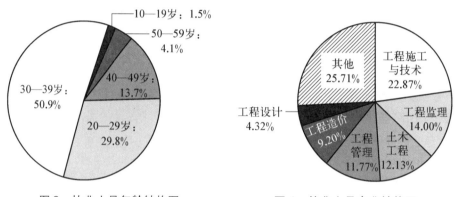

图 3　从业人员年龄结构图　　　　图 4　从业人员专业结构图

由图 4 从业人员专业结构图可知,74% 以上的行业从业人员都是相关专业毕业,因为建设行业作为一个专业性较强且工作强度较大的行业,准入门槛相对较高。同时建筑工程施工与技术类的专业占比最大,说明行业对建筑工程技术专业的需求量最大。

由图 5 从业人员学历层次分布图可知,高职(大专)学历有 1122 人,中职(中专)学历有 1747 人,两者占到总人数的 50% 以上,在总人数中占比非常高,说明建筑工程技术岗位对职业院校毕业生有非常大的需求。图 6 说明了专业技术等级结构的情况。

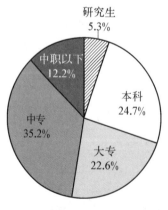　　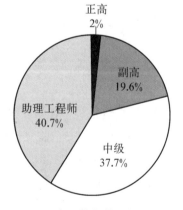

图 5　从业人员学历层次分布图　　　　图 6　专业技术等级结构图

由图 6 专业技术等级结构图可知,在专业技术等级结构中,中级及初级职称(助理工程师)的比例共占约 78.4%,其中助理工程师占 40.7%,中级工程师占 37.7%,说明了初级、中级职称的建筑工程技术人才是行业的主力军。

而从图 7 专业技能等级分布图可知,初级工和中级工共占 81.4%,其中初级工占 32.2%,中级工占 49.2%,说明行业对初级、中级技能型人才的需求量较大。

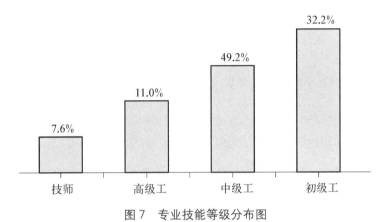

图 7　专业技能等级分布图

3. 岗位招聘途径与要求

经过调查显示,专业所对应的岗位的主要招聘渠道包括校内双选会、网络招聘以及社会招聘会。由图 8 专业岗位新聘人员的来源分布图可知,单位在招聘专业岗位新进人员时,主要来源是社会人员和应届生。在应届生中,应届高职生的占比为 22%,应届中职生的占比为 16%,两者之和远大于应届本科生的占比 24%。

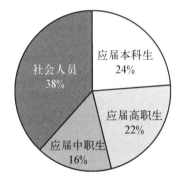

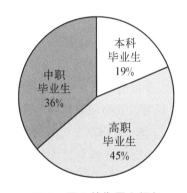

图 8　专业岗位新聘人员的来源分布　　　图 9　用人单位用人倾向

用人单位用人倾向的调查显示,45% 的用人单位更愿意招收高职毕业生,36% 的企业愿意招收中职毕业生,81% 的用人单位认为职业院校毕业生具有"岗位认同感强,心态稳定,不易跳槽"的优势,如图 9 所示。

样本企业计招人数和实招人数统计图显示,2018—2020 年,样本企业实际招聘人员的数量基本没有达到计划招聘人数的要求,只维持在约 60%。由图 10 的样本企业近 3 年实招人数和未来 3 年计招人数分析图,我们可以看出未来 3 年平均招收人数远超出目前的实招人数,说明建筑工程技术这一岗位就业前景比较乐观,行业人才需求还有较大空间,这与前面的行业形势分析也是吻合的。

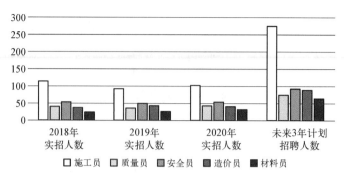

图 10 2018—2020 年实招人数和未来 3 年计招人数分析图

通过调研样本企业可知，目前社会通用的职业资格证书主要来源于 2017 年人力资源社会保障部公布的《国家职业资格目录的通知》，其中主要的职业资格如表 1 所示。

表 1 国家职业资格目录对应的职业资格名称及实施部门

国家职业资格名称	实施部门(单位)	资格类别
房屋建筑施工人员(砌筑工、混凝土工、钢筋工、架子工)	住房和城乡建设部门相关机构、人社部门技能鉴定机构	水平评价
土木工程建筑施工人员(桥隧工、防水工、筑路工、电力电缆安装运维工)	交通运输行业技能鉴定机构、住房和城乡建设部门相关机构、人社部门技能鉴定机构	水平评价

而 2020 年人力资源社会保障部制定出台《关于支持企业大力开展技能人才评价工作的通知》，将"装配式建筑施工员"确认为新职业，这是建筑工程新出现的技能岗位，也是未来就业方向之一。

同时调研显示，目前与本专业关联度较高的"1＋X"职业技能等级证书主要有："1＋X"建筑工程识图职业技能等级证书、"1＋X"装配式建筑构件制作与安装职业技能等级证书、"1＋X"建筑信息模型(BIM)职业技能等级证书等。

4. 岗位待遇与发展

本专业就业岗位待遇与工作年限有关，经过调研，得出本专业的岗位待遇分析图，如图 11 所示。

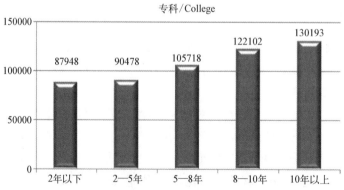

图 11 岗位待遇与工作年限分析图

不同岗位的职业发展通道主要如下：

> 发展岗位：技术总监、安全总监、总工程师

> 发展岗位：项目经理、项目总工、生产经理

> 发展岗位：项目主管、施工主管、技术主管、安全主管

> 就业岗位：项目助理、施工员、质量员、资料员、安全员

图 12　不同岗位职业发展通道

（三）专业对应的岗位用工需求分析

1. 未来 1—3 年岗位设置变化

本次调研显示，未来 1—3 年企业岗位设置没有大变化，主要依据《上海市建筑施工企业施工现场项目管理机构关键岗位人员配备指南》等法律法规设置对应的专业技术岗位，一般情况下，岗位设置如表 2 所示。

表 2　项目管理机构关键岗位人员配置规定

工程类别	工程规模	总人数（不少于）	岗位及人数
建筑工程、装修工程	建筑面积≤1 万平方米	8	项目负责人(项目经理)1人、项目技术负责人1人、施工管理负责人(项目副经理)1人、施工员1人、安全员1人、质量员1人、材料员1人、资料员1人
	1 万平方米＜建筑面积≤5 万平方米	13	项目负责人(项目经理)1人、项目技术负责人1人、施工管理负责人(项目副经理)1人、施工员1人、安全员2人、质量员2人、材料员1人、资料员1人、机械1人、标准员1人、劳务员1人
	建筑面积＞5 万平方米	16	项目负责人(项目经理)1人、项目技术负责人1人、施工管理负责人(项目副经理)1人、施工员2人、安全员3人、质量员3人、材料员1人、资料员1人、标准员1人、机械员1人、劳务员1人

2. 岗位用工需求的变化

从我国经济社会发展情况来看，当前传统产业转型升级与新兴产业孕育发展正在同步推进，各行各业对高素质技术技能型人才的需求量越来越大，对劳动者的素质能力要求也越来越高。与之形成鲜明对比的是，我国高技能人才的短缺问题日益严峻。2019 年《中国人才发展报告》的统计数据显示，在全国 7.74 亿就业人口中，高技能人才仅有 4791 万人，占就业人员总数的 6.2%，至 2020 年，全国高技能人才缺口将达到 2200 万人。

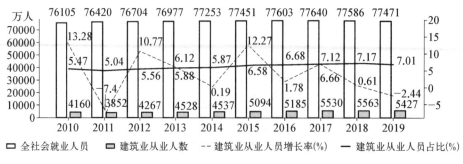

图 13　建设从业人员数量及增长

建筑业市场潜力大,专业人才需求旺盛。2016 年《建筑产业现代化发展纲要》提出,2020 年装配式建筑占新建建筑的比例达到 20%,到 2025 年装配式建筑占比将达到 50% 以上。同时,新基建、智能建造以及数字化新技术浪潮加速了技能人才的短缺,根据波士顿咨询公司的推测,建筑工程技术人才短缺同时表现在智能设计、智能装备与施工、智能运维与管理等专业领域,今后 10 年,建造行业从业人员中技术技能型人才的需求与培养数量之间存在巨大缺口,预计每年增量在 10% 以上。

根据本次调研结果,典型建筑工程企业对毕业生的专业能力需求,如表 3 所示。

表 3　专业能力分析汇总表

专业能力	了解		会		熟练	
	样本数量	样本所占总数比例	样本数量	样本所占总数比例	样本数量	样本所占总数比例
建筑工程识图能力	0	0%	2	7%	28	93%
AutoCAD 操作软件	0	0%	6	20%	24	80%
施工组织设计	0	0%	3	10%	27	90%
工程计量与计价	0	0%	4	13%	26	87%
BIM 建模	3	10%	6	20%	21	70%
工程测量	12	40%	5	19%	13	41%
装配式建筑施工	6	20%	8	27%	16	53%
建筑施工安全与质量管理	4	13%	15	50%	11	37%
钢结构施工	15	50%	6	20%	9	30%
结构力学分析	21	70%	3	10%	6	20%
土力学、地基与基础知识	12	40%	9	30%	9	30%

续 表

专 业 能 力	了 解		会		熟 练	
	样本数量	样本所占总数比例	样本数量	样本所占总数比例	样本数量	样本所占总数比例
建筑结构设计	15	50%	6	20%	9	30%
建筑材料知识	13	43%	8	27%	9	30%
工程资料的收集、整理、归档	10	33%	12	40%	8	27%

根据表3可知：在需要掌握的专业能力方面，有28家企业认为中职或高职的毕业生必须能熟练掌握建筑工程识图技能，有27家企业认为中职或高职的毕业生必须会相应的施工组织设计，而有26家企业认为中职或高职的毕业生必须具备工程计量与计价技能，故工程识图、施工组织设计以及工程计量与计价是职业院校毕业生的必备技能。另外，在AutoCAD绘图软件、BIM建模等技能方面，有超过60%的企业认为此技能必须掌握，可见随着上海市建设业的转型升级与建筑工程建设的需要，特别是新技术与新工艺的出现与应用，企业越来越注重学生的识图能力、施工组织能力以及工程造价能力。

关于结构力学分析、建筑结构设计以及钢结构施工方面，大部分企业认为学生了解即可，可能对于企业而言，中高职毕业生应以现场施工管理工作为主，具有一定的建筑力学知识即可，而从事设计的基本以本科及以上层次毕业生为主。关于当前教育部推广应用的"1+X"职业技能证书方面，建筑工程识图能力、装配式建筑施工、BIM建模均得到了企业的一定重视，并随着"1+X"职业技能制度的推广逐步深入人心。总体来看，当前建设行业企业对建筑工程技术岗位一职的毕业生的专业能力要求是，首先，在识读图纸的基础上能够进行相应的施工组织设计、管理以及工程计量计价；其次，建筑工程技术以及建筑施工安全与质量管理等相关技能也是学生必须具备的。

三、专业培养现状分析

（一）专业招生与就业岗位分布情况

目前上海市开设建筑工程技术专业的高职院校共5所，在校生（包括中高职贯通、高本贯通高职阶段的学生）人数可参见表4。

表4 高职建筑工程技术在校生人数

学 校 名 称	专业名称	2018级在校生（招生数）	2019级在校生（招生数）	2020级在校生（招生数）
上海城建职业学院	建筑工程技术	317(320)	326(330)	340(340)
上海思博职业技术学院	建筑工程技术	42(45)	30(35)	70(70)

续 表

学 校 名 称	专业名称	2018级在校生（招生数）	2019级在校生（招生数）	2020级在校生（招生数）
上海震旦职业技术学院	建筑工程技术	29(30)	67(70)	41(45)
上海济光职业技术学院	建筑工程技术	38(40)	70(70)	80(85)
上海中侨职业技术大学	建筑工程技术	66(70)	77(80)	74(75)
合 计		492(505)	570(585)	605(615)

根据上述开设建筑工程技术专业的高职院校招就办主页提供的信息与统计资料，建筑工程技术专业近3年毕业生就业单位分布情况如表5所示，近3年学生主要的就业去向为建筑施工员、安全员、造价员、测绘、检测等。

表5 毕业生就业情况统计表

毕业年份	毕业人数	专业工作岗位							岗位性质	
		施工员	质量员	安全员	造价员	材料员	其他岗位	升学	内业	外业
2018	561	186	96	85	48	38	66	42	26	535
2019	545	162	79	82	53	39	92	38	16	529
2020	586	177	86	97	82	45	58	41	41	545
总计	1692	525	261	264	183	122	216	121	83	1609

从表5数据可以看出，建筑工程技术专业的就业率接近100%，就业岗位大多是从事一线的外业操作岗位，当前正在实习的单位大多是施工企业。

(二) 专业人才培养现状与存在问题

根据专业人才培养主要举措，分析专业人才培养存在的主要问题，包括课程设置、教材使用、教学方法、实训条件、考证率、师资情况等。

1. 课程设置

调研反映出，大多数院校课程设置突出了建设工程的技术特点，但对于当下较为热门的新技术、新材料与新工艺等融合的程度还不够充分，未能实现专业课程与具体行业工程实践（如超深基坑、绿色建筑施工以及幕墙工程设计）的完美结合，还不能凸显高素质技术技能型人才培养的特色，对于超深超大基坑施工、幕墙工程设计、工程变形监测等行业新业态缺乏对应的专业课程。课程设置上的缺陷可能造成学生难以在所学内容与实际工作任务二者之间产生对应联系。

2. 教材使用

关于专业课程，院校采用的基本都是国家或住建部规划教材、知名专家编写的教材以及部分自编教材,教材总体上质量较高,对教育学生起到了关键作用。但目前活页式教材应用仍然较少,特别是数字化教材目前基本没有得到应用。

3. 教学方法

在当前教学中仍旧沿袭传统的学科课程教学方法,专业教学采取"按照学科先进行理论知识教学,课间穿插一定的实训,最后进行综合实习"的传统教学组织方式,较为缺乏"任务引领型"的教学创新与实践,理论教学和实践教学的融合度还不够高。

4. 实训条件

对于目前实训教学主要存在的问题,1 所学校认为"学生积极性不高",2 所学校认为"实训仪器设备更新慢",4 所学校认为"实训教师数量不足,生师比过大"。

目前相关院校课程实践教学占总学时的比重基本在 50% 左右,个别学校实践教学占总学时的比重略低于 50%(分别为 49.3% 和 48.5%)。个别学校实训课师生比为 1∶25;而对于现阶段较为合理的实训教师配置,多数学校认为师生比应为 1∶10,1 所学校认为师生比应为 1∶15。这反映出,目前上海市大多数高等职业院校的建筑工程技术实训课教师配置偏少,生师比过大,学生不能够得到教师的充分指导。

5. 考证率

目前各院校对于考证高度重视,积极考取行业协会所举办的施工员、CAD 绘图员等上岗证书,对就业起到了关键的支撑作用,大部分院校毕业生考证率达到 80% 以上,中高贯通培养的学生考证率达到 90% 以上。

对于教育部重点推广的"1+X"职业技能证书制度,由于政策刚推行一年多,部分院校正在逐步完善试点建设与考试工作,取得了一定的成绩,但相关专业课程体系尚未完全建立,对于学分转换、课程融通等关键问题需要着重加以解决。

6. 师资情况

上海城建职业学院"建筑工程技术专业"为上海市级教学团队,现有教师约 40 人,专职教师 20 多人,其中博士 4 人,硕士 14 人,晨光学者 2 人,高级职称 16 人,上海市教学名师 1 人,师生比 1∶16;兼职教师 16 人,占教学团队的 40%,在教学团队中一级注册建造师 4 人、注册结构师 2 人、注册造价师 2 人、注册设备工程师 1 人、美国项目管理师(PMP)1 人,还有其他各类证书若干。

上海思博职业技术学院拥有专兼职教师 10 人(专职 6 人、兼职 4 人),其中教授 1 人,副教授(含高级工程师)1 人,80% 以上为"双师型"教师。教学团队在 2013 年度获得"上海高等学校市级优秀教学团队",第三届上海市高职高专院校重点专业建设教学设计比武二等奖,2017 年上海市高职教学成果二等奖,获上海市高职教学精品课程 1 门。

上海震旦职业技术学院建筑工程技术专业有专兼职教师 13 人,其中教授 3 人,副教授 4 人,教授级高级工程师 1 人,讲师 4 人,助教 1 人;80% 以上的教师具有硕士学位。

上海济光职业技术学院专兼职教师主要来自上海建工、绿地集团、上海现代设计院、同济大学等知名企业和院校,其中有正副教授、高级工程师共 8 人,技能能手 1 人,"双师型"教师达 80% 以上。

上海中侨职业技术大学拥有专兼职教师 19 人,其中教授 2 人,副高以上 5 人,讲师 10

人,助教 2 人;85%以上的教师具有硕士学位。

总体而言,所有院校均配置了专兼职结合教师,生师比基本符合教育部相关规定与要求,"双师"比例均在 80%以上,博士、硕士占比逐年增高,反映出职业教育的吸引力在不断加大,职业院校的师资力量正在逐步加强。

四、专业人才培养改革建议

(一) 专业培养目标定位

1. 确定人才培养所面向的职业范围

通过调研分析,大部分调研对象认为建筑工程技术专业毕业生就业的主要岗位是:施工员、质量员、安全员、资料员、项目助理。从调查的情况看,用人单位要求高职毕业生必须具备上岗证或工种技能证。这些岗位多数要求学生具备一定的专业基础知识和相应的岗位操作能力。学生可根据自身的专业方向和就业需求在毕业前夕或就业上岗前考取相应的证书。

表 6 资格证书列表

序 号	就业岗位	职业资格(名称、等级、颁证单位)
1	施工员	施工员;无等级;上海市工程建设质量管理协会
2	质量员	质量员;无等级;上海市工程建设质量管理协会
3	安全员	安全员;无等级;上海市工程建设质量管理协会
4	资料员	资料员;无等级;上海市工程建设质量管理协会
5	项目助理	建造师执业资格证书;二级;住房和城乡建设部

对应的职业生涯路径如下:

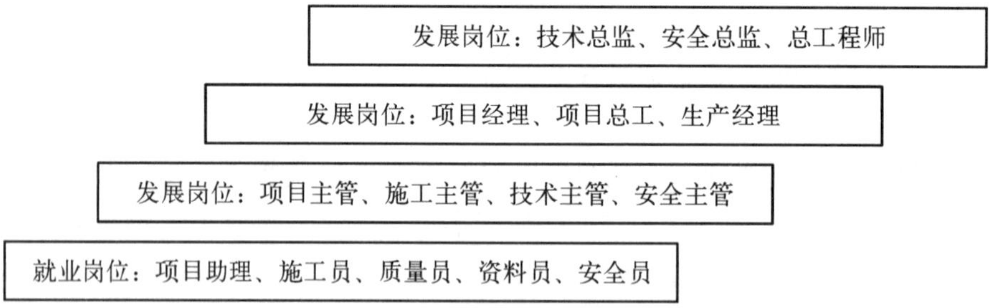

发展岗位:技术总监、安全总监、总工程师

发展岗位:项目经理、项目总工、生产经理

发展岗位:项目主管、施工主管、技术主管、安全主管

就业岗位:项目助理、施工员、质量员、资料员、安全员

图 14 职业生涯路径图

2. 确定人才培养目标

本专业坚持立德树人、德技并修、学生全面发展,主要面向建筑工程施工管理与项目管理等相关企事业单位,培养具备项目组织与施工组织策划、施工管理策划、施工管理、技术管理、材料与资料管理、质量管理、安全管理、设备管理、造价管理等专业技术知识及相关基础理论知识,能从事项目助理、施工员、质量员、安全员、资料员等工作的高素质技术技能人才。

(二) 专业改革建议

1. 师资条件

针对专业培养目标,本专业师资力量应做到以下几点。

(1) 提倡项目化教学课改理念。

教师可通过参加校本、市级、国家级等各类培训项目,提升教师行动导向教学、任务引领教学等教学能力,加强项目化教学课改理念,加强课堂学生自主学习和实践操作技能。

(2) 提升实训课程教学效果。

学校通过教师企业实践、引进有工程一线经验的教师,以及聘请有丰富实践经验的工程技术人员到校担任兼职教师等方式,提升教师的工程实践能力,提高实训课程的教学效果,并能与企业实践融合,培养企业需求的技能人才。

(3) 增加企业优秀兼职教师。

通过跟岗实习、顶岗实习等实践研究,探索专业工学交替校企合作模式,进一步扩大合作企业范围,提升企业优秀兼职教师队伍参与学校教学的数量和质量,通过有社会责任感的企业的参与,提高专业技能实训的质量,提升学生职业素养和综合能力。

2. 课程设置

课程设置应当将建筑工程技术专业与具体行业工程实践紧密联系,围绕主要的工程建设对象(如建筑工程、市政工程),按照工作过程和工作性质(设计阶段的施工信息化、施工总体方案规划;施工阶段的施工组织、项目管理、造价控制、安全与质量管控;运维阶段的结构监测、数据采集、结构分析评估、结构加固等),以典型工程项目为载体设置课程,每门课程以完成工程项目的某方面任务为目的进行教学组织,并围绕职业能力和技能培养设计相应的实践活动。专业课程内容涵盖国家(行业)颁布的房屋建筑施工人员、土木工程建筑施工人员、上海市行业协会施工员标准等考核要求。同时可以通过加强专业教学与行业发展的联系,设置"行业讲座"等性质的课程,定期聘请行业专家到校开设专题讲座,通过典型工程案例,让学生及时了解行业的新发展及新技术的使用状况,提升产教融合程度与教学质量水平。

3. 教材改革

课程设置及教学方法的改革必须与教材改革相配套。基于根据项目驱动和任务引领设计课程的原则,教师在教学中必须根据教学目标选用具体工程项目,编写专业教材并按照行业的发展和教学目标的优化不断地进行更新,使教学与行业技术同步发展。针对教育部"1+X"职业技能证书,需要对现有教材体系进行优化与调整,以实现真正的学分转换与课证融通;同时积极按照技术技能型人才培养的需要,大力推广活页式教材的编写与应用。

4. 教学方法改革

教学应注重职业能力的培养与提升,在条件允许的前提下,专业课程教学应当采取项目教学的方法,实现理论知识与实训项目的相结合。由教师引进一些工程项目实例,然后学生在教师的指导下,制定具体的实施计划后自主组织实施。通过这一形式,教师可在学生实施过程中进行"做"中"教",帮助学生完成,组织学生自主交流,并最后检查评价。这种方法可激发学生的学习主动性,使学生带着问题在"做"中"学"。

5. 实训教学改革

进一步加大课程实训课时，按照任务引领模式，组织课程课间实训；对建筑工程技术综合实训进行有效的设计，包括施工组织设计、工程计量与计价、工程测量、CAD实训以及"1＋X"考证等内容。

建立校外生产性实训基地，创造条件将实训内容与相关企业的实际项目结合，按照真实的作业程序，使用与真实生产对接的建筑工程项目实践，推行实际工程项目中的施工技术研讨、施工组织设计以及项目管理、工程监测与检测等，严格按照建筑工程技术相关施工规范、标准及规程以及建筑工程质量验收标准指导和验收学生的实习成果，实施生产性工程实践训练。让学生真正在生产过程中系统地学习技能、理解知识，可以缩短从学生到职场技术人员的周期，实现从学校到企业的无缝对接，提升人才培养质量，实现学生、学校与企业三方共赢。

6. 学业评价方法

改变现有课程以理论考试为主结合实训表现的评价方式，对学生在完成工作任务的过程中所表现出的精神品质、自主运用知识的能力、操作技能水平以及完成任务的成果进行综合考核；改变由教师给学生评价的单一主体方式，探索教师评价、小组评价、同伴评价、自我评价的多主体评价方式。目前部分高职院校比较流行的做法是形成性考核方案，通过过程中的监督与跟踪，形成一些固化成果，可以减少以往考试一考定性的弊端，增加教学成果认定的灵活性，也提升了教师与学生之间的交流与信任，具有较大的推广应用价值。

7. 弘扬职业精神

通过工匠、劳模讲座等，提倡家国情怀与奉献精神，将职业精神教育贯穿专业教学始终，特别是在项目化的实训教学中，注重培养学生吃苦耐劳、团队协作、精益求精等良好职业道德，让其形成较强的综合职业能力、具有良好的职业操守与技能，这对于培养高素质技术技能型人才至关重要。

8. 加强就业指导

通过就业讲座、职场人员经验分享等，可以帮助学生提前了解职业性质和特点，促使其树立正确的就业观，并帮助其完成对未来就业与工作的思想过渡。建筑工程技术具有智力密集与劳动密集的双重特点，需要较好的耐心，具备一定的经验积累，方能更好服务社会、实现个人人生价值，因此需要对学生提前进行相应的教育与引导，提高其对所从事职业的认可度，提高学习自觉性与未来就业的方向性。

工作任务与职业能力开发指导手册

目 录

前　言	55
第一章　术语界定	**56**
一、产业	56
二、行业、职业与岗位	56
三、工作领域、工作模块、工作任务与职业能力	56
第二章　工作任务与职业能力分析法的思路	**57**
一、能力本位课程开发的基本单位	57
二、任务分析和能力分析的辩证关系	57
三、任务分析的层级	57
第三章　工作任务与职业能力分析法的准备工作	**58**
一、分析专家与岗位专家的选择	58
二、硬件要求	59
第四章　工作任务与职业能力分析法的流程	**61**
第五章　工作任务与职业能力分析法的具体内容	**62**
一、开幕式	62
二、分析会的目标与工作方式讲解	62
三、分析工作领域与工作模块	62
四、分析工作任务	66
五、分析职业能力	66
六、汇总确认	70

　　　　　　七、教学化处理　　　　　　　　　　　　　　　　　　　　　70

第六章　工作任务与职业能力分析的质量标准　　　　　73
　　　一、工作任务分析的质量标准　　　　　　　　　　　　　73
　　　二、职业能力分析的质量标准　　　　　　　　　　　　　73

第七章　工作任务与职业能力分析表示例　　　　　　　　75

附　录　　　　　　　　　　　　　　　　　　　　　　　76
　　　附录1　高星级饭店运营与管理专业工作任务与职业能力分析　　76
　　　附录2　现代物业管理专业工作任务与职业能力分析　　　　89

前 言

《工作任务与职业能力开发指导手册》是中国特色职业教育体系下能力本位课程建设的实践产物,是提升职业教育课程开发质量,促进课堂教学水平提升的重要保障。

工作任务与职业能力分析法是职业教育特有的,以会议研讨的形式对某一岗位或岗位群中需要完成的任务进行分解,对完成这些任务需要的职业能力进行深度、系统分析的方法。工作任务与职业能力分析应在专业(技能)方向确定以后进行。这一方法的整体流程是在分析专家的主持下,岗位专家对岗位中的工作任务和职业能力进行会议形式的探讨,最终制定出工作任务与职业能力分析表,开发的单位依次为工作领域、工作模块、工作任务和职业能力。原则上,工作领域是一个专业课程设置规划的依据,工作模块、工作任务是单门课程结构设计的依据,职业能力是课程内容开发的依据。

工作任务与职业能力分析法可以大大提升职业能力培养的针对性,更为深度地体现能力本位课程思想。将分析的最小单位定为能力,可以大幅度减少每个模块的课程内容,使知识与操作的联系更加紧密,理实一体化教学更加易于操作。最后通过对职业能力的教学化处理,可以使课程内容更符合教学规律。

本手册分为七章:第一章为术语界定,第二章为工作任务与职业能力分析法的思路,第三章为工作任务与职业能力分析法的准备工作,第四章为工作任务与职业能力分析法的流程,第五章为工作任务与职业能力分析法的具体内容,第六章为工作任务与职业能力分析的质量标准,第七章为工作任务与职业能力分析表示例。

第一章 术语界定

一、产业

产业是一个经济部类概念,是根据产品类型,而不是职业活动的性质对经济部类做出的区分,如第一产业、第二产业、第三产业。产业和职业之间并不存在对应关系,产业发展只是影响人才需求的因素之一。

二、行业、职业与岗位

行业是最为上位的从业概念,是劳动者在从事社会劳动过程中形成的一种社会分工的集团概念,是许多性质比较接近的职业的集合。

职业是指从业人员为获取主要生活来源所从事的社会工作类别。

岗位是职业的下位概念,指不同组织共同设置的职责与任务较为接近的职位。

三、工作领域、工作模块、工作任务与职业能力

工作领域是对一个岗位或岗位群工作范围的划分,是通过对工作模块的整合获得的高度概括、覆盖面最广的一组工作内容。工作模块是对工作领域的进一步细分。工作任务是岗位上独立存在、可直接完成的单件任务,它是通过对从业者的实际工作内容提炼、概括而形成的具有普遍性、稳定性的工作内容。

职业能力是个体胜任工作任务要具备的力量要素,包括知识、技能和素养。任何职业能力都是具体的,是和一件件任务相联系的。职业能力所要描述的是为完成一件事情时人应具备的条件,即它要描述出在什么条件下人能够把事情做到什么状态。

第二章　工作任务与职业能力分析法的思路

一、能力本位课程开发的基本单位

将任务和能力作为能力本位课程开发的出发点和基本单位,是能力本位课程开发的基本特征之一,这是由职业教育的性质和职业知识的性质决定的。任务与能力分析的本质是对职业知识的开发,职业教育的职业性使得学生的学习内容必须由要完成的行动或工作决定,因此任务必须作为职业教育课程开发的基本单位之一。而将课程开发的最小单位定为能力,是因为相对于任务,能力更能承载知识,并由此提升人才培养的针对性。同时,职业教育的知识大量存在于工作场所中,其最重要的载体是岗位专家的大脑。因此工作任务与职业能力分析的本质是请岗位专家按照"任务—能力"的逻辑开发职业知识。

二、任务分析和能力分析的辩证关系

从分析对象上说,工作领域、工作模块、工作任务的分析对象是职业岗位,职业能力的分析对象是从业人员。任务分析是能力分析的前提。如果没有任务分析,能力分析将会陷入混乱,找不到合适的载体。分析出来的能力只能是非常浅层的、抽象的通用能力,而非职业能力。如果没有能力分析,任务分析的结果将落实不到人才培养,便无法转化为课程,能力本位课程开发就无法继续向前推进。

三、任务分析的层级

工作任务分析要以"工作领域—工作模块—工作任务"的三级分析来进行。这是因为真实工作场景中的具体任务是杂乱无章的,特别是进入智能化时代后,工作岗位逐渐趋于扁平化,如果不对工作任务进行高度的概括和梳理,那这样的分析既无法全面地覆盖所有任务,也无法形成严谨的课程体系结构。因此,任务分析的三级结构是由现代职业活动的复杂性决定的。工作领域是课程设置的依据,工作模块与工作任务是课程结构组织的依据。一般而言,一个工作领域对应一门课程,但也存在一个工作领域对应多门课程或多个工作领域对应一门课程的情况,具体课程需要结合专业情况进行设置。工作模块与工作任务则构成课程和教材的整体结构。一般情况下,工作模块是一门课程的单元标题,工作任务是课程和教材的章标题,职业能力则是课程和教材的小节标题。

第三章　工作任务与职业能力分析法的准备工作

一、分析专家与岗位专家的选择

（一）分析专家

分析专家的作用是作为会议主持人来引导岗位专家对岗位对应的工作任务与职业能力进行准确、高效的分析，分析专家需要对工作任务与职业能力分析法有完整、深入的认识，并且需要对职业教育课程与教学这一领域具备较深的研究基础，要能够解决分析会中岗位专家与教师提出的相关问题，确保分析会有条不紊地展开，因此分析专家应当由职业教育课程开发专家担任。

分析专家的职责有：

(1) 使岗位专家理解分析会的工作目标、方式、时间与成果。

(2) 组织、协调分析进行的全过程。

(3) 指导岗位专家的分析并整合其分析结果。

分析专家的能力要求有：

(1) 熟悉工作任务与职业能力分析的基本操作，并深刻理解这些操作的设计意图。

(2) 深刻理解工作任务与职业能力分析的质量要求。

(3) 能使工作任务与职业能力分析过程朝着有利于进行课程开发的方向进行，使其准确对应专业培养目标的定位。与中职相比，高职要分析出其特有的工作任务，职业本科则要提高工作任务的复杂性和综合性，体现出本科层次。

（二）岗位专家

岗位专家是工作任务与职业能力分析会的主体，因为对工作任务最熟悉的就是长期在相应岗位从事工作且具有反思和总结能力的岗位专家。岗位专家甄选需要满足的条件是：

(1) 一般以聘请 11—12 位为宜。

(2) 岗位专家的身份以一线技术骨干、班组长、车间主任为宜，企业老总并不适合作为工作任务分析会的主体。

(3) 专家的岗位要覆盖本专业面向的所有工作岗位并合理分布。

(4) 专家需要具备善于思考、书面表达能力强、善于合作、能努力听取他人意见等素质与能力。

(5) 尽量聘请经验丰富的专家，以 20 年以上工作经验并拥有技师以上或相应职业资格证书的专家为宜。

(三) 其他成员

此外,要对工作任务的分析成果进行现场记录。这往往需要 2—3 位记录员。记录员对工作任务分析的技术要求理解比较深刻,并能主动、灵活地协助分析专家,最好由相关专业的教师担任。同时,参与课程开发的教师应当列席任务分析会。在分析过程中,教师们可以根据自己对本专业课程的理解,就工作任务分析的重点与方向提供参考意见。

二、硬件要求

(一) 场地布置

组织一场工作任务与职业能力分析会,需要一个能容纳 30 人左右的中型会议室。会议室的桌子最好是圆形的,以利于专家之间面对面的沟通。此外,应当为每位专家准备好足够的纸和笔,一些现代化的电子设备如投影仪、电脑、打印机等也是必备的硬件设施。图 3-1 是工作任务分析会现场布置的样例。

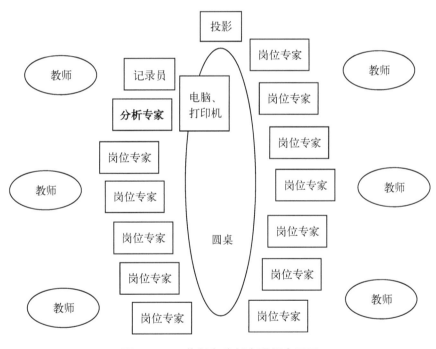

图 3-1 工作任务分析会现场布置图

(二) 材料要求

(1) 工作任务与职业能力分析表(空表)。
(2) 优秀的工作任务与职业能力分析样板。
(3) 工作任务与职业能力开发指导手册。
(4) 分析专家与岗位专家名单。

图 3-2 工作任务与职业能力分析会现场

(三) 时间要求

一般而言,工作任务与职业能力分析会要在一天内形成最后的成果,即完整的工作任务与职业能力分析表。因此工作时间一般从早上 8:00 到下午 6:00,午休时间不宜超过一个小时,可按具体情况缩短或延长时间,但最好在一天内完成。若无法在一天内完成最终成果,至少要请岗位专家在一天内完成书写,并要求分析专家完成汇总和验收。多年的实践表明,如果将工作任务与职业能力分析会的战线拉到第二天,往往效果不佳,甚至会导致所有的努力白费。原因在于,一是可能会造成岗位专家的缺席,直接中断分析会的进行;二是岗位专家的分析思路会被打断,最终降低分析的质量。

第四章 工作任务与职业能力分析法的流程

工作任务与职业能力分析法的流程分为：开幕式、分析会的目标与工作方式讲解、分析工作领域与工作模块、分析工作任务、分析职业能力、汇总确认、教学化处理。流程图见图4-1。

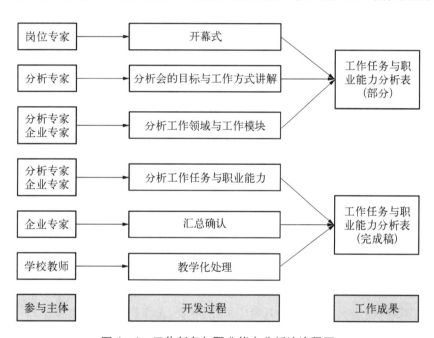

图4-1 工作任务与职业能力分析法流程图

第五章 工作任务与职业能力分析法的具体内容

一、开幕式

开幕式约为 10 分钟,一般由活动主办方主持,目的是使岗位专家能全身心投入分析过程。为此,有必要逐一介绍每位岗位专家的工作单位、职务及其工作领域,但切忌介绍与工作任务分析无关的信息,如学校的办学概况、企业的营收状况等。

二、分析会的目标与工作方式讲解

这一阶段由分析专家主持,需要讲解的内容是:

(1) 召开分析会的目的是使课程能与岗位的实际要求最大限度地匹配,因此岗位专家需要尽可能将企业真实的工作情况和要求整理出来,形成工作任务与职业能力分析表;

(2) 本次分析不涉及学习哪些知识、开设哪些课程的问题,只分析企业真实在做的事情和岗位需要的职业能力;

(3) 分析要从各位岗位专家的独立撰写开始,岗位专家要在分析专家的引导下把自己对实际工作的认识按照规定的表述书写出来;

(4) 在这个过程中,分析专家可以展示一张完整的其他专业或相关专业的工作任务与职业能力分析表,以便岗位专家对分析会最终的成果有大致的了解。同时,可以适当说明,一个专业的工作领域约在 8—15 个之间,每个工作领域的工作模块约在 3—5 个之间,每个工作模块的工作任务约在 5—10 个之间,每个工作任务的职业能力约在 2—5 条之间,具体数目根据专业情况可有弹性,以便岗位专家能从整体上把握工作任务与职业能力分析表的结构和容量。

三、分析工作领域与工作模块

(一) 讲解分析要点

正式的分析从工作领域与工作模块开始,分析专家要向岗位专家说明工作领域和工作模块的分析要点。

(1) 当今的企业实际上是以岗位群为单位进行生产的,并非一个岗位只做一件事,也并非一件事只有一个岗位做。岗位群是指一些互相联系的岗位所包含的职业系统。因此,分析工作领域时需要把岗位群作为一个整体来分析。

> 例如设计专业中,平面媒体设计师、电视媒体设计师和网络媒体设计师这三个岗位需要的能力有很多相似之处,统一归为广告设计师岗位群。而新媒体艺术设计师则要归到另外一个岗位群,尽管它与广告设计师需要的基础知识相似,但新媒体艺术设计却是一个全新的领域,不属于普遍意义上的广告设计范畴。

(2) 工作领域和工作模块指一个岗位群所执行的较大范围的功能,不仅仅是企业岗位职责中规定的内容。工作领域是一系列具有相同性质的工作模块组成的系统,而工作模块包含一系列相对独立的工作任务。分析出工作领域的关键在于,岗位专家要将脑海中一系列复杂、松散的工作任务统一起来,筛选、归纳出相同性质的一组工作任务,即为工作模块;再经过高度的概括和总结,归纳出相对独立的一组工作模块,即为工作领域。此外,无须过于在意工作领域、工作模块、工作任务的概念区分与命名问题,因为它们本质上都是岗位工作内容,只是由于层级划分的需要,才把它们分别命名为工作领域、工作模块和工作任务。

> 例如,终端配电控制、建筑配电控制与动力配电控制这三个工作模块共同组成了低压配电控制这一工作领域,因为三者在工作性质上同属于配电控制的范畴。

(3) 不需要考虑课程、知识、能力等内容,只需要考虑员工实际在做什么。岗位专家在分析过程中不需要考虑"学生怎么学""教师怎么教"的问题,只需要考虑岗位上真实发生的工作内容。

(4) 用"名词+动词"的短语进行表述。这是能力本位课程开发对工作任务与职业能力分析法提出的要求。为了与以往知识本位的学科化课程区别开,摒弃"概论式课程""基础式课程",能力本位课程的分析单位必须是行动和结果组成的系统,因此工作领域、工作模块和工作任务必须用"名词+动词"的短语来表述。

(5) 每位岗位专家根据工作经验独立撰写,根据专业的容量决定适合的数量,一般一个专业的工作领域约在8—15个之间,每个工作领域的工作模块约在3—5个之间。在每位专家完成工作领域和工作模块的撰写前尽量不进行讨论,以免相互影响思路,最终导致分析的质量下降。

(二) 整合分析材料

在明确要求之后,由各位岗位专家自行开始撰写。分析专家要判断岗位专家所书写的材料是否符合要求并提高每位岗位专家所书写材料的质量,主要考虑任务的教育价值和任务分解的逻辑路径。分析专家要对不同岗位专家的材料进行整合,形成一份分析材料。基本方法是寻找"共同的工作领域(模块)"。分析专家应当快速发现不同专家所撰写内容之间的"共同要素"及个别岗位专家的"亮点要素",因此分析专家需要对所要分析的专业有一定的了解,能在短时间内分辨出不同材料的分析价值。分析的内容主要有两点:

一是内容的教育价值。如果分析的内容只是一些琐碎的工作任务或是无关紧要的工作要求，那么将会降低课程的专业化水平。要注意的是，任务在工作中的重要性与在教育中的重要性是不完全等同的，如建筑专业中的"技术交底"这项工作任务，在实际工作中十分重要，但在教育中未必如此。因为实际工作更多是从"质量控制"的角度考虑每项任务的重要性，而教育则是从"能力培养"的角度考虑。

二是任务分解的逻辑路径。任务的分解要遵守一定的逻辑，有的是按照产品的生产过程和工艺流程进行分解，有的则是按照工作的对象进行分解。具体采用何种分解逻辑要依据本专业工作的特点及其教育价值来决定，分析专家要保证岗位专家的任务分解逻辑满足要求。

（三）可能出现的问题

分析专家在整理完成所有的工作领域后把初稿投影在屏幕上，由各位岗位专家进行讨论。这个过程大约持续 2 小时。最终确认的工作领域在之后的分析中原则上不再变动。岗位专家书写过程中可能会出现如下主要问题。

（1）未能真正理解分析的思路与要求，所书写的内容与所要求的内容不符合。一般出现此类现象时需要分析专家与岗位专家一对一进行交流和引导，分析专家要向岗位专家重申工作领域分析的要点，可以向其多展示几份成品的工作任务与职业能力分析表，让岗位专家在研读的过程中细细体会工作领域与工作任务的含义与联系。

（2）不能把握从什么角度进行分析更合理，哪种分析角度对课程开发价值更大。分析专家可以向岗位专家提出建议，一般可供切入的角度和可以依据的逻辑线索有：产品，如应用生物技术的产品生产操作，可能被分解成生物制品生产操作、合成生产操作和制剂生产操作等工作任务。工作对象，如电气自动化专业。操作程序，如电子产品制造、车辆制造。设备或系统的结构，如汽车维修、空调与制冷设备安装与维修。岗位，如酒店服务、烹饪。典型工作情境，如导游。具体选择哪种分析路径，要依据专业的特点及其教育价值来决定。同时需要注意，一个专业有时要综合运用多种分析路径。

> 例如"模具测量"这一工作领域，可以把它的工作模块分解成"主要零件检测"和"次要零件检测"，实际工作中确实是如此分工的。但这样分解对教育基本没有价值，因为二者对能力的要求基本相同，只是工作对象不同。这里比较适合的方式是根据检测内容把它分解成"几何尺寸检测""粗糙度检测""硬度检测"等模块。

（3）简单地采用"工作流程"作为整体分析的思路。这样做很容易将复杂的工作简单化。如高铁动车驾驶专业如果按工作流程来拆解工作领域，那么分析结果将会非常抽象，难以转化为实体课程。

（4）认为文科类专业无法分析工作领域和工作模块。是否能使用工作任务与职业能力分析法分析进行课程开发，不是由专业类型决定的，而是由人才培养的方法和路径决定的。只要是采用职业教育的人才培养方法，采用工作逻辑的人才培养路径进行的教育都适用于工作任务与职业能力分析法。文科类专业的知识或许较为理论化和基础化,但文科类专业面向的岗位也是要进行实践性工作的,而只要是实践性的工作,就可以分析出工作领域和模块。之所以会有岗位专家产生此类疑惑,是因为岗位专家在自身接受职业训练时一般是先学习理论知识,后进行实践尝试,因此先入为主地以为分析工作内容就是分析岗位需要什么知识。分析专家要扭转岗位专家心中对于文科类专业的刻板印象,引导其放弃思考知识和技能层面的要素,只投入分析岗位上的工作内容。如表 5-1 所示为某初等教育专业教师的工作任务与职业能力分析。我们通常认为教师的工作专业性较强,需要先学习大量理论知识,然后在实践中不断培养实践能力,但这并不妨碍我们分析教师岗位的工作内容。

表 5-1 初等教育专业教师工作任务与职业能力分析(部分)

工作模块	工作任务	职 业 能 力
B1 课堂教学	B1-1 班级氛围营造	B1-1-1 能通过语言和活动创造公平的班级氛围 B1-1-2 能根据教学内容,结合学科特点和学段特点设计适当的教学情境氛围
	B1-2 知识教学	B1-2-1 能把教学内容划分成较小的知识点,方便学生学习 B1-2-2 能准确、清晰地进行语言表达 B1-2-3 能根据教学内容,合理地选择并使用教学方法 B1-2-4 能够前后联系地进行知识教学,促进知识迁移 B1-2-5 能为学生提供各种可供选择的扩展性知识学习资源
	B1-3 技能教学	B1-3-1 能掌握本专业基本技能(如语文:朗诵、表达、概括;数学:熟练掌握口算、笔算、推理、抽象思维能力) B1-3-2 能正确、规范使用教学工具 B1-3-3 能对技能操作过程进行合理划分,确定技能教学的阶段 B1-3-4 能正确地演示、清晰地讲解技能操作过程
	B1-4 思维教学	B1-4-1 能用恰当的语言表达启发引导学生发展思维 B1-4-2 能结合学科特点用实例引导学生发展思维 B1-4-3 能够设计巧妙的推理活动,帮助学生发展思维
	B1-5 动机与情感教学	B1-5-1 能结合学生实际生活,创设激发学生学习兴趣的情境 B1-5-2 能结合课堂情境,运用教学机智,适时展开情感教育 B1-5-3 能结合课程内容对学生进行情感教育
	B1-6 课堂教学组织实施	B1-6-1 能根据学科特点、学段特点、学生心理特点与客观条件,合理地选择和实施教学组织 B1-6-2 能机智灵活地处理教学过程中的偶发事件
	B1-7 课堂学习情况观察与反馈	B1-7-1 能观察学生对教学活动参与的兴趣 B1-7-2 能观察学生在课堂教学中对知识的掌握情况及反馈 B1-7-3 能观察不同层次学生的学习效果
	B1-8 学生问题解答	B1-8-1 能站在学生的角度思考问题、分析问题 B1-8-2 能够使用比喻、演绎、对比、实验等方法,清晰准确地解答学生的疑问 B1-8-3 能引导学生自我思考问题的答案

四、分析工作任务

这一阶段的任务是对工作模块中的具体任务进行分解。这一阶段使用的方法与上一阶段相同,只不过需要继续对工作模块进行进一步的分解。由于岗位专家在经过上一阶段的分析后基本已经熟悉工作任务分析的方法要求,因此这一阶段一般会给专家分工,使每1—2位专家承担一个工作领域的任务分析。为确保分析结果准确,应在汇总全部分析结果后集中全体专家对结果进行修改和确认。这一阶段一般需要1—2小时。

分析专家需要在这一阶段为岗位专家讲解的内容有:

(1) 工作任务的分析思路与工作领域和工作模块基本相同,只是更具体、细化。
(2) 工作任务的分解要尽量详细,每条工作模块包含的工作任务一般在5—10个为宜。
(3) 工作任务的分解要有一条逻辑线索,避免任务之间的交叉。
(4) 同级的工作任务容量大小应当相对均衡。
(5) 采取"名词+动词"的短语进行表述。

此阶段的具体要点和容易遇到的问题与工作领域和工作模块分析阶段大体相同。由于是分工作业,分析专家要注意全面地观察各岗位专家撰写的内容,一旦发现专家思路存在问题或是撰写陷入停滞,必须立刻介入引导,确保工作任务的分析高效进行。

五、分析职业能力

职业能力是普通能力在具体任务中的体现结果。任何职业能力都是具体的,是和一件件任务相联系的。依据任务来描述能力,并非意味着简单地重复任务的内容来获得对职业能力的描述。任务所描述的是人在岗位上要完成什么事情,而能力所要描述的是为完成这些事情,人应具备的条件,即它要描述出在什么条件下人能够把事情做到什么状态,而不是抽象的、概括的能力。职业能力的描述要针对每项工作任务分别进行,不能把多项工作任务综合在一起来分析其能力要求。

职业能力的分析同样以分工的形式展开,每位岗位专家负责之前工作任务分析时负责的部分。这一阶段的分析尤为重要,也最容易偏离分析的初衷。分析专家应当时刻关注各位岗位专家的撰写,并及时给予指导。分析专家要向岗位专家明确的内容包括如下几条。

(1) 描述格式要使用"能(会)使用什么进行什么操作,达到什么要求或水平"。这是使用现实主义能力观对能力进行描述的方法。与之相对的是抽象主义能力观,即使用要素方法来描述能力。
(2) 职业能力不是形成该能力的知识条件。

> 例如"宴会摆台"这一任务,不能简单地将其需要的职业能力描述为"能了解摆台要求""能掌握摆台方式",而应详细地描述出在什么情况下,能掌握什么样式的摆台方式,其质量标准如何。

(3) 职业能力不是职业活动中需要的一般能力。如表 5-2 所示是电子商务专业部分工作任务的职业能力分析。这份分析材料对于课程开发基本没有什么价值。如果将表 5-2 和表 5-3 相比较,表 5-3 的职业能力分析是符合要求的,而表 5-2 中的职业能力只是要素式的抽象能力。

表 5-2　电子商务专业部分工作任务的职业能力分析

工作领域	工作模块	工作任务	职业能力
A 电子商务服务	A1 电子商务网站运营	A1-1 网站定位	A1-1-1 市场调查能力 A1-1-2 数据分析能力
		A1-2 栏目策划	A1-2-1 报告写作能力
		A1-3 网页设计	A1-3-1 熟悉文字、图片制作软件 A1-3-2 熟悉网页设计软件 A1-3-3 具备审美能力
		A1-4 产品推广	A1-4-1 文案写作能力 A1-4-2 表达沟通能力 A1-4-3 效果监测能力
		A1-5 单据制作	A1-5-1 熟悉文字处理软件 A1-5-2 熟悉数据处理软件
		A1-6 信息采编	A1-6-1 熟悉搜索工具 A1-6-2 编辑写作能力 A1-6-3 熟悉网络政策与法规

表 5-3　服装专业部分工作任务的职业能力分析

工作任务	职业能力
A2-1 服装售卖	A2-1-1 能与顾客建立非销售语言,拉近与顾客之间的距离。 A2-1-2 能清楚掌握服装的 FAB 法则(属性、作用、益处的法则)与 USP 理论(创意理论),准确向顾客推销。 A2-1-3 能掌握顾客的服饰消费心理和需求,把握销售节奏及不同阶段的重点。 A2-1-4 能够把握好各种销售机会,促成多单或者连单销售。 A2-1-5 能有效排除销售过程中顾客的疑异,帮助顾客做出销售决定。 A2-1-6 能承担业绩目标及来自顾客的压力,一直保持销售激情。

(4) 要注意区分能力与任务,思考个体完成任务需要满足的心理特征。如"图纸识读"这一工作任务,以下有两种职业能力的描述方案,显然方案 2 更能体现工作任务包含的职业能力。

> 方案 1：能识读图纸。
> 方案 2：(1)能准确理解图纸中各种符号、标识的含义；(2)能确定图面要求所指的含义，明确产品加工成型后的各项性能等。

（5）不能将职业能力等同于工作要求，判断标准是该条能力是否需要经过系统训练才能达到。如"能在上下班时间进行打卡""能在午休时做到不外出"等，这些都属于工作要求，而不是职业能力。

（6）要描述出能力导致的行动结果。职业能力是胜任工作任务的能力，要通过工作结果来体现。做到这一点的关键是在分析过程中思考"我们应该能做出什么"，而不是"我们应该知道什么"。如表 5-4 的分析结果就是一个很成功的案例。

表 5-4　船舶专业部分工作任务的职业能力分析

工作领域	工作模块	工作任务	职 业 能 力
A 船舶驾驶	A1 航前准备	A1-1 船舶清洁	A1-1-1 能按船舶清洁作业要求，清洁驾驶室、客舱、甲板、绞缆机、锚机、操纵台等，确保视线清晰或便于工作 A1-1-2 能安全、规范地使用清洁设备
		A1-2 航前联系	A1-2-1 能按规定程序与有关海事部门、公司调度联系，取得开航许可 A1-2-2 能正确使用 VHF(甚高频通信系统)，向往来船只报告船舶动态
		A1-3 航前备车	A1-3-1 能校对车钟、舵钟、船钟 A1-3-2 能配合机舱进行试舵、试车，使船舶处于适航状态
		A1-4 适航确认	A1-4-1 能开启高频 AIS(船舶自动识别系统)等航海仪器，确保其处于适航状态 A1-4-2 能对货物进行合理配积载，使稳性满足适航要求 A1-4-3 能正确识读航道图并绘制计划航线

（7）要深入揭示职业能力的内涵。做到这一点的关键是注意思考不同个体在完成任务时形成差距的点在哪里。如对中职教师岗位的"知识教学"任务进行能力分析，以下两种分析方式，显然后者的分析质量更高。

> 第一种分析结果：(1)能按教学设计要求，准确、易懂地进行理论知识的讲解；(2)能让学生正确理解、运用知识点。

第二种分析结果：(1)能深入理解所教知识的内涵以及与其他知识的关系；(2)能深入理解所教知识在实际工作中的应用方式；(3)能运用语言等信息传递手段准确地阐述和解释知识点；(4)能运用比较、比喻、案例、活动等方式帮助学生深入理解所教知识点；(5)能根据学生知识学习情况灵活地调整知识教学的方法；(6)能在知识教学中根据学生的差异选择有针对性的教学方法。

(8)要区分职业能力和职业技能。区分的关键在于看"能（会）……"后面的内容所指向的是任务本身还是肢体或心智。能力应当指向的是任务，技能则指向肢体动作或心智。

例如"能驾驶汽车"描述的是能力，"能操纵离合器"描述的是技能。这里正确的关于离合器的表述方式应当是"能理解离合器的工作原理并在驾驶汽车过程中通过踩踏、放松离合器实现换挡、加速和减速等功能"。

(9)深入挖掘专家蕴藏在岗位经验中的职业能力。避免用"问题解决能力""人际沟通能力"等来描述能力，同时要挖掘具体的、与岗位联系甚密的能力。这些能力一般需要分析专家尽力引导岗位专家通过对自我经验的反省来获得职业能力定位，从而进行详尽、细致的描述。

例如模具专业"计算成本及交货时间"这项工作任务，如果仅仅把能力要求表述为"能够计算成本及交货时间"，那么就过于抽象，正确的表述应为"能够对模具材料、加工费用、加工时间等作出合理估算"。

(10)有些职业能力需要分层。有些岗位存在中级工、高级工和技师层次的能力区分，有些能力存在中职、高职和职业本科的层次区分，那么分析专家就需要在岗位专家分析职业能力时，引导他们分别对应不同技能等级的技工描述职业能力要求。如表5-5所示即汽车维修专业"机械修理"工作领域职业能力分层。需要注意的是，并非每项工作都对不同技能等级的技工有能力要求，有些比较复杂的工作任务对中级工没有要求，那么表格的相应部位应表现为空白；有些比较简单的工作不需要技师承担，那么对技师就没有职业能力要求，表格的相应部分也应表现为空白。有些工作任务如果对中级工和高级工没有差异，那么表格相应的部分可以进行合并。

表 5-5　汽车维修专业"机械修理"工作领域职业能力分层

工作模块	工作任务	职业能力		
		中级工	高级工	技师
A1 发动机修理	A1-1 发动机元件测量	会拆装发动机 会测量发动机各部件	熟悉发动机及零部件工作原理 能熟练拆装发动机	能进行发动机电器测量
	A1-2 零部件故障处理	能分析发动机零部件故障	能进行发动机大修作业	能进行发动机大修作业
	A1-3 发动机综合故障处理			能进行发动机综合故障分析 能进行尾气分析 能进行波形分析

六、汇总确认

待全部专家撰写完毕后,需要汇总全部分析结果,集中全体专家对结果进行修改和确认。其形式是由负责每个工作领域的岗位专家依次、逐条介绍职业能力的分析逻辑和原理,其他专家在聆听的过程中提出疑问和意见,由所有专家共同商讨是否需要修改。修改的决定权在岗位专家,而不是分析专家。这一阶段一般需要 2—3 小时。需要修订的内容可能包括:

(1) 书写格式不符合要求。
(2) 工作任务或职业能力有遗漏,或多余。
(3) 工作领域、模块或任务的划分不清晰,需要进行局部合并或删减。
(4) 工作领域、模块或任务编排的顺序需要调整。

七、教学化处理

在工作任务与职业能力分析会的最后阶段,必须要通过教学化处理才可形成直接用于教学的职业能力清单。这个环节的主要参与者应当是学校教师。教学化处理是否标准的判断依据是是否可以直接依据所开发的能力体系进行教学,即无须通过积累了系统的理论知识后才能进行相关职业能力的学习。教学化处理的内容包括如下内容。

(1) 以核心素养为指导,增加和删减能力条目,提高任务的教育价值。岗位专家对人才培养的了解较少,特别是职业教育核心素养,教师应当依据中国职业教育学生发展核心素养的内容对职业能力进行适当的删改,尤其注意将核心素养中的表现性目标融入职业能力条目。

例如医药类专业中"能在工作结束后进行试管清洗"这一职业能力就很有可能被岗位专家忽略,因为在实际工作中有专门的后勤人员负责清洗,但对于课堂教学来说,清洗试管是必须要教会学生的,这也是医药类职业教育核心素养的重要内容。

(2) 按照从学习的零点到最高点的顺序,补充完整职业能力。岗位专家对职业能力的认知来自自身,或是发展相对成熟的员工,因此有时把握不好职业能力的学习难度。教师应当检视每条能力是否按照从低到高的顺序排列,如果发现有的能力对学生要求太高,应当与岗位专家沟通后将其从零点到最高点补充完整。

例如在电气工程专业"红外控制功能实现"工作任务中,岗位专家书写的职业能力有一条为"能实现红外感应器的照度联动",但此条能力对学生能力要求较高,教师应在其之前补充一些前置能力,如"能熟悉红外感应器的参数和功能""能对红外感应器的单个负载进行开关控制"等。

(3) 对各条职业能力的学习内容进行均衡化处理,使它们的学习量大体接近。岗位专家对于课时、课堂不了解,有时一条能力可能在课堂教学中需要许多课时才能教完。教师应当配合岗位专家将这些能力继续分解,直至这些能力包含的学习量大体接近。一般来说,每条能力的教学所需要的课时数以 1—2 课时为宜,最多不超过 4 课时。

例如市场营销专业中"能掌握营销话术"这一能力包含的内容过多,且过于复杂,如果放到课堂教学中,不仅无法在几课时的时间内讲完,还有可能因为脱离实际情境而使学生产生理解的困难。遇到这种情况时,教师应当将能力继续分解。

(4) 为学习跨度比较大的职业能力提供过渡性职业能力。工作逻辑对能力的描述有时跨度较大,教师应当检查相邻的两条能力之间是否存在较大的跨度,以至于使学生学习这些能力时会产生困难。若跨度较大,教师应当在两条能力中寻找一些过渡性能力,使得这些过渡性能力能尽量消除学生在跨度较大的两条能力之间的学习壁垒。

例如国际货代专业"销售揽货"工作任务中,岗位专家有可能书写的相邻两条能力是"能根据货物情况确定运输信息""能制定物流方案"。但"确定运输信息"与"制定物流方案"之间还存在着一些过渡性的能力,例如"能判断物流方案与运输信息的适配程度""能根据运输信息确定运输方式、物流时间""能熟悉各种运输方式的注意点并向客户说明可能存在的隐患"等。教师应当与岗位专家协商将这些过渡性能力补充完整。

（5）对所有职业能力按教学逻辑的前后关系进行编排。教师应当按照教学前后的顺序编排能力，但不要做过多改动，不能改变职业能力的编写逻辑。一般来说，课堂教学也是按工作逻辑展开的，如果工作任务与职业能力分析会是严格按照流程与要求展开的，那么一般情况下不会出现编排顺序方面的问题。

第六章　工作任务与职业能力分析的质量标准

本章质量标准指工作任务与职业能力分析表的总体标准，具体的工作任务与职业能力分析要求请见第五章"工作任务与职业能力分析法的具体内容"。

一、工作任务分析的质量标准

（1）真实性。分解出来的内容应当是岗位实际存在的工作任务。首先，不能把任务分析等同于知识分析和技能分析，即对工作任务和工作领域的分析中不能出现"……基础知识""……技术"等内容。其次，不能把工作任务等同于教学中的操作任务，有些工作任务分析的表述符合要求，但内容并非岗位工作中实际存在的，而是学校实践教学中学生会进行的操作任务，这种任务不能作为工作任务分析的结果。

（2）全面性。工作任务分析应当涵盖岗位的所有要求。例如，汽车维修专业不能只分析汽车的机械维修和电路维修，现代汽车维修业中的服务顾问、客户关系维护、质量索赔、配件管理同样是非常重要的工作任务。

（3）逻辑性。任务分解要体现出清晰的逻辑线索，用工作逻辑代替学科逻辑。要避免任务之间的交叉，例如电子应用技术专业中，如果分析出"电子产品维修"和"电子产品售前、售后服务"这两个工作任务，那么二者就存在交叉关系，应当对其进行合并，或采用新的分解思路。还要注意同级的工作任务应当大小比较均衡，例如"材料编写"的范围比较小，不能作为一个工作领域，通常放到工作任务这一级更合适。

（4）具体性。通常每个专业的工作领域要达到10—12个，每个工作领域的工作模块应达到5—7个，每个工作模块的工作任务约为3—5个。

二、职业能力分析的质量标准

（1）具体性。职业能力分析要具体地将能力的内涵及其导致的工作结果描述出来，不能用"作图能力""问题解决能力"等抽象的词汇描述。

（2）实践性。职业能力必须是现实工作情境中人们需要的任务胜任能力，不是形成能力的知识或技能条件。达成这一质量标准的重要途径是具体地分析出要完成工作内容需要把什么事做到什么样的程度。

（3）逻辑性。职业能力分析要区分层次，并具备清晰的逻辑，同时保证覆盖整个工作任务。达到这一点的关键在于模拟工作的情境，思考完成某一项任务进行了哪些步骤，中间涉及哪些观察、判断和决策,它们之间的逻辑关系是什么。

(4) 教育性。职业能力是一种心智条件,并非岗位所需要的工作要求,如上班打卡并非职业能力。这就要求岗位专家在分析职业能力时不能只考虑工作的流程和行为,而要探索行为背后的认知要素。

第七章 工作任务与职业能力分析表示例

表 7-1 工作任务与职业能力分析表

××专业工作任务和职业能力分析

分析时间：
分析专家：
岗位专家：
岗位/岗位群：

工作领域	工作模块	工作任务	职业能力
A××	A1××	A1-1××	A1-1-1 能······ A1-1-2 能······ A1-1-3 ······
		A1-2××	······
	A2××	A2-1××	······
B××	B1××	B1-1××	······
		B1-2××	······
	B2××	B2-1××	······
		B2-2××	······
		B2-3××	······
	B3××	B3-1××	······
······		······	······
		······	······
		······	······

附 录

附录1 高星级饭店运营与管理专业工作任务与职业能力分析

高星级饭店运营与管理专业工作任务与职业能力分析

分析时间：2021.6
分析专家：孙文欢、刘玲燕、盛越、郑燕菲
岗位专家：郑明洪、王银燕、陈昕元、傅美芳、刘鑫、邵凤萍、钟秋月、邬雪瑶、李勤、李历
岗位/岗位群：酒店服务

工作领域	工作模块	工作任务	职 业 能 力
A 礼仪服务	A1 形象塑造	A1-1 仪容修饰	A1-1-1 能盘头发和梳理造型，符合酒店工作岗位职业发型 A1-1-2 能进行脸部清洁、化妆，做到面容整洁
		A1-2 仪表搭配	A1-2-1 能熨烫服装，合理搭配，按职业要求规范着装 A1-2-2 能用丝巾进行造型，领带进行打结，提升职业形象
		A1-3 表情呈现	A1-3-1 能与客人交流行注视礼时，眼神礼貌舒适 A1-3-2 能在接待客人时，表情舒适，微笑自然大方
	A2 仪态规范	A2-1 站姿训练	A2-1-1 能正确展示标准站姿（垂臂式、单臂式），做到稳健挺拔 A2-1-2 能根据场合正确展示接待站姿（V字/丁字脚位、前搭/后搭手位），做到规范舒适
		A2-2 坐姿训练	A2-2-1 能正确展示标准式坐姿（垂直式），做到端庄优雅 A2-2-2 能正确展示开关式、交叠式、交叉式坐姿，做到规范舒适 A2-2-3 能正确展示点地式、侧点式、侧挂式坐姿，做到规范舒适
		A2-3 走姿训练	A2-3-1 能正确展示标准走姿，做到干练优美，富有节奏感 A2-3-2 能在后退变向时行走规范，做到流畅自然 A2-3-3 能在侧身变向时行走规范，做到转换自如
		A2-4 蹲姿训练	A2-4-1 能正确展示高低式蹲姿，做到平稳自然 A2-4-2 能正确展示交叉式蹲姿，做到平稳优美

续 表

工作领域	工作模块	工作任务	职 业 能 力
A 礼仪服务	A2 仪态规范	A2-5 手势训练	A2-5-1 能在工作场合中正确使用横摆式、直臂式手势,做到规范自然 A2-5-2 能在工作场合中正确使用曲臂式、斜式手势,做到规范自然 A2-5-3 能在工作场合中正确地进行举手致意,做到规范适宜
	A3 社交礼仪	A3-1 见面问候	A3-1-1 能在面见客人时正确地行致意礼,做到亲切规范 A3-1-2 能在接待客人时正确地行握手礼,做到自然规范 A3-1-3 能区分场合正确行鞠躬礼,做到礼貌规范 A3-1-4 能区分场合正确行拥抱礼,做到舒适规范
		A3-2 语言沟通	A3-2-1 能在酒店工作场合中用合适的称呼问候对方 A3-2-2 能恰当合理地开展自我介绍,掌握积极有效的倾听方式
		A3-3 电话接听	A3-3-1 能遵循电话礼仪,规范礼貌地拨打客人电话 A3-3-2 能遵循电话礼仪,规范礼貌地接听客人来电
		A3-4 物品递接	A3-4-1 能在客人有需要时提供递接物品服务,做到规范自然 A3-4-2 能在客人签字时,礼貌规范地提供递笔服务
	A4 服务礼仪	A4-1 前厅接待	A4-1-1 能按照礼仪规范,在前厅礼貌迎客 A4-1-2 能遵循电话礼仪,在前台接听客人来电 A4-1-3 能作为酒店门童,礼貌地提供候客接待服务 A4-1-4 能作为酒店行李员,礼貌地提供行李及引领服务
		A4-2 客房对客	A4-2-1 能在楼层礼貌地问候迎送客人 A4-2-2 能在提供客房服务时,礼貌地敲门进房 A4-2-3 能在退出客房时,礼貌地告别客人 A4-2-4 能按礼仪规范提供清扫服务
		A4-3 餐饮服务	A4-3-1 能遵循礼仪规范正确地为宾客提供引领入座服务 A4-3-2 能遵循礼仪规范正确地为客人提供菜肴服务 A4-3-3 能遵循礼仪规范正确地为客人提供酒水服务 A4-3-4 能遵循礼仪规范正确地提供结账服务
		A4-4 仪式服务	A4-4-1 能在剪彩仪式中提供相应的规范礼仪服务 A4-4-2 能在签约仪式中提供相应的规范礼仪服务 A4-4-3 能在颁奖仪式中提供相应的规范礼仪服务 A4-4-4 能在开幕仪式中提供相应的规范礼仪服务
		A4-5 涉外服务	A4-5-1 能知晓并应用东南亚国家(日本、韩国和泰国)的基本礼仪规范及禁忌 A4-5-2 能知晓并应用欧美国家(德国、法国、英国、美国)的基本礼仪规范及禁忌 A4-5-3 能掌握国旗悬挂的正确次序并将其应用到对客服务中 A4-5-4 能熟知宴请席座的规范安排并将其应用到对客服务中

续 表

工作领域	工作模块	工作任务	职 业 能 力
A 礼仪服务	A4 服务礼仪	A4-6 民俗服务	A4-6-1 能在接待不同民族宾客时遵循民族礼仪 A4-6-2 能在接待宗教宾客时遵循宗教礼仪
B 客房服务	B1 客房清扫	B1-1 床单包角	B1-1-1 能采用甩单法打开床单,做到开单迅速、中线定位准确 B1-1-2 能采用抛单法打开床单,做到开单迅速、中线定位准确 B1-1-3 能按要求包短边床角,做到样式统一、床面平整、床单边沿不外露 B1-1-4 能按要求包长边床角,做到样式统一、床面平整、床单边沿不外露
		B1-2 棉被整理	B1-2-1 能采用甩单法打开被套,做到操作卫生、快速准确 B1-2-2 能采用抛单法打开被套,做到操作卫生、快速准确 B1-2-3 能快速拆卸并折叠被芯,将被芯套入被套,做到被芯在被套内四角到位,饱满 B1-2-4 能整理被芯,做到被芯在被套内两侧两头平整,摆放床面被套中线居中 B1-2-5 能整理被套,做到被套尾部收口平整或系好绳结,被芯不外露,两角一致
		B1-3 枕头塞套	B1-3-1 能将枕芯套入枕套,做到四角到位,饱满挺括 B1-3-2 能整理枕芯,做到枕套沿无折皱、表面平整,自然下垂 B1-3-3 能塞套双人枕头,做到四角到位,饱满挺括
		B1-4 床铺铺设	B1-4-1 能根据客房要求铺设单人床,做到三线对齐,床品清洁,平整美观 B1-4-2 能根据客房要求铺设双人床,做到三线对齐,床品清洁,平整美观
		B1-5 卧室清扫	B1-5-1 能根据客情房态,做好客房清洁的准备工作,整理房务工作车 B1-5-2 能按照清扫程序,使用清洁工具对走客房进行全面清洁 B1-5-3 能按照清扫程序,使用清洁工具对住客房进行全面清洁 B1-5-4 能按照清扫程序,使用清洁工具对空房进行清洁
		B1-6 卫生间清洁	B1-6-1 能按照清扫程序,使用清洁工具对走客房卫生间进行全面清洁,补充物品 B1-6-2 能按照清扫程序,使用清洁工具对住客房卫生间进行全面清洁,补充物品
	B2 公共卫生	B2-1 计划清洁	B2-1-1 能正确使用吸尘器按照从里到外、环形吸尘,做到全方位清洁 B2-1-2 能识别常用清洁剂,选用合适清洁剂清除地毯污渍

续　表

工作领域	工作模块	工作任务	职　业　能　力
B 客房服务	B2 公共卫生	B2-2 备物管理	B2-2-1 能熨烫布草和衣物,整理布草间,做到分类摆放整齐、数量清点准确、出入登记清晰 B2-2-2 能对客房内杯具进行清洁、消毒和整理,做到干净、卫生
	B3 对客服务	B3-1 整理服务	B3-1-1 能按流程进行客房敲门,做到语言手势规范、进房程序正确 B3-1-2 能根据客人需求为住客房提供小整服务,做到清理迅速、干净整洁 B3-1-3 能按照酒店要求和客人需求为住店客人提供夜床服务,做到规范、整洁
		B3-2 快捷服务	B3-2-1 能按照酒店要求快速检查住客退房,做到进房程序正确、检查迅速仔细 B3-2-2 能接听并解答住店客人的电话咨询,合理解决相关问题 B3-2-3 能处理客人的借物需求,做到记录准确、送物迅速、回收及时 B3-2-4 能按照酒店要求妥善处理客人遗留物品,做到登记清楚、程序正确 B3-2-5 能按照酒店要求处理客人衣服送洗回收和归还,做到检查仔细、记录清晰
		B3-3 VIP接待	B3-3-1 能根据VIP客人等级,做好接待计划,对客房卫生进行检查,布置客房 B3-3-2 能用毛巾折叠多种造型,根据客人身份进行个性化客房布置 B3-3-3 能按酒店要求洗涤水果,进行摆盘和包装,送入客房,做到干净卫生、摆盘美观
C 前厅服务	C1 预订服务	C1-1 预订受理	C1-1-1 能使用电话、酒店预订系统受理客人的电话预订 C1-1-2 能使用酒店预订系统受理客人在OTA(线上预订平台)、官网的预订 C1-1-3 能使用酒店预订系统受理客人的书面预订
		C1-2 预定跟进	C1-2-1 能依据客情房态,参考合理预订量,接受或婉拒客人预订 C1-2-2 能根据客人需求的调整,灵活处理预订变更
	C2 接待服务	C2-1 入住受理	C2-1-1 能使用酒店入住登记系统,按流程规范为有预订的散客办理入住 C2-1-2 能使用酒店入住登记系统,为无预订的散客推荐房间,规范办理入住 C2-1-3 能使用酒店入住登记系统,为团队客人办理入住登记,处理账务 C2-1-4 能确认客人身份,妥善办理VIP客人的入住接待 C2-1-5 能恰当处理特殊客人、黑名单客人的入住

续表

工作领域	工作模块	工作任务	职业能力
C 前厅服务	C2 接待服务	C2-2 入住变更	C2-2-1 能根据饭店客情房态,处理客人入住需求的变更,为客人办理换房手续 C2-2-2 能查询饭店客情房态,为客人办理续住、延时退房的手续
		C2-3 退房受理	C2-3-1 能快速为散客办理退房结账手续,做到流程清楚,账单准确 C2-3-2 能快速为团队客人办理退房服务,做到流程清楚,账单准确
		C2-4 问讯受理	C2-4-1 能与前来咨询的客人进行沟通,妥善回复对店内外相关信息的咨询 C2-4-2 能灵活处理访客对住客的咨询,妥善回复对有隐私设置客人的访问 C2-4-3 能与访客进行沟通,按照访客需求及时转达给住客的留言
		C2-5 客物处理	C2-5-1 能受理客人遗失物品的咨询,妥善处理遗失物品的核对和转交服务 C2-5-2 能受理客人贵重物品寄存需求和提取服务,做到规范、安全
	C3 礼宾服务	C3-1 宾客迎送	C3-1-1 能为客人提供接站、接机、送站、送机的服务,沟通处理服务过程中的突发情况 C3-1-2 能热情迎送客人,引领客人进出饭店,做到手势规范、主动服务
		C3-2 行李服务	C3-2-1 能主动为抵店客人卸放行李,引领入房,介绍酒店设施设备 C3-2-2 能为换房客人、离店客人进房搬运行李,做到规范操作无差错 C3-2-3 能与客人沟通,了解客人行李寄存需求,为客人规范办理行李寄存和行李提取手续
		C3-3 委托代办	C3-3-1 能与客人进行沟通,了解需求,为住客转交与递送物品 C3-3-2 能与客人沟通,了解需求,按规定为宾客办理委托代办事项
	C4 总机和商务服务	C4-1 总机服务	C4-1-1 能按优先级接线,为宾客提供店内外的电话转接及留言服务 C4-1-2 能识别设置"免打扰"及保密房号的宾客,做好电话保密服务 C4-1-3 能准确录入客人叫醒需求信息,准确、规范地提供叫醒服务 C4-1-4 能与投诉客人进行沟通,了解缘由,进行有效的妥善处理,跟踪问题

续 表

工作领域	工作模块	工作任务	职 业 能 力
C 前厅服务	C4 总机和 商务服务	C4-2 商务服务	C4-2-1 能与客人沟通,了解需求,为客人规范地提供传真、文印服务 C4-2-2 能与客人沟通,了解需求,为客人规范地提供订票服务
	C5 贵宾接待	C5-1 行政接待	C5-1-1 能为行政楼层宾客妥善办理入住、退房,做到快速、礼貌 C5-1-2 能与客人沟通,了解需求,精准地为宾客提供会议场地及设备出租服务
		C5-2 VIP接待	C5-2-1 能提前查看客情,根据VIP客人等级提前做好接待计划,协同客房部做好准备 C5-2-2 能迎接VIP客人,引领入房,为客人定制个性化服务
D 西餐服务	D1 餐前准备	D1-1 托盘运物	D1-1-1 能用托盘装载物品,做到摆放安全,行走轻松,落托卸物平稳 D1-1-2 能托运3千克以内物品行走,做到轻松、平稳、安全 D1-1-3 能托运物品上下楼梯行走,做到轻松、平稳、安全 D1-1-4 能托运物品下蹲拾物,卸放物品,做到轻松、平稳、安全 D1-1-5 能托运物品随时进行装卸,避让障碍,做到轻松、平稳、安全
		D1-2 盘花折叠	D1-2-1 能使用纸巾进行创意折花 D1-2-2 能使用折叠的技法熟练折叠盘花 D1-2-3 能使用平行卷的技法熟练折叠盘花 D1-2-4 能使用拉的技法熟练折叠盘花 D1-2-5 能使用平推的技法熟练折叠盘花
		D1-3 台布铺设	D1-3-1 能熨烫布草,快速单人折叠和收纳各类布草 D1-3-2 能用推拉式方法铺设整体式西餐台布 D1-3-3 能用抖铺式方法铺设拼接式西餐台布
		D1-4 餐具摆放	D1-4-1 能按餐位人数摆放餐椅和展示盘,做到操作卫生、定位准确、距离均等 D1-4-2 能根据用餐需求,摆放西餐刀叉等餐具,做到操作卫生、干净整洁、距离匀称 D1-4-3 能根据用餐需求,摆放杯具,做到操作卫生、干净整洁、距离匀称 D1-4-4 能根据餐厅要求,摆放公用餐具和装饰物,做到操作卫生、距离匀称
		D1-5 餐台布置	D1-5-1 能根据开餐要求检查设备、布置环境、整理物品、清洁餐具和杯具 D1-5-2 能根据西餐宴会主题选择或设计合适的盘花 D1-5-3 能根据餐厅要求布置西餐零点早餐、午晚餐餐台 D1-5-4 能根据餐厅要求布置西餐宴会、鸡尾酒会餐台

续 表

工作领域	工作模块	工作任务	职业能力
D 西餐服务	D2 餐中接待	D2-1 迎宾点菜	D2-1-1 能快速判断前来就餐客人的预订情况,确认客人就餐需求,引领客人入座 D2-1-2 能与客人沟通,了解用餐需求,进行合理建议并推荐菜肴,促进销售
		D2-2 酒水服务	D2-2-1 能掌握冰水斟倒技巧,在用餐中及时根据客人的需求添加冰水 D2-2-2 能用开瓶器启封红葡萄酒,掌握红葡萄酒斟倒及服务技巧,在用餐中为客人服务酒水 D2-2-3 能用开瓶器启封白葡萄酒,掌握白葡萄酒斟倒及服务技巧,在用餐中为客人服务酒水 D2-2-4 能给零点餐厅就餐客人推荐酒水,并进行相应酒水规范服务 D2-2-5 能在西餐宴会、鸡尾酒会中为客人推荐酒水并提供相应的规范服务
		D2-3 菜肴服务	D2-3-1 能按照西餐上菜顺序,及时为客人上菜、撤盘 D2-3-2 能按照咖啡吧和自助餐厅的要求,为客人用餐提供规范服务 D2-3-3 能按照冷餐宴会、鸡尾酒会的主题要求,为客人用餐提供相应的规范服务 D2-3-4 能接受客房送餐预订,并为客人进行送餐服务
E 中餐服务	E1 餐前准备	E1-1 杯花折叠	E1-1-1 能使用平推和包边的技法熟练折叠杯花 E1-1-2 能使用斜推和包边的技法熟练折叠杯花 E1-1-3 能使用卷的技法熟练折叠杯花 E1-1-4 能使用翻拉的技法熟练折叠杯花 E1-1-5 能使用捏的技法熟练折叠杯花
		E1-2 台布铺设	E1-2-1 能快速地单人折叠和收纳台布 E1-2-2 能使用抖铺式方法铺各种材质的装饰布 E1-2-3 能使用推拉式方法铺各种材质的装饰布 E1-2-4 能使用不同方法铺各种材质的台布
		E1-3 餐具摆放	E1-3-1 能按餐位人数摆放餐椅,做到整齐一致;按餐位摆放骨碟,做到操作卫生、定位准确、距离均等 E1-3-2 能根据餐厅要求按餐位将汤碗摆放在合理位置,操作卫生、距离均匀 E1-3-3 能根据餐厅要求按餐位将筷架、筷子、牙签摆放在合理位置,操作卫生、距离均匀 E1-3-4 能根据餐厅要求按餐位将杯具摆放在合理位置,操作卫生、距离均匀 E1-3-5 能根据餐厅要求摆放公用餐具和装饰物,做到操作卫生、和谐美观
		E1-4 餐台布置	E1-4-1 能根据餐厅要求组合技法来创新杯花 E1-4-2 能根据中餐宴会主题选择或设计合适的杯花 E1-4-3 能根据餐厅要求布置中餐零点餐台 E1-4-4 能根据餐厅要求布置中餐宴会餐台

续 表

工作领域	工作模块	工作任务	职 业 能 力
E 中餐服务	E2 餐中接待	E2-1 迎宾接待	E2-1-1 能根据餐厅客情受理客人预订需求,合理安排餐桌 E2-1-2 能快速判断前来就餐客人的预订情况,确认客人就餐需求,引领客人入座 E2-1-3 能询问客人需求并推荐茶水,提供规范的茶水服务和香巾服务
		E2-2 点菜服务	E2-2-1 能接待就餐客人,递送菜单,根据用餐人数添减餐具 E2-2-2 能与客人沟通,了解用餐需求,进行合理建议并推荐菜肴,促进销售
		E2-3 酒水服务	E2-3-1 能用开瓶器启封白酒,会白酒斟倒技巧,为客人介绍并推介白酒,在用餐中为客人提供酒水服务 E2-3-2 能用开瓶器启封黄酒,会黄酒服务技巧,为客人介绍并推介黄酒,在用餐中为客人提供酒水服务 E2-3-3 能用开瓶器启封啤酒,会啤酒斟倒技巧,为客人介绍并推介啤酒,在用餐中为客人提供酒水服务 E2-3-4 能为零点餐厅客人推荐酒水,提供相应规范服务
		E2-4 撤换服务	E2-4-1 能根据客人用餐情况及时整理餐桌,撤换骨碟和空盘,使桌面保持整洁、卫生 E2-4-2 能根据客人选用酒水情况及时撤去或增添酒杯,关注客人用餐情况及时斟倒酒水 E2-4-3 能使用托盘托运多种酒水,根据客人选择的酒水进行相应的斟倒服务
		E2-5 上菜服务	E2-5-1 能使用工具准确、安全地运送菜肴至客人对应的餐桌,注意出菜顺序 E2-5-2 能判断客人身份选择合适位置为客人规范上菜 E2-5-3 能为特殊类菜肴提供规范服务,介绍特色菜肴
		E2-6 分菜服务	E2-6-1 能用分叉分勺法夹取颗粒菜肴进行分派,做到操作卫生、手法熟练 E2-6-2 能用分叉分勺法分派条状菜肴,做到操作卫生、手法熟练、分量均匀 E2-6-3 能为客人分派汤羹类菜肴,做到操作卫生、手法熟练、不滴不洒、分量均匀
	E3 餐后服务	E3-1 结账服务	E3-1-1 能准确核对账单,识别货币真假,收取现金为客人进行结账,做到无差错 E3-1-2 能正确使用设备为采用移动支付的客人完成结账,能解答账单疑问
		E3-2 送客服务	E3-2-1 能使用规范语言欢送客人,检查用餐区域 E3-2-2 能高效、安全、卫生地清理并收纳餐具,分类运送至指定地点

续 表

工作领域	工作模块	工作任务	职业能力
F 会议服务	F1 会前准备	F1-1 场地整理	F1-1-1 能根据酒店要求对宴会厅地面进行吸尘,做到清扫干净,设备使用安全、熟练 F1-1-2 能根据酒店要求对会场设施设备进行清点、抹尘,做到干净整洁
		F1-2 会场布局	F1-2-1 能熟记剧院式、课桌式会场布局的特点及桌形摆设要求,能根据会议人数、场地大小为发布会、培训等会议类型设计会场布局 F1-2-2 能熟记会谈型/董事会型、接见型/会见型会场布局的特点及桌形摆设要求,能根据会议人数、场地大小为会谈、会见等会议类型设计会场布局 F1-2-3 能熟记回/口字形、U形式会场布局的特点及桌形摆设要求,能根据会议人数、场地大小为学术研讨会、交流会等类型会议设计会场布局 F1-2-4 能熟记岛屿式、鱼骨式会场布局的特点及桌形摆设要求,能根据会议人数、场地大小为团建、协商会等会议类型设计会场布局 F1-2-5 能熟记酒会型、宴会型会场布局的特点及桌形摆设要求,能根据会议人数、场地大小为宴席、酒会等会议类型设计会场布局
		F1-3 座位安排	F1-3-1 能熟记主席台座位安排要求,能根据宾客身份、场地布局设计主席台座位安排 F1-3-2 能熟记会场座位安排要求,能根据会议人数、场地大小设计会议座位安排
		F1-4 物品摆放	F1-4-1 能根据会议要求布置会议场所,摆放设备,装饰会场,做到布局整齐、美观舒适 F1-4-2 能根据会议要求摆放会议物品,做到摆放合理、便于使用
	F2 会中接待	F2-1 迎送服务	F2-1-1 能规范地迎接和送别客人,做到亲切自然、热情大方 F2-1-2 能规范地问候、指引客人签到,发放资料,做到程序准确,做好记录准备
		F2-2 茶水服务	F2-2-1 能正确地为客人冲泡茶水,做到冲泡正确、茶水量均匀,服务规范 F2-2-2 能及时为客人续水,做到时机恰当、操作规范 F2-2-3 能完成客人特殊茶的服务和更换,做到操作安全、流程准确
		F2-3 餐饮服务	F2-3-1 能根据会议要求策划和布置茶歇/酒会餐台并提供服务 F2-3-2 能根据宴席性质提供迎宾、上菜、酒水等餐饮服务

续　表

工作领域	工作模块	工作任务	职　业　能　力
F 会议服务	F2 会中接待	F2-4 礼仪服务	F2-4-1 能为会议颁奖活动提供礼仪服务，做到仪态大方、动作规范 F2-4-2 能为签字活动提供递物礼仪服务，做到仪态大方、动作规范 F2-4-3 能为剪彩活动提供剪彩礼仪服务，做到仪态大方、动作规范
	F3 会后整理	F3-1 物品收纳	F3-1-1 能快速完成会议后桌椅等设施的归位和收纳，做到摆放整齐、便于拿取 F3-1-2 能快速完成会议后各类布草的收纳，做到清点准确、摆放整齐
		F3-2 会场清理	F3-2-1 能根据酒店要求完成会场清理，对客遗进行处理，做到程序规范 F3-2-2 能对茶具进行清洁与消毒，做到清洗干净、安全环保
G 行政酒廊服务	G1 咖啡服务	G1-1 器具准备	G1-1-1 能认识并调试各类咖啡设备，做到操作安全、熟练使用 G1-1-2 能清洁并消毒、摆放各类咖啡杯具，做到卫生整洁、收纳有序
		G1-2 咖啡机制作	G1-2-1 能熟练使用全自动磨豆机、咖啡机/胶囊咖啡机制作不同类型的咖啡 G1-2-2 能熟练使用手动磨豆机、半自动咖啡机制作不同浓度意式/美式咖啡
		G1-3 单品咖啡手冲	G1-3-1 能正确地选择冲泡温度、时间、粉水比例，手动冲煮蓝山咖啡 G1-3-2 能正确地选择冲泡温度、时间、粉水比例，手动冲煮哥伦比亚咖啡 G1-3-3 能正确地选择冲泡温度、时间、粉水比例，手动冲煮曼特宁咖啡 G1-3-4 能正确地选择冲泡温度、时间、粉水比例，手动冲煮耶加雪菲咖啡 G1-3-5 能正确地选择冲泡温度、时间、粉水比例，手动冲煮瑰夏咖啡 G1-3-6 能正确地选择冲泡温度、时间、粉水比例，手动冲煮巴西咖啡
		G1-4 花式咖啡调制	G1-4-1 能使用意式半自动咖啡机和奶油枪调制维也纳咖啡并进行造型点缀 G1-4-2 能使用法式滤压壶和奶泡器调制冷/热拿铁咖啡并进行拉花装饰 G1-4-3 能使用虹吸壶和奶泡器调制卡布基诺咖啡，并进行拉花装饰 G1-4-4 能使用滴滤杯和奶油枪调制玛奇朵咖啡，并进行造型点缀

续 表

工作领域	工作模块	工作任务	职 业 能 力
G 行政酒廊 服务	G1 咖啡服务	G1-5 创意咖啡 调制	G1-5-1 能选择合适的器具和咖啡豆,调制创意热咖啡饮品 G1-5-2 能选择合适的器具和咖啡豆,调制创意冰咖啡饮品
		G1-6 咖啡服务	G1-6-1 能为客人介绍并推介合适的咖啡饮品,提供卫生、规范的咖啡服务 G1-6-2 能制作咖啡水单,为不同主题的茶歇活动、下午茶活动提供合适的咖啡饮品
	G2 茶水服务	G2-1 物品准备	G2-1-1 能认识并使用各类茶具设备,做到操作安全、熟练使用 G2-1-2 能清洁并消毒、摆放各类茶杯,做到卫生整洁、收纳有序
		G2-2 绿茶冲泡	G2-2-1 能正确地选择投茶量、水温,用玻璃杯规范地冲泡代表性扁形绿茶 G2-2-2 能正确地选择投茶量、水温,用玻璃杯规范地冲泡代表性卷曲绿茶 G2-2-3 能正确地选择投茶量、水温,用玻璃杯规范地冲泡代表性珠形绿茶
		G2-3 红茶冲泡	G2-3-1 能正确地选择投茶量、水温,用盖碗规范地冲泡代表性灌木种(小叶)红茶 G2-3-2 能正确地选择投茶量、水温,用盖碗规范地冲泡代表性乔木种(大叶)红茶
		G2-4 乌龙茶冲泡	G2-4-1 能正确地选择投茶量、水温,用紫砂壶规范地冲泡代表性闽北乌龙茶 G2-4-2 能正确地选择投茶量、水温,用紫砂壶规范地冲泡代表性闽南乌龙茶 G2-4-3 能正确地选择投茶量、水温,用紫砂壶规范地冲泡代表性广东/台湾乌龙茶
		G2-5 白茶冲泡	G2-5-1 能正确地选择投茶量、水温,用盖碗规范地冲泡代表性散装白茶 G2-5-2 能正确地选择投茶量、水温,用煮茶器规范地冲泡代表性紧压白茶
		G2-6 黑茶冲泡	G2-6-1 能正确地选择投茶量、水温,用紫砂壶规范地冲泡代表性散装黑茶 G2-6-2 能正确地选择投茶量、水温,用煮茶器规范地冲泡代表性紧压黑茶
		G2-7 花茶冲泡	G2-7-1 能正确地选择投茶量、水温,用玻璃壶规范地冲泡代表性花草茶 G2-7-2 能正确地选择投茶量、水温,用玻璃壶规范地冲泡代表性花果茶

续　表

工作领域	工作模块	工作任务	职　业　能　力
G 行政酒廊 服务	G2 茶水服务	G2-8 茶水服务	G2-8-1 能为客人介绍并推介合适的茶叶,提供卫生、规范的茶水冲泡服务 G2-8-2 能制作茶水单,为不同主题的会议活动、下午茶活动提供合适的茶水
	G3 饮品服务	G3-1 调酒准备	G3-1-1 能认识并使用各类饮品调制设备,做到操作安全、熟练使用 G3-1-2 能消毒并擦拭、摆放各类杯具,做到卫生整洁、收纳有序
		G3-2 鸡尾酒调制	G3-2-1 能正确选择原料,用兑和法规范完成五色彩虹鸡尾酒的制作,做到出品标准、分层均匀 G3-2-2 能正确选择原料,用兑和法规范完成B-52轰炸机鸡尾酒的制作,做到出品标准、分层均匀 G3-2-3 能正确选择原料,用调和法规范完成干马天尼鸡尾酒的制作,做到出品标准、装饰美观 G3-2-4 能正确选择原料,用调和法规范完成特基拉日出鸡尾酒的制作,做到出品标准、装饰美观 G3-2-5 能正确选择原料,用摇和法规范完成白兰地亚历山大鸡尾酒的制作,做到出品标准、装饰美观 G3-2-6 能正确选择原料,用摇和法规范完成玛格丽特鸡尾酒的制作,做到出品标准、装饰美观 G3-2-7 能正确选择原料,用搅和法规范完成香蕉得其利鸡尾酒的制作,做到出品标准、装饰美观 G3-2-8 能正确选择原料,用搅和法规范完成椰林飘香鸡尾酒的制作,做到出品标准、装饰美观
		G3-3 茶饮调制	G3-3-1 能选择合适的原料和器具,制作热茶饮,做到干净卫生、搭配合理、口感良好 G3-3-2 能选择合适的原料和器具,制作冰茶饮,做到干净卫生、搭配合理、口感良好
		G3-4 果饮调制	G3-4-1 能选择合适的原料和器具,制作鲜榨果汁,做到干净卫生、新鲜营养、口感良好 G3-4-2 能选择合适的原料和器具,调配花果饮品,做到干净卫生、搭配合理、口感良好
		G3-5 冰饮调制	G3-5-1 能选择合适的原料和器具,调制花式冰饮,做到干净卫生、搭配合理、口感良好 G3-5-2 能选择合适的原料和器具,调制花沙冰饮品,做到干净卫生、搭配合理、口感良好
		G3-6 饮品服务	G3-6-1 能为客人介绍并推介合适的饮品,提供卫生、规范的饮品服务 G3-6-2 能制作饮品单,为不同主题的茶歇活动、下午茶活动提供合适的饮品

续 表

工作领域	工作模块	工作任务	职 业 能 力
G 行政酒廊 服务	G4 茶歇服务	G4-1 面包制作	G4-1-1 能掌握自然发酵酵母调配技巧,能对面团造型烤制餐包 G4-1-2 能使用醒发箱对面团进行发酵,用吐司盒做磨具烤制吐司 G4-1-3 能熟记三明治制作流程,搭配出不同口味 G4-1-4 能熟记披萨制作流程,调制出不同口味
		G4-2 甜点制作	G4-2-1 能掌握吉利丁软化技巧,熟记慕斯制作流程 G4-2-2 能掌握酥皮制作技巧,熟记蛋挞制作流程 G4-2-3 能掌握奶油打发技巧,熟记泡芙制作流程 G4-2-4 能熟记派的制作流程,调制不同馅料
		G4-3 饼干制作	G4-3-1 能掌握黄油打发技巧,熟记曲奇制作流程 G4-3-2 能熟记蔓越莓制作流程,做到切片均匀 G4-3-3 能掌握煮鸡蛋技巧,熟记玛格丽特制作流程 G4-3-4 能掌握棉花糖软化技巧,熟记雪花酥制作流程
		G4-4 蛋糕制作	G4-4-1 能掌握蛋白打发技巧,熟记戚风蛋糕制作流程 G4-4-2 能熟记麦芬制作流程,能进行造型美化 G4-4-3 能掌握洒巧克力粉的技巧,熟记提拉米苏制作流程 G4-4-4 能掌握蛋糕翻卷技巧,熟记蛋糕卷制作流程
		G4-5 活动实践	G4-5-1 能为行政楼层客人布置下午茶会,提供下午茶服务 G4-5-2 能制作简单的早餐、咖啡及其他饮品,完成相应的餐饮服务
H 饭店插花	H1 客房花艺 布置	H1-1 单间房花 艺布置	H1-1-1 能选择适合卧室放置的花卉,掌握花材剪切的处理方式,能插制直立式碗花作品 H1-1-2 能选择适合卫生间放置的水养植物,掌握花泥的选择与运用,能插制直立式瓶花作品
		H1-2 套房花艺 布置	H1-2-1 能选择适合会客厅放置的花卉,掌握插花保鲜技巧,能插制倒T形插花作品 H1-2-2 能选择适合贵宾房放置的花卉,掌握花的造型处理技巧,能插制花篮作品
	H2 餐厅花艺 布置	H2-1 西餐花艺 布置	H2-1-1 能选择适合咖啡吧放置的花卉,掌握花材选择要领,能插制咖啡厅小品花 H2-1-2 能选择适合自助餐厅放置的花卉,掌握插花养护技巧,能插制S形插花作品 H2-1-3 能选择适合西餐厅放置的花卉,掌握叶材加工技艺,能插制椭圆形插花作品 H2-1-4 能选择适合西餐宴会放置的花卉,掌握长台花台摆插花卉的形式及要求,能插制西餐宴会餐台插花
		H2-2 中餐花艺 布置	H2-2-1 能选择适合中餐厅放置的花卉,掌握枝材加工技艺,能插制半球形插花作品 H2-2-2 能选择适合中餐宴会放置的花卉,掌握圆形餐台摆插花卉的形式及要求,能插制中餐宴会餐台插花

续表

工作领域	工作模块	工作任务	职业能力
H 饭店插花	H3 前厅花艺布置	H3-1 迎宾花艺布置	H3-1-1 能选择适合制作迎宾花束的花卉,掌握送花习俗,能插制鲜花花束作品 H3-1-2 能选择适合放置客人休息处的盆栽植物,能做到日常修剪养护
		H3-2 大堂花艺布置	H3-2-1 能选择适合前厅大厅放置的花卉,掌握干花保养技巧,能插制放射形插花作品 H3-2-2 能选择适合前厅总台放置的花卉,掌握中国常用花历,能插制三角形插花作品
	H4 会议室花艺布置	H4-1 会议桌花艺	H4-1-1 能根据会议性质选择合适的插花造型,能插制水平形插花作品 H4-1-2 能根据会议布局选择合适的插花造型,能插制瀑布形插花作品 H4-1-3 能根据摆放地点选择合适的插花造型,能插制L形插花作品
		H4-2 贵宾礼仪花艺	H4-2-1 能选择适合制作胸花的花卉,掌握胸花佩戴要求,能插制胸花作品 H4-2-2 能选择适合制作捧花的花卉,掌握东西方花语,能插制捧花作品

附录2 现代物业管理专业工作任务与职业能力分析

现代物业管理专业工作任务与职业能力分析

分析时间:2021年6月6日

分析专家:吕玉曼

岗位专家:李慧、江荣伟、王峥吉、姚军、陈慧、倪福、吴鸿根、吴嘉鸣、王秋婷、陈海英、祁卫华、黄桑桑、程育峰、施敏、洪钰翰、叶磊、张伟、王英、潘晓红

岗位/岗位群:客服管家、物业管理员、物业运维技术专员、物业环境管理专员、安全管理员、智能楼宇管理员、行政人事专员、品质管理员、商务助理、商务专员

工作领域	工作模块	工作任务	职业能力
A 客户服务	A1 呼叫服务	A1-1 维修工单接报	A1-1-1 能根据业务流程接听客户日常报修电话,熟记专业用语 A1-1-2 能按照相关规定对来电问题给予解答并及时记录 A1-1-3 能处理应急事件,并与其他部门进行业务协调 A1-1-4 能按业务流程对客户报修工单进行回访处理
		A1-2 咨询服务接报	A1-2-1 能将客户咨询需求进行分类,并反馈给相应部门 A1-2-2 能对客户咨询的业务进行回访处理 A1-2-3 能统计处理客户接报相关数据
		A1-3 客户投诉接报	A1-3-1 能初步分析客户投诉内容,并有效安抚客户情绪 A1-3-2 能按照流程处理客户投诉 A1-3-3 能协调相关部门对客户投诉接报进行回访

续表

工作领域	工作模块	工作任务	职 业 能 力
A 客户服务	A2 客户接待	A2-1 客户接待 方案制定	A2-1-1 能熟悉客户接待及活动方案的类型、特征 A2-1-2 能策划各类客户接待、节日文化活动、商业特殊活动等方案 A2-1-3 能协调相关方对策划方案进行优化
		A2-2 客户接待 实施	A2-2-1 能按照方案进行人员组织和场地安排 A2-2-2 能对客户投诉、突发事件进行应急处理 A2-2-3 能对客户接待过程中存在的问题进行总结和流程优化
	A3 客户维护	A3-1 基础信息 管理	A3-1-1 能登记各类建筑物及客户信息 A3-1-2 能规范管理各类建筑物及客户信息
		A3-2 房屋交付	A3-2-1 能熟悉房屋交付服务的一般流程和手续 A3-2-2 能熟悉房屋验收基本内容及标准 A3-2-3 能做好房屋交付资料准备工作 A3-2-4 能描述装饰装修管理责任、内容
		A3-3 缴费管理	A3-3-1 能熟悉各项费用的计算与内容 A3-3-2 能熟悉缴费流程 A3-3-3 能在物业管理统一业务平台进行缴费操作 A3-3-4 能有效开展费用查询与催缴工作
		A3-4 公共关系 管理	A3-4-1 能有效开展各类客户沟通与关系维护 A3-4-2 能按照客户服务方案处理客户投诉 A3-4-3 能按照客户服务方案开展满意度调查问卷的发放与回收 A3-4-4 能够按规定进行公共文件发放
	A4 会务服务	A4-1 会务准备	A4-1-1 能制定会务服务方案 A4-1-2 能根据会务需求进行物资准备 A4-1-3 能按照会务要求进行会场布置、设备调试等前期准备 A4-1-4 能根据客户的喜好与禁忌调整会议接待方案
		A4-2 会务接待	A4-2-1 能熟悉会议服务流程 A4-2-2 能提供不同需求的礼仪服务 A4-2-3 能处理会议过程中出现的各类突发事件
B 设施设备 管理	B1 运行管理	B1-1 承接查验	B1-1-1 能熟悉承接查验所需技术要求与规范 B1-1-2 能整理相关设施设备验收标准 B1-1-3 能合理制定验收计划、查验方案 B1-1-4 能合理配备相关查验工具、器具 B1-1-5 能熟练汇总查验相关问题，形成查验报告 B1-1-6 能判断施工方制定的整改方案及周期是否符合要求

续 表

工作领域	工作模块	工作任务	职 业 能 力
B 设施设备 管理	B1 运行管理	B1-2 设备操作 与巡检	B1-2-1 能熟知现场设备运行状态 B1-2-2 能识别简易故障及报警信息,并对其有一定程度的应急处理能力
		B1-3 能耗管理	B1-3-1 能熟悉设备运行中产生的相关数据并针对不同参数分类收集、汇总 B1-3-2 能恰当地对不同类型数据进行分析汇总,并形成专项报告
	B2 维护管理	B2-1 设施设备 维保管理	B2-1-1 能熟悉现场设施设备并编制定期维护计划 B2-1-2 能熟悉现场设备相关强制标准及规范 B2-1-3 能落实专业单位对设施进行专项检测及维护
		B2-2 设施设备 更新与改造	B2-2-1 能根据设施设备状态制定全生命周期表,添加特检及大修计划提醒 B2-2-2 能熟练操作相关制图软件,熟悉专业图纸规范 B2-2-3 能现场组织监管施工改造工程,并形成相应记录
C 安防管理	C1 消防管理	C1-1 消防规章 制度及 档案编制	C1-1-1 能制作消防宣传标语、海报等媒介,开展消防宣传 C1-1-2 能协助编制消防制度 C1-1-3 能编制消防设备台账 C1-1-4 能归档并规范管理消防档案
		C1-2 消防器材 配置与维护	C1-2-1 能熟悉消防器材的功能及操作方法 C1-2-2 能掌握消防器材维护保养及更新改造的要求
		C1-3 火灾报警 与扑灭	C1-3-1 能熟悉报警电话及报警时需要说清楚的主要内容 C1-3-2 能利用消防器材扑灭初起火灾
	C2 秩序维护	C2-1 门岗服务	C2-1-1 能掌握外来人员、车辆、物品进出管理流程 C2-1-2 能熟悉项目自身及周边环境状况
		C2-2 巡视服务	C2-2-1 能熟悉公共区域环境及设施设备状况 C2-2-2 能熟悉巡视路线和巡视内容 C2-2-3 能掌握各类秩序维护器材的使用
		C2-3 监控服务	C2-3-1 能熟练操作消控、监控设备 C2-3-2 能通过监控设备及时发现各类异常情况 C2-3-3 能掌握各类异常情况的处理流程
	C3 车辆管理	C3-1 进出管理	C3-1-1 能熟悉车辆进出管理设备及使用功能 C3-1-2 能熟悉车辆停放收费标准
		C3-2 动线管理	C3-2-1 能熟悉管理区域地形情况及拥堵点 C3-2-2 能掌握管理区域内车辆流量
		C3-3 停放管理	C3-3-1 能熟悉停放车辆的基本状况 C3-3-2 能熟悉停车库(场)设施设备及其使用功能

续　表

工作领域	工作模块	工作任务	职　业　能　力
C 安防管理	C4 应急管理	C4-1 危险识别	C4-1-1 能识别安全隐患 C4-1-2 能分析安全隐患的危害程度
		C4-2 预案制定、演练与评估	C4-2-1 能针对安全事故的种类制定常规处置方法 C4-2-2 能掌握不同安全事故的应急处置流程
		C4-3 应急处理	C4-3-1 能根据应急预案正确处理突发事件 C4-3-2 能撰写突发事件处理报告
D 环境管理	D1 环境保洁	D1-1 日常清洁管理	D1-1-1 能编制清洁卫生管理方案 D1-1-2 能熟练掌握清洁工具及清洁用品的使用方法 D1-1-3 能制定垃圾分类清运管理方案 D1-1-4 能熟练掌握室内及室外公共区域保洁的工作要求 D1-1-5 能定期巡查各岗位的工作情况及公共区域的环境整洁状况 D1-1-6 能应对特殊天气(防寒、防冻、台风)状况,事先做好预防方案、物资及人员的准备,并在事中和事后及时做好整改、补救措施 D1-1-7 能监管保洁外包工作人员的工作效率、工作质量、规章制度的执行情况、个人行为等,使之能较好地符合管理处服务规范及现场品质管控的要求
		D1-2 专项清洁管理	D1-2-1 能清楚区分专项保洁的类型及工作流程,能协助编制专项保洁管理方案,并组织实施 D1-2-2 能掌握消杀灭害的工作标准及消杀频次,并能按要求对消杀作业效果进行评估 D1-2-3 能掌握各项专项保洁的工作要求,能巡查并评估各专项保洁工作的完成状况 D1-2-4 能监管专项保洁外包工作人员的工作效率、工作质量、规章制度的执行情况、个人行为等
	D2 环境绿化	D2-1 日常绿化管理	D2-1-1 能了解各类植物习性,协助编制绿化养护方案,并组织实施 D2-1-2 能认识苗木的种类,编制苗木清单 D2-1-3 能掌握绿化养护基础知识,协助实施浇水、排涝、防治病虫害、修剪、施肥、中耕地除草等基本绿化养护工作 D2-1-4 能应对特殊天气(严寒、冰冻、台风、酷暑)的状况,事先做好预防方案、物资及人员的准备,做好树木的修剪、绑扎或防寒,并在事中和事后及时做好整改、补救措施 D2-1-5 能监管绿化外包工作人员的工作效率、工作质量、规章制度的执行情况、个人行为等,使之能较好地符合管理处服务规范及现场品质管控的要求
		D2-2 绿化翻新、改造	D2-2-1 能了解植物的基本习性,协助编制绿化翻新或改造的方案,并组织实施 D2-2-2 能了解植物的季节性更换与补种方法,协助实施绿化翻新或改造的操作步骤 D2-2-3 能维护花坛景观、景观小品的视觉效果,在必要时能进行植物的个别更换或全部更换

续 表

工作领域	工作模块	工作任务	职业能力
D 环境管理	D3 污染管理	D3-1 污染管控	D3-1-1 能了解废气、废水、噪声管控的相关法律、法规知识 D3-1-2 能协助编制管控方案,并组织实施
		D3-2 污染监测	D3-2-1 能熟练掌握检测工作要求及检测标准,对第三方机构检测的结果进行核实 D3-2-2 能针对第三方检测中出现的不合格指标进行专项整改,并做好记录
	D4 水景管理	D4-1 人工水景管理	D4-1-1 能有效区分人工水景的种类及形态 D4-1-2 能掌握各类人工水景的基本要求和净化工艺 D4-1-3 能编制水景清洁、定期更换水体的管理方案,并组织实施 D4-1-4 能熟悉各类人工水景的安全管控要求,编制安全管控措施,并组织实施 D4-1-5 能了解水生动植物的基本养殖和种植方法以提升水景景观效果
		D4-2 天然河道管理	D4-2-1 能掌握河道安全管理要求,协助编制河道安全管理的方案,并组织实施
E 物业综合管理	E1 行政人事管理	E1-1 项目文档管理	E1-1-1 能熟练使用计算机、传真机、复印机等办公设备,掌握计算机操作技术、复印技术、打字技术、录音录像技术等现代化手段 E1-1-2 能熟练使用office办公软件进行文档、表格、幻灯片的制作 E1-1-3 能熟练掌握各种应用文体的写作要求和技巧 E1-1-4 能撰写格式规范,语句通顺、内容充实的各类应用文 E1-1-5 能收集、整理、汇总、归档各类文件资料
		E1-2 项目物资采购	E1-2-1 能根据公司制度规定编制月度、年度项目物资采购计划 E1-2-2 能按照公司规定的采购流程进行采购操作 E1-2-3 能监控物资市场的变化,采取必要的采购技巧降低采购成本 E1-2-4 能及时协调解决采购物资在公司生产服务过程中产生的供货及质量问题 E1-2-5 能进行市场调研,开拓渠道,进行供应商的评估 E1-2-6 能做好采购统计及分析工作,做好各类相关报表
		E1-3 项目仓库管理	E1-3-1 能熟悉仓储管理流程,进行物资出库、入库登记 E1-3-2 能熟悉物业项目各物资类别及存储环境条件 E1-3-3 能进行仓储物资盘点,确保账、卡、物一致
		E1-4 项目人事管理	E1-4-1 能办理项目员工入职和离职手续 E1-4-2 能根据公司制度规定进行员工考勤监管,统计考勤数据 E1-4-3 能熟悉劳动人事政策法规,并协商、调解员工劳动纠纷

续 表

工作领域	工作模块	工作任务	职 业 能 力
E 物业综合 管理	E2 财务管理	E2-1 项目收入 管理	E2-1-1 能熟悉财务管理、统计管理的基础知识 E2-1-2 能汇总、统计各类项目收入,编制物业收入台账
		E2-2 项目支出 管理	E2-2-1 能熟悉各类项目支出费用名称,并进行费用报账 E2-2-2 能汇总、统计各类项目支出,编制物业支出台账
	E3 项目招标 投标管理	E3-1 项目招标 管理	E3-1-1 能熟悉招标流程 E3-1-2 能进行招标文件的编制 E3-1-3 能组织实施招标工作
		E3-2 项目投标 管理	E3-2-1 能熟悉投标流程 E3-2-2 能进行投标文件的编制 E3-2-3 能组织实施物业项目的投标工作
	E4 品质管理	E4-1 项目质量 管理	E4-1-1 能熟悉项目物业服务合同及方案 E4-1-2 能协助编制质量手册、作业指导书等 E4-1-3 能协助审核项目质量控制关键点
		E4-2 供应商管理	E4-2-1 能有效开展供应商的评估、变更等事宜 E4-2-2 能有效监管各条线工作质量
F 信息技术 应用	F1 信息化建设	F1-1 信息化管理 软件建设	F1-1-1 能熟练掌握物业管理软件的流程和节点 F1-1-2 能按照业务流程提出用户需求并反馈给软件开发公司
		F1-2 物联网 应用优化	F1-2-1 能发现日常物联网组建上的缺陷并提出改善建议 F1-2-2 能对新建物联网方案提出优化建议
	F2 信息维护 管理	F2-1 日常信息化 维护	F2-1-1 能熟练操作物业管理软件 F2-1-2 能掌握有关信息安全的常识 F2-1-3 能及时发现、收集管理软件的使用问题并清晰反馈给软件公司
		F2-2 硬件维护 管理	F2-2-1 能判断物联网硬件出现的常见问题并及时反馈 F2-2-2 能熟练搭建物联网并对设备缺陷问题提出优化方案
G 物业经营 管理	G1 经营项目 开发	G1-1 经营管理 市场调查 与分析	G1-1-1 能识别可经营资源 G1-1-2 能开发客户需求 G1-1-3 能确定市场调查内容 G1-1-4 能熟悉市场调查流程,并有效开展市场调查 G1-1-5 能撰写市场调查分析报告
		G1-2 经营项目 投资分析	G1-2-1 能测算经营项目的收益、成本及税费 G1-2-2 能计算经营项目财务分析指标 G1-2-3 能协助开展经营项目财务指标评价

续 表

工作领域	工作模块	工作任务	职业能力
G 物业经营管理	G2 经营项目实施	G2-1 物业租赁经营管理	G2-1-1 能熟悉物业租赁的基本流程 G2-1-2 能编制租赁合同 G2-1-3 能协助制定租赁营销策略 G2-1-4 能有效进行承租人选择 G2-1-5 能熟悉租金确定与调整的流程及方法 G2-1-6 能协助开展租赁经营预算编制 G2-1-7 能协助撰写物业租赁经营管理方案 G2-1-8 能开展不同业态物业租赁经营
		G2-2 不同业态物业经营项目实施	G2-2-1 能熟悉不同业态物业的可经营资源 G2-2-2 能区分不同业态物业的重点经营项目 G2-2-3 能协助开展多业态物业经营管理 G2-2-4 能协助撰写不同业态物业经营管理方案
		G2-3 经营项目优化	G2-3-1 能协助评估项目实施内容,并提出优化方案
	G3 经营管理风险与防控	G3-1 风险种类识别	G3-1-1 能熟悉风险管理步骤 G3-1-2 能识别并区分经营管理风险种类
		G3-2 风险防控	G3-2-1 能协助防范经营管理典型风险; G3-2-2 能协助制定风险防范预案
	G4 项目绩效评价	G4-1 经营绩效评价	G4-1-1 能熟悉并计算经营绩效评价指标 G4-1-2 能协助开展盈利能力、资产质量、债务风险、经营增长等状况评价
		G4-2 管理绩效评价	G4-2-1 能熟悉管理绩效评价指标 G4-2-2 能协助开展客户满意度、风险控制、品牌价值、社会贡献等管理绩效评价
H 经营管理拓展服务	H1 社区服务	H1-1 社区便民服务	H1-1-1 能开展社区便民服务项目市场调查与分析 H1-1-2 能熟悉社区便民服务工作内容 H1-1-3 能执行和开展社区便民服务项目 H1-1-4 能协助督导社区便民服务过程
		H1-2 社区零售服务	H1-2-1 能熟练运用社区 App(手机软件)、公众号等社区新媒体开展社区零售服务 H1-2-2 能有效选择并引入社区零售商 H1-2-3 能协助监管社区零售服务
		H1-3 居家养老	H1-3-1 能与养老机构、健康管理机构等有效对接 H1-3-2 能配合专业人员开展社区为老服务、健康管理等工作 H1-3-3 能对社区服务机构及主体进行日常管理 H1-3-4 能开展机构服务质量及满意度评估

续 表

工作领域	工作模块	工作任务	职业能力
H 经营管理 拓展服务	H1 社区服务	H1-4 社区文化 教育	H1-4-1 能开展社区文化需求调查与分析 H1-4-2 能协助制定社区文化服务活动方案 H1-4-3 能协助开展社区文化活动、服务项目的策划及组织实施
	H2 城市公共 管理与服务	H2-1 城市公共 空间管理 与服务	H2-1-1 能掌握城市公共空间管理的相关政策法规 H2-1-2 能协助城市基础设施运维、绿化园林养护、道路维护、市容环卫、秩序管理等城市公共空间服务内容 H2-1-3 能协调公共区域所在城市相关部门,及时解决服务中遇到的困难和问题
		H2-2 城市公共 资源经营 管理	H2-2-1 能掌握城市公共资源管理的相关政策法规 H2-2-2 能协助城市基础设施管理 H2-2-3 能协助城市公共建筑物的资产经营管理

职业院校人才培养方案开发指导手册

目 录

前　言		101
第一章	术语界定	102
	一、专业教学标准	102
	二、人才培养方案	102
	三、课程与教学	102
第二章	开发理念	103
	一、体现产业发展的前瞻性内容	103
	二、满足专业发展的科学性要求	103
	三、体现方案开发的专业性要求	103
	四、着眼于学生的生涯发展	103
第三章	开发原则	104
	一、政策性原则	104
	二、简洁性原则	104
	三、一致性原则	104
	四、操作性原则	104
第四章	开发程序	105
第五章	人才培养方案开发方法	106
	一、组建开发团队	106
	二、确立人才培养定位	107
	三、分析课程结构	111

  四、分析课程内容及要求　　　　　　　　　　　115
  五、确定教学安排与实施保障　　　　　　　　　117
  六、确立考核方案　　　　　　　　　　　　　　118
  七、明确毕业要求　　　　　　　　　　　　　　118

第六章　人才培养方案文本格式与技术规范　　　119
  一、人才培养方案文本格式　　　　　　　　　　119
  二、人才培养方案技术规范　　　　　　　　　　126

附　录　　　　　　　　　　　　　　　　　　　　132
  附录1　中国职业教育学生发展核心素养　　　　132
  附录2　上海城建职业学院建筑工程技术专业人才培养方案
    （案例）　　　　　　　　　　　　　　　135

前 言

本手册立足中国国情,贯彻落实《教育部关于职业院校专业人才培养方案制订与实施工作的指导意见》(教职成〔2019〕13号)文件精神,依据当代教育理论、教育思想和国家职业教育人才培养定位,结合职业院校实际,基于校企合作,根据教学与学习基本规律,明确了职业院校人才培养方案的开发思路与具体技术。

人才培养方案是职业院校人才培养的整体性设置,一般包括专业名称及代码、入学要求、学习年限、培养目标、职业范围、人才规格、工作任务与职业能力分析表、课程结构、课程内容及要求、教学安排表、实施保障、考核方案和毕业要求等内容。

本手册包括六章内容,第一章为术语界定,定义了专业教学标准、人才培养方案和课程与教学等概念;第二章为开发理念,确立了体现产业发展的前瞻性内容,满足专业发展的科学性要求,体现方案开发的专业性要求,着眼于学生的生涯发展四项理念;第三章为开发原则,确立了政策性、简洁性、一致性和操作性四项开发原则;第四章为开发程序,明确了人才培养方案的开发,具体要依次经过规划与设计、调研与分析、起草与编撰、评估审定、上网发布公开和省厅报备、发布实施六个开发过程,相应地也明确了各过程的开发主体和工作成果;第五章为人才培养方案开发方法,从内涵界定、操作方法和注意要点三个方面,按照上述开发程序明确了各过程的开发方法;第六章为人才培养方案文本格式和人才培养方案技术规范。

本手册作为规范职业院校人才培养方案开发流程和开发技术的重要举措,覆盖面广、专业性强、技术要求高,能够助推全面提升职业院校人才培养质量。该手册主要作为中等职业学校与高等职业学校专业课程及高等职业学校公共基础课程的设置依据,中等职业学校公共基础课程设置需另外依据国家标准执行。

第一章 术语界定

一、专业教学标准

专业教学标准是对专业教学基本内容与学习标准的描述，以及说明相关课程设置要求的文件。其核心内容是职业能力标准，也可包含普通文化课程与专业基础课程的内容与学习标准。它是学校人才培养方案开发的依据。专业教学标准可以在国家层面开发，也可以在地方教育行政部门层面开发。国家层面开发的专业教学标准被称为国家专业教学标准。

二、人才培养方案

人才培养方案是对人才培养各方面要求的整体性规定，是学校全面展开人才培养工作的基本依据，它通常包括专业名称及代码、入学要求、学习年限、培养目标、职业范围、人才规格、工作任务与职业能力分析表、课程结构、课程内容及要求、教学安排表、实施保障、考核方案和毕业要求等内容。它是学校开展教学工作的基础，是国家专业教学标准的具体化。

三、课程与教学

广义的课程指学校学生所应学习的专业总和及其进程与安排，狭义的课程指某门具体课程目标、内容、组织和实施的安排。职业院校课程主要包括公共基础课程与专业课程两大类，前者注重学生知识和素养的积累，后者注重职业能力的训练。教学是一种有目的、有计划、有组织的活动。

第二章　开发理念

一、体现产业发展的前瞻性内容

满足各行各业对职业院校人才培养的能力要求,体现产业发展的新技术、新工艺、新规范,贴近岗位(群)实际需求。根据最新出台的专业教学标准,结合当地产业需求及学校就业资源情况获得人才培养目标定位的依据,课程内容贴近未来岗位(群)对学习者在知识、能力和素养方面的新要求。

二、满足专业发展的科学性要求

体现专业发展所特有的人才培养规律,符合基本的教育教学原理,充分考虑专业的教学条件和学习环境。要严格按照教育部相关文件精神开设公共基础课程,要严格依据工作任务与职业能力分析结果进行专业课程设置,整体性统筹公共基础课程与专业课程,各门课程内容与课程实施之间能够形成专业人才培养的合力。

三、体现方案开发的专业性要求

人才培养方案要以专业为单位进行开发,由资深专业课教师牵头,充分调动参与人员的开发动力,挖掘岗位专家提供的工作任务内容,发挥课程专家的理念引领功能。为了形成具有专业性的人才培养方案,参与人员的开发思路要明确,操作程序要规范,充分运用工作任务与职业能力分析技术、课程设置技术和教学安排方法,分析工作任务与职业能力要求、课程结构、课程内容和教学环境。

四、着眼于学生的生涯发展

人才培养方案开发要具备人才成长的预见性,着眼于学生掌握岗位(群)核心能力和学生生涯发展,根据学生生涯发展需要,确立人才培养目标、设置课程和安排教学。人才培养方案在满足学生现有能力培养需要的同时,还要考虑个体在职业生涯发展中可能需要的能力。

第三章 开发原则

一、政策性原则

人才培养方案要严格遵照教育部有关文件要求进行编制,在培养目标、课程设置、学时要求、教学安排和考核设计等方面不能突破文件规定的底线,同时又要根据职业院校人才培养实际需求充分进行开发,体现人才培养特色。

二、简洁性原则

人才培养方案应内容简洁、结构清晰。相关人员宜紧密围绕培养什么人、用什么培养人和如何培养人这三个问题形成简洁性方案,确保人才培养定位、课程结构与课程内容等核心内容明确、清晰,相关描述简明扼要,方案文本具有较强的可读性。

三、一致性原则

人才培养方案各块内容应紧密联系,凸显人才培养目标。人才培养方案不能脱离人才培养目标的内容,因此,应形成人才培养规格与课程安排、教学安排紧密对接的整体性方案。

四、操作性原则

人才培养方案应符合实际教学环境和学习条件,各项内容的可操作性较强。其中,人才培养目标具体而明确,课程设置逻辑清晰,各门课程内容明确且不重合,教学的进程安排和课时安排不产生冲突。

第四章 开发程序

人才培养方案的开发,具体要依次经过规划与设计、调研与分析、起草与编撰、评估审定、上网发布公开和省厅报备、发布实施六个开发过程。

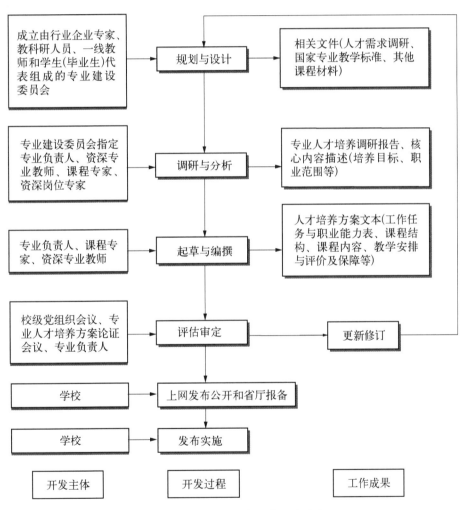

图 4-1 人才培养方案的开发流程

第五章 人才培养方案开发方法

一、组建开发团队

（一）内涵界定

开发团队必须由本专业负责人直接负责，且要求教师全员参与，力求开发现场集思广益、形成共识，以利于后期系统性实施人才培养方案。需要注意的是，要以教学经验丰富的本专业教师为核心，充分发挥企业岗位（群）专家的作用。团队至少包括专业负责人、课程专家、相关岗位（群）的企业专家、教学专家。

（二）操作方法

人才培养方案是集体协作的产物，人的主观能动性和专业性是质量保障的关键，因此，必须执行专业负责人负责制，调动人才培养方案开发的自主性和积极性，充分发挥专家和教师所擅长的不同能力。

（1）专业负责人。务必是本专业的实际负责人，而非其他不懂本专业的管理人员。其职责是负责人才培养方案整体质量控制，并且对人才培养方案开发过程负有主体责任，应充分发挥专业优势，管理和协调开发工作。

（2）课程专家。务必是具有丰富开发经验的职业教育领域课程专家。其职责是以娴熟的工作任务分析技术主持工作任务与职业能力分析，归纳、整合、提炼专家的意见，提供课程结构与课程内容的设置思路，或者从学习规律角度分析人才培养方案课程设置、教学安排的合理性，从整体上判断人才培养方案内容设计的一致性。

（3）资深岗位专家。务必是从事生产、服务与管理的第一线的行业技术专家。其职责为提供工作岗位中的职业能力信息，诊断课程内容与工作内容的对应情况。

（4）资深专业教师。务必是具有多年教学经验的一线专业教师。其职责是从教学需要的角度处理职业能力信息，根据丰富的专业知识、对学生的了解与本专业的教学特点，完成课程设计的全部过程。

（三）注意要点

（1）避免非本专业人员主导人才培养方案的开发，重视开发工作团队成员的专业性。

（2）避免采取应付心态消极组建开发团队，要充分调动各类专家在各自擅长的领域发挥作用，形成人才培养方案开发的团队合力。

二、确立人才培养定位

(一) 内涵界定

人才培养定位的关键在于确定培养什么人,要着眼于人才培养的价值,有利于学生高质量就业,要从实际岗位任务面向获得人才培养定位依据,同时要着眼于学生的可持续发展。还要细化岗位任务要求,体现学校培养特色,结合国家专业教学标准的具体要求,根据当地产业需求情况及学校就业资源情况确定人才培养的定位。要结合国家专业教学标准从人才培养要求和就业岗位调研两个方面明确人才培养定位。

(二) 操作方法

(1) 研读国家专业教学标准,提炼出与人才培养方案相关的重要信息,如修业年限、接续专业要求和专业公共基础课的培养要求等。

(2) 调研产业实际需求,既要明确企业岗位情况,又要明确岗位对学生在工资、升迁方面的吸引力与可持续发展情况。判断学校具有何种优势专业资源,如企业与学校合作对口培养人才的可能性,或者本地高质量就业的优势。

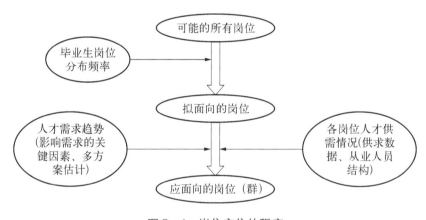

图 5-1 岗位定位的程序

调研的具体步骤包括分析专业可能面向的所有岗位,结合毕业生岗位分布频率确定拟面向的岗位,调查各岗位目前的人才供需情况,分析各岗位未来人才需求趋势,筛选出专业所应面向的岗位(群)。

(3) 细化岗位任务的具体内容,体现学校人才培养的个性和特色,比如护理相关专业,避免停留在分析护士岗位的需求数量与分布结构的一般化层面,要具体深入到岗位任务的人才培养价值,以及学校为企事业单位培养人才的独特优势。

(4) 绘制学生生涯发展路径图,明确专业所面向的就业岗位、迁移岗位和发展岗位,进一步明确人才培养的定位。

(5) 人才培养目标的描述。

主要围绕着以下问题:面向什么行业,什么岗位,掌握什么知识,具备哪些能力的高素质技术技能人才。

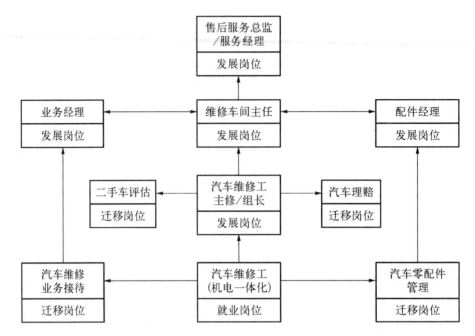

图 5-2 汽车维修专业(中高职一体化)学生生涯发展路径图

例如,建筑装饰技术专业(中职)人才培养目标。

错误案例:
  本专业培养与我国社会主义现代化建设要求相适应,德智体美劳全面发展,具有良好的职业道德和职业素养,掌握建筑装饰专业对应职业岗位必备的知识与技能,能从事各类建筑装饰工程的施工、设计与管理工作,具备职业生涯发展基础和终身学习能力,能胜任装饰施工、设计、管理一线工作的高素质劳动者和技术技能人才。

修正案例:
  本专业坚持立德树人、德技并修,面向建筑装饰设计与施工等相关企事业单位,培养德智体美劳全面发展,践行社会主义核心价值观,具有良好的人文素养、职业道德和创新意识,爱岗敬业,遵纪守法,具备建筑装饰设计准备、建筑装饰方案初步设计、建筑装饰方案深化设计、建筑装饰施工图设计、建筑装饰施工准备、建筑装饰现场施工、建筑装饰现场施工管理、建筑装饰竣工验收等知识和能力,能从事设计师助理、绘图员、装饰施工员、项目管理助理等工作的高素质技术技能人才。

例如，数控技术专业（高职）人才培养目标。

错误案例：

本专业培养拥护党的基本路线，德智体美劳等方面全面发展，具有良好的团队协作意识、职业规范和人文社会科学素养，掌握数控技术相关领域必备的基础理论和专门知识，具有从事实际工作的综合职业能力、创新能力和全面素质，能在生产一线从事数控设备操作、数控工艺编制与实施、产品质量检测与控制、数控设备维修与保养等工作，适应产业转型升级和企业技术创新需要的，胜任数控技术相关领域岗位需求的高素质技术技能人才。

毕业生3—5年后的预期目标（培养规格）：

（1）具有较强的安全生产、节省成本、团队协作、敬业勤业意识；

（2）胜任数控技术专业就业面向岗位的工作能力，能够按企业要求顺利完成岗位工作任务；

（3）能够在数控技术专业领域就业，并具有一定的职业生涯发展空间；

（4）具备主动适应企业产品结构调整及产业升级的能力，可以胜任企业新岗位；

（5）掌握数控机床操作的同时，经过短期的经验积累，具有向更高要求的职业岗位迁移的能力。

修正案例：

本专业坚持立德树人、德技并修，学生德智体美劳全面发展，主要面向数控机床操作、数控加工与数控机床调试等数字化制造背景下装备制造业相关企事业单位，掌握数控技术相关领域必备的基础理论和专门知识，具有从事实际工作的综合职业能力、创新能力和全面素质，能从事数控机床操作员、数控加工工艺员、数控程序员与数控机床调试员等岗位的高素质技术技能人才。

例如，建筑工程技术专业（高职）人才培养目标。

错误案例：

本专业培养拥护党的基本路线，掌握建筑工程技术必备的基础理论知识，具有相关领域工作的岗位能力和专业技能，适应建筑行业一线需要的生产、技术、管理、服务等职业岗位要求，德智体美劳全方位发展的高素质技能型人才。

修正案例：

本专业坚持立德树人、德技并修、学生全面发展，主要面向建筑工程施工管理与项目管理等相关企事业单位，培养具备项目组织与施工组织策划、施工管理策划、施工管理、技术管理、材料与资料管理、质量管理、安全管理、设备管理、造价管理等专业技术知识及相关基础理论知识，能从事项目助理、施工员、质量员、安全员、资料员等工作的高素质技术技能人才。

例如，五年一贯制飞机电子设备维修专业人才培养目标。

错误案例：

本专业主要学习科学基础知识、电子信息技术、自动控制技术，通过实践教学熟练掌握电路分析、设计、仿真、制作和测试等技术，掌握航空机械技术，熟悉相关行业技术标准、规范和法规，具有严谨的做事态度、团队精神，扎实的专业基础和娴熟的操作技能的复合型人才，毕业后可在航空运输业、航空制造业与航空航天器修理等行业从事工作。

修正案例：

本专业主要面向长三角地区航空维修、航空制造业，培养理想信念坚定，德智体美劳全面发展，具有一定的科学文化水平，良好的人文素养、职业道德和创新意识，精益求精的工匠精神，较强的就业能力和可持续发展的能力，掌握本专业知识和技术技能，面向航空运输业、航空制造业、航空航天器修理等行业的民用航空器机械维护员、飞机电子电气装配等职业群，能够从事飞机航线维护电子员、飞机电子电气装配工、飞机定检电子员工作的高素质技术技能人才。

（三）注意要点

（1）避免直接参考国家专业教学标准，忽视产业调研情况和学校自身优势及就业资源情况，忽视本地院校的实际人才培养需要。

（2）产业情况调研应直接聚焦本专业人才的就业结构、需求情况和工资与社会地位等关键数据。调研要紧紧深入行业、企业，综合运用资料查阅、问卷和访谈等调查方法，掌握真实、可靠、实用的信息，不仅提供区域性、全国性数据，还要具体分析当地情况。

（3）充分挖掘专业优势就业资源，毕竟中职院校还需考虑学生的升学情况。

三、分析课程结构

(一) 内涵界定

职业院校课程一般由专业课程与公共基础课程组成。公共基础课程包括思想政治教育、劳动教育、人文素养和知识基础等方面的内容。专业课程一般由专业基础课程、专业核心课程和专业拓展课程组成。公共基础课程与专业课程均需严格落实教育部最新文件精神,比如《教育部关于职业院校专业人才培养方案制订与实施工作的指导意见》(教职成〔2019〕13号)。

(1) 公共基础课程。公共基础课程是国家统一要求职业院校各专业均需开设的政治、历史、英语、体育与计算机等基础课程。

(2) 专业基础课程。专业基础课程是需要集中学习或训练的基础性理论或基础性技能。一般在两种情况下可将共同的知识或技能单独设置成知识型课程。一是需要系统学习的知识或技能,这些知识或技能是后续课程学习的基础,这类课程可设置成学科课程,如护理专业中的"人体学基础";二是知识或技能内容多,且集中起来学习效果好,这类课程可设置成学科课程,如航空服务专业中的"民航服务礼仪"、饭店服务管理专业中的"旅游情境英语"、会计专业中的"财经法规与会计职业道德"等。

(3) 专业核心课程。专业核心课程是根据工作任务设置的针对核心能力培养需要的课程。专业核心课程与专业拓展课程都需要来自工作领域,但前者注重工作领域的共通性,后者注重知识或技能的纵向专深性,或横向扩展性。

专业核心课程设置可先将各专业(技能)方向中共同的工作任务归并起来,设置成相应的任务引领课程,再归并共同的知识或技能,设置成相应的课程。按共同的知识或技能组成的课程,在大多数情况下可以设置成任务引领型课程,但也可以设置成其他形态的知识型课程。

(4) 专业拓展课程。专业拓展课程是深化、扩展专业核心能力培养所需要的课程。专业课程结构要围绕形成核心能力,系统转化工作任务与职业能力内容,形成专业课程体系的需要。分析课程结构的重点是协调课程整体结构,从整体课程安排上满足人才培养需要。公共基础课程与专业课程都需要清晰的逻辑,才能推进学生积累知识和训练能力,因此,应整

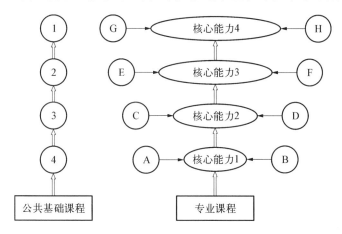

图 5-3 课程设置的整体结构

体上按照课程难度从简单到复杂,对知识积累和核心能力培养进行分析。

(二) 操作方法

以课程结构图形式厘清公共基础课、专业基础课程、专业核心课程与专业拓展课程的整体联系,凸显整体结构中的核心课程,明确对应人才培养目标要求。

第一步:进行文化基础课程结构分析。根据《教育部关于职业院校专业人才培养方案制订与实施工作的指导意见》(教职成〔2019〕13 号)文件精神,严格按照国家有关规定开齐开足公共基础课程。中等职业学校应当将思想政治、语文、历史、数学、外语(英语等)、信息技术、体育与健康、艺术等列为公共基础必修课程,并将物理、化学、中华优秀传统文化、职业素养等课程列为必修课或限定选修课。高等职业学校应当将思想政治理论、体育、军事、心理健康教育等课程列为公共基础必修课程,并将马克思主义理论类课程、党史国史、中华优秀传统文化、职业发展与就业指导、创新创业教育、信息技术、语文、数学、外语、健康教育、美育课程、职业素养等列为必修课或限定选修课。

全面推动习近平新时代中国特色社会主义思想进课程,中等职业学校统一实施中等职业学校思想政治课程标准,高等职业学校按规定统一使用马克思主义理论研究和建设工程思政课、专业课教材。结合实习实训强化劳动教育,明确劳动教育时间,弘扬劳动精神、劳模精神,教育引导学生崇尚劳动、尊重劳动。推动中华优秀传统文化融入教育教学,加强革命文化和社会主义先进文化教育。深化体育、美育教学改革,促进学生身心健康,提高学生审美和人文素养。

根据有关文件规定开设关于国家安全教育、节能减排、绿色环保、金融知识、社会责任、人口资源、海洋科学、管理等人文素养、科学素养方面的选修课程、拓展课程或专题讲座(活动),并将有关知识融入专业教学和社会实践。学校还应当组织开展劳动实践、创新创业实践、志愿服务及其他社会公益活动。

第二步:进行专业课程结构分析,转化工作领域成为课程设置。具体而言,课程设置首先应对工作任务与职业能力进行梳理,确定重点内容及相互关系,然后通过对本专业教学规律的分析,确定课程设置的基本思路,在此基础上进行专业基础课程、专业核心课程与专业拓展课程的设置。通过工作领域与职业能力梳理,课程结构设置可依照以下 10 个基本方法。

第一,确立严格依据任务进行课程设置的理念。暂时忽略专业课程教师个体知识分类习惯,抛开个人的利益关系,严格依据工作任务与职业能力分析指导手册表格中的工作领域、工作模块与工作任务进行系统化课程设置。

第二,逐个对任务进行讨论,确定其课程设置。按照"工作任务与职业能力分析表"的任务从上往下一个个地对其进行讨论,这既可以确保课程体系的完整性、逻辑的清晰性,又可以大大提高工作效率。

表 5-1 工作领域与课程设置对应表

工 作 领 域	课 程 设 置
工作领域 1	课程 1
工作领域 2	课程 2、3
工作领域 3、4	课程 4

表 5-2　建筑工程技术专业工作领域与课程设置对应表(样例)

工作领域(9)	课程设置(9门)	课程性质(专业核心/拓展)
A 项目管理策划	项目组织与施工组织策划	核心
	施工管理策划	核心
B 施工管理	建筑工程施工管理	核心
C 技术管理	项目技术管理	核心
D 材料管理	建筑材料与资料管理	核心
I 资料管理		
E 质量管理	建筑工程质量管理	核心
F 安全管理	建筑工程安全管理	核心
G 设备管理	建筑工程设备管理	核心
H 造价管理	项目造价管理	核心

一般而言,课程设置的讨论是依据工作领域进行的。因为单件工作任务往往过细,不足以构成课程,但这只是基本原则,有些情况下也有必要依据单件任务进行课程设置的分析,这取决于任务分解的细化程度。讨论时主要围绕两个问题:是否需要针对该工作领域单独设置课程;如果需要单独设置课程,那么是设置一门课程,还是几门课程。

第三,依据接近原理,对任务进行合理的归并。根据任务设置课程不意味着只能完全对应任务设置课程,还要根据教学自身规律对任务进行合适的归并。比如高职计算机通信专业,所划分的工作领域有系统安装与实施、系统联调等,对于这两个工作领域,单独对其设置课程是符合工作原理的,然而并不符合教学原理,因为缺少系统联调这个环节,安装与实施好的系统难以检测其整体运行效果,而没有系统安装与实施,系统联调的实践教学基本无法进行,无论从哪个方面看都是不利于学生能力培养的。从任务到课程存在灵活组织的空间,但要注意把握的原则是,依据任务的接近性进行归并,而不能依据知识的接近性进行归并。

第四,有些工作领域可能要结合项目拆分为几门课程。结合项目对工作领域进行拆分,一方面要充分考虑所选择的项目的典型性,另一方面要考虑项目之间的能力区分度,即不同项目对学生职业能力要求的差异是否足以使它们需要通过不同课程来培养。

第五,依据共同的任务与能力,设计专业核心课程。

第六,依据职业能力对课程进行分层,实现课程体系的完全对接。根据学生职业能力发展的阶梯,对课程进行分层,如技工学校(技师学院)的课程开发,往往要求实现从中级工到高级工再到预备技师逐层递进的课程体系,不同层级的课程应当实现完全对接。分层设置课程时,能区分课程名称的要区分课程名称,如公路施工与养护专业的概预算编制和工程造价分析这两门课程,不能区分的可暂时用"Ⅰ""Ⅱ"加以区别,如"成本分析Ⅰ"。

第七,不要从支持的角度考虑课程设置,而是要直接依据工作领域进行课程设置。如针对"客户关系维护"这一工作领域,有人往往提出可以设置公共关系学、心理学等课程。这些课程虽然与"客户关系维护"能力的形成相关,但它们与该能力形成的心理过程的联系是非常松散的,因而在相关能力形成中的作用非常微弱。

第八,课程名称要突出任务特色,明确反映该门课程的学习目标。课程命名过程其实是明确课程的目标定位的过程,需要相当重视。课程名称要尽量避免"……基础""……学""……概论""……实务"等传统表述方法,直接用"名词+动词"的任务表述方式来表述课程名称,如高职投资与理财专业的证券、期货客户开发、证券投资分析、理财方案设计、理财产品营销等课程。用传统表述方法所表述的课程名称往往存在目标定位不清晰的问题,因此,当很难用一个明确的概念来表述一门课程的名称时,我们就要注意是否真的已经对这门课程的目标定位非常清晰。

第九,把握好课程容量,建议每门课程100学时左右,但需要根据该专业具体经验进行灵活处理。课程的课时数目不宜过大,否则教与学的压力过大,且不利于及时检查学生的学习效果。反之,课程学时过少也会导致课程设置过于零碎,不利于课程整合。

第十,认真研究课程设置的逻辑路径,绘制课程结构图。

在确定课程设置以后,还需要按照学生学习经验的建构规律对这些课程的展开顺序进行编排,并以课程结构图的形式来表述这些课程的逻辑关系。课程结构图要明确、清晰地体现专业基础课程、专业核心课程、专业拓展课程的逻辑继承性,公共基础课程与专业课程的协同性及其递进性等。

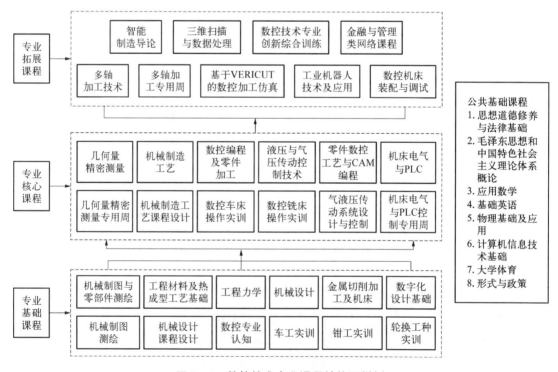

图 5-4 数控技术专业课程结构图样例

(三) 注意要点

(1) 严格按照《教育部关于职业院校专业人才培养方案制订与实施工作的指导意见》(教职成〔2019〕13号)文件精神及相关规定设置课程。

(2) 要符合课程设置的一般要求。

① 课程设置必须能最为有效地支撑人才培养目标的实现。

② 课程的核心目标清晰,的确是能独立设置的一门课程。

③ 课程之间的逻辑关系清晰,有明确的课程设置逻辑路径。

④ 课程之间的边界清晰,没有明显的课程交叉、重复现象。

⑤ 课程设置的效率高,没有教学价值不大的课程。

⑥ 课程之间的课时数分配合理,对学生生涯发展有长远意义的核心课程在课程体系中的地位突出。

(3) 要符合职业教育课程设置的特点。

① 专业核心课程主要从工作领域中产生,原则上尽可能直接对应工作领域设置课程,但可以根据教学规律对工作领域做适当拆分与归并。

② 专业核心课程除面向专业核心工作领域设置的课程外,也包括面向需要集中学习的专业基础理论知识和基本技能所设置的课程。

③ 面向专业核心工作领域设置的课程尽量用工作领域的名称表述课程名称。

(4) 充分体现贯通培养模式特点。

① 课程设置的范围要覆盖中等职业教育与高等职业教育的培养范围。

② 要根据学生年龄的递进逐步提升课程的难度,不宜把合适高等教育阶段学生的课程下移到中等教育阶段。

③ 中高职课程要有合理的叠加逻辑,复合型人才培养的路径体现清晰。

④ 根据中职生学习特点,建议前段学习以文化基础课程和操作技能课程为主,后段学习以专业基础理论课程、复杂专业能力课程学习为主。课程编排模式应从传统的正三角形改为倒三角形。

(5) 正确处理课程设置与X证书的关系,在课程体系安排合适的前提下把X证书叠加到原有的课程系统之上。

① 技能边界与内容清晰,有明确的岗位面向。

② 技能达到足够的专业水平,需要进行专门化培养与认证。

③ 有重要的社会需求,并对个体生涯发展有价值。

④ 对现有职业教育内容具有重要的延伸或补充作用。

四、分析课程内容及要求

(一) 内涵界定

课程内容及要求作为人才培养方案的重要内容,要采用规范性文件语言,直接描述课程内容及要求。

（二）操作方法

（1）按照课程结构具体设置公共基础课程、专业课程和实践性教学环节相关内容，并按照教学进度依次列举在各表格中。

（2）以规范性文件语言描述出各门课程的主要教学内容与要求。

（三）注意要点

（1）要完整、客观地表述。避免从课程介绍的角度填充大段描述性语言，而要采用规范性文件语言分要点清晰说明，体现出课程内容层次性及其核心要点。具体来说要分为两段，一段撰写课程内容核心要素，一段撰写通过课程之后要达成何种学习要求。

表5-3　主要教学内容与要求（错误案例）

序号	课程名称	主要教学内容与要求
1	数学	本课程在初中数学的基础上，使学生进一步巩固和扩展必需的数学基础知识，养成自学和运用数学的良好习惯，为学习专业知识、掌握职业技能、继续学习和终身发展奠定基础，提高学生就业能力与创业能力。提高学生的计算技能、计算工具使用技能和数据处理技能，培养学生的观察能力、空间想象能力和简单实际应用能力。

表5-4　主要教学内容与要求（修正案例）

序号	课程名称	主要教学内容与要求
1	数学	◆ 集合与逻辑用语；不等式；数列与数列的极限；函数；平面解析几何；立体几何。 ◆ 在初中基础上，学生进一步巩固和扩展必需的数学基础知识，养成自学和运用数学的良好习惯；为学习专业知识、掌握职业技能、继续学习和终身发展奠定基础；提高计算技能、计算工具使用技能和数据处理技能；提升观察能力、空间想象能力和简单实际应用能力。

（2）对涉及技能考核项目与要求的专业课程要进行说明，核心课程要用"★"做出标识。

表5-5　专业核心课程及主要专业课程教学内容

（其中：带★标识的为7门专业核心课程）

序号	课程名称	主要教学内容及要求	技能考核项目与要求
1	建筑力学	◆ 结构受力；力系平衡；强度刚度和稳定性；静定结构；超静定结构。 ◆ 教学要求：通过学习和训练，学生能熟悉一般结构的力学分析；能掌握结构力学平衡的方法；能熟悉结构的强度刚度与稳定性计算；能熟悉各种结构的机动分析与内力分析方法；能了解超静定结构受力特点与分析步骤。	
……			

续 表

序号	课程名称	主要教学内容及要求	技能考核项目与要求
11	★项目造价管理	◆ 造价控制；合同管理；涉外管理。 ◆ 教学要求：通过学习和训练，学生能完成工程量计算与定额套用；能编制招投标文件、签订合同、控制进度款，并完成竣工结算；能开展涉外工程造价控制风险分析，制定涉外工程造价控制措施。	

五、确定教学安排与实施保障

(一) 内涵界定

教学安排与实施保障是人才培养方案能够落地的关键。教学安排包括课时安排、教学进度表等内容。实施保障包括师资队伍、教学设施、教学资源等系列内容。

(二) 操作方法

(1) 明确专业课程类别、课程性质、课程名称、学时学分、学期课程，按照教学进程确立教学安排表，有序设置各门课程的推进顺序。

(2) 安排师资队伍。具体说明教师队伍结构、专业教师、专业带头人与兼职教师情况。

(3) 安排教学设施。说明专业教室基本条件、校内实训室、校外实训基地、学生学习基地、信息化教学方法的基本情况。

(4) 安排教学资源。按照教育部最新规定，结合学院具体情况选择合适的教材、图文文献配备和数字教学资源。明确教学方法、学习评价和质量管理等各项内容。

(三) 注意要点

(1) 严格按照《教育部关于职业院校专业人才培养方案制订与实施工作的指导意见》(教职成〔2019〕13号)及相关的最新文件要求，开齐开足公共基础课程，合理安排学时。三年制中职、高职每学年安排40周教学活动。三年制中职总学时数不低于3000，公共基础课程学时一般占总学时的1/3；三年制高职总学时数不低于2500，鼓励学生自主学习，公共基础课程学时应当不少于总学时的1/4。中、高职选修课教学时数占总学时的比例均应当不少于10%。一般以16—18学时计为1个学分。鼓励将学生取得的行业企业认可度高的有关职业技能等级证书或已掌握的有关技术技能，按一定规则折算为学历教育相应学分。

(2) 中等职业学校应当将思想政治、语文、历史、数学、外语(英语等)、信息技术、体育与健康、艺术等列为公共基础必修课程，并将物理、化学、中华优秀传统文化、职业素养等课程列为必修课或限定选修课。

(3) 高等职业学校应当将思想政治理论、体育、军事、心理健康教育等课程列为公共基础必修课程，并将马克思主义理论类课程、党史国史、中华优秀传统文化、职业发展与就业指导、创新创业教育、信息技术、语文、数学、外语、健康教育、美育课程、职业素养等列为必修课或限定选修课。

(4) 强化实践环节。加强实践性教学,实践性教学学时原则上占总学时数 50% 以上。要积极推行认知实习、跟岗实习、顶岗实习等多种实习方式,强化以育人为目标的实习实训考核评价。学生顶岗实习时间一般为 6 个月,可根据专业实际,集中或分阶段安排。推动职业院校建好用好各类实训基地,强化学生实习实训。统筹推进文化育人、实践育人、活动育人,广泛开展各类社会实践活动。

六、确立考核方案

(一) 内涵界定

考核方案是从输出的角度设计人才培养的关键内容,与前面注重输入角度设计内容形成一个完整的人才培养方案系统,它是极其重要的教学质量检测依据。考核方案根据具体专业性质确定,既可以是毕业论文,也可以是毕业项目等形式,但都需要强调考核方案的过程性特征。

(二) 操作方法

(1) 按照工作任务与职业能力的性质,结合专业基本条件,确立采用毕业论文或者毕业项目等考核形式。

(2) 明确考核形式的过程监控环节,实行系统化管理。以毕业论文作为考核方案为例,包括基本文献阅读能力考核、开题、中期考核和论文资格审核等过程,明确各个过程的评价机制、选拔机制、修正机制和淘汰机制。若采用项目考核或其他形式,也应当体现重视过程的考核机制。

(三) 注意要点

(1) 考核方案要体现专业特色,紧密围绕专业人才培养要求。

(2) 考核方案应具体而明确,怎么认定、怎么评估需要具体以条目的形式加以说明。

七、明确毕业要求

毕业要求应严格。根据国家有关规定、专业培养目标和培养规格,结合学校办学实际,进一步细化、明确学生毕业要求。严把毕业出口关,确保学生毕业时完成规定的学时学分和教学环节,结合专业实际组织毕业考试(考核),保证毕业要求的达成度,坚决杜绝"清考"行为。

第六章　人才培养方案文本格式与技术规范

一、人才培养方案文本格式

字体要求：标题为四号"黑体"，内容为五号"宋体"，行距：1.5 倍。体例格式如下。

××学院/学校

××专业
人才培养方案

××级适用

××××年××月

××专业人才培养方案

一、专业名称及代码

专业名称：××

专业代码：××××××

二、入学要求

三、学习年限

四、培养目标

五、职业范围

表 6-1　职业范围与资格证书要求

序号	就业岗位	职业资格（名称、等级、颁证单位）
1		
2		
3		
4		
……		

六、人才规格

本专业毕业生应达到下列培养要求：

××

……

七、课程结构

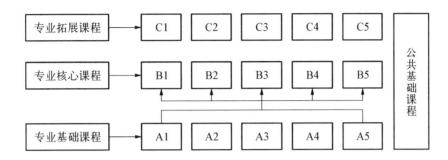

八、课程内容及要求

（一）公共基础课程

表6-2 公共基础课程及主要课程内容

序号	课程名称	主要教学内容及要求
1		
2		
……		

（二）专业课程

表6-3 专业核心课程及主要课程内容

（其中：有★标记的为××专业核心课程）

序号	课程名称	主要教学内容及要求	技能考核项目与要求
1	××		
2	★××		
……	××		

九、教学安排表

（一）教学活动时间安排表

表6-4　教学活动时间分配表　　　　　　　　　　（单位：周）

学　期	入学教育	军训	一体化教学	实训（实验）	实习	考试	机动	假期	总计
第一学期									
第二学期									
第三学期									
第四学期									
第五学期									
第六学期									
第七学期									
第八学期									
第九学期									
第十学期									
……									
总　计									

（二）教学进程表

表6-5　教学进程表

课程类别	课程名称	必修/选修	学分	总学时	实践学时	考试/考查	各学期周数、学时分配						
							1	2	3	4	5	6	……
							18	18	18	18	18	18	……
公共基础课程	××												
	××												
	××												
	××												
	……												

续 表

课程类别	课程名称	必修/选修	学分	总学时	实践学时	考试/考查	各学期周数、学时分配						
							1	2	3	4	5	6	……
							18	18	18	18	18	18	……
公共基础课程	小计	必修											
		选修											
专业基础课程	××												
	××												
	××												
	××												
	××												
	……												
	小计	必修											
		选修											
专业核心课程	××												
	××												
	××												
	……												
	小计	必修											
		选修											
专业拓展课程	××												
	××												
	……												

续 表

课程类别	课程名称		必修/选修	学分	总学时	实践学时	考试/考查	各学期周数、学时分配						
								1	2	3	4	5	6	……
								18	18	18	18	18	18	……
专业拓展课程	小计	必修												
		选修												
合 计														
其他说明														

（三）其他实践性教学环节

表 6-6　实践教学安排表

序号	课 程 名 称	实践学分	学期	实 训 场 所	组织形式	
					班组	小组
1						
2						
3						
……						
合　计						

十、实施保障

（一）师资队伍

1. 队伍结构

2. 专任教师

3. 专业带头人

4. 兼职教师

（二）教学设施

1. 专业教室基本条件

2. 校内实训室

表6-7　校内主要实训(实验)设备教学配置表

实训室名称	实训室功能	基 本 设 备	数量	适用范围(适用课程)
××				
××				
……				

3. 校外实训基地

表6-8　校外实训基地

校外实训基地	实 习 方 式	相关实习岗位
××		
××		
……		

4. 学生实习基地

5. 支持信息化教学方面的基本要求

（三）教学资源

1. 教材选用基本要求

2. 图书文献配备基本要求

3. 数字教学资源配置基本要求

（四）教学方法

（五）学习评价

（六）质量管理

1. 制度保障

2. 质量监控

十一、考核方案

十二、毕业要求

其他未说明的重要内容，比如毕业要求。

十三、附件

附件1：××专业工作任务与职业能力分析表。

二、人才培养方案技术规范

（一）专业名称及代码

按照最新政策文件规定，列举专业名称与专业代码。直接选用教育部公布的专业名称及代码。专业名称与专业目录保持一致，专业代码必须完整、准确。

（二）入学要求

说明入学的户籍要求和限制等，所招收学生的学历要求（如普通高中毕业生或者同等学力）。入学要求围绕当地的入学政策及学生入学的学业基础。

（三）学习年限

依据国家和当地政策要求，说明专业要求学生所应达到的学习年限。一般为中职三年、高职三年、中高贯通五年、中本贯通五年或者五年一贯制等。

（四）培养目标

培养目标表述要全面涵盖对学生培养的方方面面的要求，包括思想教育和职业技能的不同要求等。主要围绕以下问题：面向什么行业，什么岗位，掌握什么知识，具备哪些能力的何种特色的技术技能人才。

（五）职业范围

职业范围是人才培养的整体方向，影响着后续人才培养方案的编写。注意说明专业的具体就业岗位，并相应列举出职业资格证书或"1+X"技能等级证书的名称、等级、颁证单位。比如，金融管理与实务专业不能描述为面向"金融岗位"，而要具体到"个人储蓄岗""现金出纳岗"和"会计结算岗"等具体岗位名称。

（六）人才规格

人才规格指工作岗位对员工核心素养及职业能力方面的整体要求，是对人才培养整体要求的勾勒。人才规格描述要注意如下几个方面。

（1）人才规格的核心是职业能力培养，但要增加核心素养，如从政治素养、文化知识、专业能力、职业精神和自我发展等方面进行撰写。不必明确划分为公共基础课程规格要求与专业课程规格要求两块内容，而是整体性描述，总共有12条左右。前面按照核心素养框架撰写4条左右，后面按照工作任务与职业能力分析结果撰写8条左右。

（2）采用本手册附录1"中国职业教育学生发展核心素养"所示的核心素养框架进行描述。避免按照素养、知识和技能划分三个模块分别进行描述，因为这种方式反而容易导致内容的碎片化、琐碎化或重复化。

（3）对人才规格的描述不能过于笼统、不知所指，否则对教学的指导意义不大，应认真研究工作任务与职业能力分析表，从中归纳出对学生核心能力的要求，并准确、清晰地对其进行表述，每条人才规格应表述出学生某一方面的重要能力要求，下面为建筑工程技术专业人才规格案例。

---

1. 坚定拥护中国共产党领导和我国社会主义制度，在习近平新时代中国特色社会主义思想指引下，践行社会主义核心价值观，具有深厚的爱国情感和中华民族自豪感。

2. 提高科学素质，养成良好的学习习惯、实践意识、创新意识和实事求是的科学态度，具备抽象思维能力、逻辑思维能力、分析解决问题的能力。

3. 提升信息素养，发展计算思维，提高数字化学习与创新能力，增强个体在信息社会的适应力和创造力，树立正确的信息社会价值观和责任感。

4. 提高学生的文化素养和人文素养，认识世界文化多样性，理解中西方思维差异，拓展国际视野，积极传播中华优秀文化，形成开放包容的态度，客观对待不同观点，做出正确价值判断。

5. 熟悉项目管理原理，掌握项目和组织策划分析流程，能按照施工工艺要求和项目特点进行项目和施工组织设计策划。

6. 熟悉工程算量规则与计价原理，掌握成本造价、临时设施施工、物资采购与质量管理的流程和工作方法，能按照项目目标制定相对应的施工策划方案。

7. 熟悉投影原理与制图规则，掌握建筑结构受力原理与性能特点，能进行施工图设计与标准管理，按照结构类型开展技术方案管理与技术总结。

8. 熟悉工程定额使用原理，掌握合同管理的流程和工作方法，能结合工程所在地特征进行国内外工程造价分析与风险控制。

9. 熟悉工程测量原理，掌握测量仪器的定位放线方法，能根据基础、主体结构、楼地面、屋面、门窗及附属结构的施工工艺流程组织并优化施工管理。

10. 熟悉安全生产原理，掌握安全检查的方法和事故调查的流程，能根据危险源类型进行建筑工程安全管理。

11. 熟悉质量管控原理,掌握质量检查工具的使用方法,能进行质量计划策划与工序控制,根据验收标准进行质量检验评定与问题分析。

12. 掌握材料性能与质量检验方法,熟悉工程档案的制作要求和方法,能根据施工工艺要求进行材料管理,根据档案接收方要求进行资料管理。

(七) 课程结构

严格按照《教育部关于职业院校专业人才培养方案制订与实施工作的指导意见》(教职成〔2019〕13号)及相关的最新文件要求设置课程。课程结构由公共基础课程、专业核心课程、专业(技能)方向课程和选修课等组成。公共基础课程指各专业必修的文化基础课程,选修课程由学校根据专业特点、岗位面向自行选择。

(1) 公共基础课程。教育部政策要求,在思想政治、人文素养、劳动教育、知识基础等方面综合考虑,支撑学校专业课程学习,服务学生生涯发展需要,具体要求可参考开发方法相关内容。

(2) 专业课程。专业课程及主要专业课程教学内容有序排列。课程排列按照教学实施的顺序,同一学期的课程排在一起,各学期的课程有难度梯度,整体围绕人才培养目标的实现,并且以"★"号标识出核心课程,突出专业核心课的整体逻辑。

(八) 课程内容及要求

课程内容及要求依次分为公共基础课程与专业课程两个模块,说明每门课程的主要教学内容及要求,专业课程还需要说明技能考核项目与要求,例如城建工程技术专业的建筑识图与构造课程内容描述如下:

建筑识图与构造	◆ 投影原理;建筑制图的基本知识;建筑概论;投影的基本知识;基础及地下室构造;条形基础施工图;墙体构造;楼地层构造;楼梯构造;门窗类型;屋顶构造;变形缝构造;建筑施工图的识读;结构施工图的识读 ◆ 教学要求:通过学习和训练,学生能了解正投影图的形成原理;能掌握建筑制图基本工具、仪器和制图标准;能描述建筑构造组成内容及各部分功能要求,识别不同建筑类型;能掌握地基与基础的概念与区别,基础的构造特点及类型;能掌握基础大样图的绘制方法;能了解墙体分类、作用、组成,掌握墙体的细部构造方法;能掌握现浇钢筋混凝土楼板的类型及构造要求和设计图绘制方法;能了解楼梯的构造组成、类型,掌握楼梯平面图、楼梯剖面图的绘制方法;能熟悉不同类型门窗的优缺点、适用范围及固定方式;能了解屋顶组成、类型、排水、防水,了解坡屋顶的类型及常见构造做法;能掌握三种变形缝的细部构造要求及做法;能识读建筑平、立、剖面图和详图;能够识读基础施工图和构件详图。	◆ 建筑施工图识读;建筑施工图绘制; ◆ 达到"1+X"建筑工程识图(初、中级)职业资格技能考核的相关要求。

（九）教学安排表

教学进程整体安排指本专业系列课程的实施在时间上的系统协调，主要涉及本专业课程类别、课程性质、课程名称、学时学分、学期课程安排等。

（1）课时安排。教学安排以周为单位。需整体说明入学教育、军训、一体化教学、实训（实验）、实习、考试、机动、假期和总计课时。需要注意的是，按照各专业和各学校特殊要求对表格设计加以说明。例如，某几段学习是否合并算学分。

严格遵循《教育部关于职业院校专业人才培养方案制订与实施工作的指导意见》（教职成〔2019〕13号）及相关的最新文件要求。三年制中职、高职每学年安排40周教学活动。三年制中职总学时数不低于3000，公共基础课程学时一般占总学时的1/3；三年制高职总学时数不低于2500，鼓励学生自主学习，公共基础课程学时应当不少于总学时的1/4。中、高职选修课教学时数占总学时的比例均应当不少于10%。一般以16—18学时计为1个学分。

加强实践性教学，实践性教学学时原则上占总学时数50%以上。要积极推行认知实习、跟岗实习、顶岗实习等多种实习方式，强化以育人为目标的实习实训考核评价。学生顶岗实习时间一般为6个月，可根据专业实际，集中或分阶段安排。

（2）教学进程表。课程类别、课程名称、学分、总学时、实践学时、考试或者考核、各学期周数、学时分配的具体内容不遗漏，内容之间协调有序，充分体现达成专业人才培养目标的需要。

（十）实施保障

1. 师资队伍

（1）队伍结构。说明学生与专任教师比例结构，双师素质教师与专业教师比例结构等内容。

（2）专业教师。具体说明对专业教师的要求，如应具有高校教师资格，有理想信念、有道德情操、有扎实学识，具有相关专业本科及以上学历，具有相关的理论功底和实践能力，具有信息化教学能力，具有开展教学的能力，每5年累计不少于6个月的企业实践，熟悉一门外语，等等。

（3）专业带头人。具体说明专业带头人的职称、学术思想、实践能力、校内外组织管理能力要求。

（4）兼职教师。具体说明兼职教师聘任要求。如具有该专业相关岗位5年及以上企业工作经历和一定的职业教育理念，具备良好的思想政治素质、职业道德和工匠精神，具有中级及以上相关专业职称，具备扎实的专业知识和丰富的实际工作经验，等等。

2. 教学设施

（1）专业教室基本条件。对硬件条件和软件要求的说明要具体、明确。如专业教室一般配备黑（白）板、多媒体计算机、投影设备、音响设备，互联网接入或Wi-Fi环境，并实施网络安全防护措施。

（2）校内实训室。对学生容纳情况和保障条件的说明要具体，实训（实验）设备要从实训室名称、实训室功能、基本设备、数量、使用范围(使用课程)等方面翔实说明。

(3) 校外实训基地。说明校外实训基地的具体企业名称,明确是认知实习、顶岗实习还是其他实习方式。

(4) 学生学习基地。说明实习基地的具体内容、规章制度和安全保障等。

(5) 信息化教学方面的基本要求。既要说明在教学情景下使用信息化教学的合理性,也要提及避免信息化教学负面影响的策略。

3. 教学资源

(1) 教材选用满足基本要求。严格执行国家和当地关于教材选用的有关文件规定,完善教材选用制度,经过规范程序选用教材,优先选用职业教育国家规划教材、省级规划教材,根据需要编写校本特色教材,禁止不合格的教材进入课堂。

(2) 图书文献配备满足基本要求。图书文献配备应能够满足人才培养、专业建设、教科研等工作的需要,方便师生查询、借阅,并具体说明专业涉及的主要图书类别。

(3) 数字教学资源配置满足基本要求。建设、配备与本专业有关的音视频素材、教学课件、数字化教学案例库、虚拟仿真软件(CBT)、数字教材等专业教学资源库,应种类丰富、形式多样、使用便捷、动态更新,能满足教学要求。

4. 教学方法

坚持学中做、做中学,倡导因材施教、因需施教,鼓励创新教学方法和策略,采用理实一体化教学、案例教学、项目教学等方法。鼓励信息化技术在教育教学中的应用,改进教学方式。

5. 学习评价

按照岗位任务的相关标准以及专业教学的特点,具体说明采用观察、口试、笔试、顶岗操作、职业技能大赛和职业资格鉴定等评价方式。明确过程性评价与结果性评价的角色。

6. 质量管理

具体说明与本专业相关的制度保障和质量监控内容。第一,针对制度保障,成立专业建设指导委员会、质量监控工作小组和二级教学督导组等保障系统。制定具体工作规程和管理规范等。第二,针对质量监控,在人才培养目标监控、人才培养方案和教学大纲制定与执行监控、教学过程监控、学生信息反馈和教材质量监控等各方面做出具体行动。

(十一) 考核要求

考核方案注重从人才培养输出的角度进行监测,可采用毕业论文或毕业项目等形式,对学生整体的专业知识、专业技能学习成果进行综合性与整体性评估。一方面要注重过程性,以毕业论文作为考核方案为例,要明确文献阅读能力考核、开题、中期考核与论文资格审核等过程;另一方面要注重具体性,要围绕专业人才培养要求和专业特色,具体说明怎么认定、怎么评估。

(十二) 毕业要求

学生通过规定年限的学习,修满本专业人才培养方案所规定的学分并取得相应的职业资格证书或技能等级证书,方可毕业。

(十三) 附件

附件 1：工作任务与职业能力分析表

工作任务与职业能力分析表的具体操作及注意事项,详细内容请参见《工作任务与职业能力开发指导手册》。需要强调的是,应按照专业人才培养的特色,完成符合学校专业发展情景的工作任务与职业能力分析表。深入研读国家专业教学标准中的工作任务与职业能力表格,明确分析表是否符合本地职业院校人才培养的定位,若内容有错位或滞后情况则需要予以完善或重新开发。

附 录

附录1 中国职业教育学生发展核心素养

维　度	素　养	表现性目标
1. 公民意识	1-1 国家认同	了解我国基本历史、文化与国情,热爱祖国,体现文化自信,认同国民身份,对祖国有强烈的归属感和认同感,具有自觉维护祖国统一与社会稳定的意识,有为实现中华民族伟大复兴中国梦而不懈努力奋斗的信仰和行动;理解我国基本政治制度及其优越性,以及坚持社会主义制度与中国共产党领导的重要意义,拥护中国共产党的领导,理解并接受社会主义核心价值观。
	1-2 社会责任	理解公民角色,尊崇法治,敬畏法律,具有法律基本知识与基本法律行为判断能力,能自觉遵守法律,依法维权;理解公民的社会责任,能自觉履行公民职责,正确行使公民权利,积极参与社会公共事务,维护社会正义;熟悉社会公德,具有规则意识,能自觉遵守并维护社会公德,孝亲敬长,诚实守信,宽和待人,尊重文化差异,与他人友好相处,热心公益;具有生态意识,崇尚绿色生活,自觉维护环境。
	1-3 健康生活	身体健康,达到相应年龄段的体能要求,至少掌握一项适合自身的锻炼方法,形成锻炼身体的良好习惯;了解心理健康的基本知识,具有开朗、乐观的心理品质,能自我调节压力,消解不良心理状态;理解生命的意义,珍爱生命,有积极向上的生活态度;能协调好生活中的矛盾,条理清晰地安排生活事务;掌握时间管理的常用技能,高效率地完成工作与生活中的任务;了解新时代经济生活的基本特点,能合理消费,智慧理财。
2. 文化基础	2-1 人文底蕴	能熟练读、写常用汉字;了解主要文学作品的基本内容,并能熟练记忆一些经典作品或作品的片段;能熟练阅读报纸、杂志与普通书籍;能规范撰写日常文本;能正确阅读专业相关的说明书、操作手册、质量标准、图表等资料,准确理解其含义,并能正确填写常用的图表资料;能用书面和口头形式准确表达自己的意见和观点。
	2-2 科学基础	能进行基本的数学计算,掌握具有当代基本生活意义的几何与代数知识;掌握完成专业学习所必需的自然科学知识;具有以实验为基础的科学思维方法,尊重数据与事实的科学精神。
	2-3 审美情趣	具有艺术的旨趣和健康的审美取向;了解审美的基本方法;具有感知、评价美的能力,能主动发现和欣赏事物的美;掌握一种表现美的技能;能在工作中体现出对美的追求。

续 表

维 度	素 养	表 现 性 目 标
3. 工作能力	3-1 工作计划	能围绕工作任务要求完成的目标,充分挖掘可利用的资源,如材料、人际关系、文本资料、时间等,合理安排资源的使用,使它们能在完成工作任务的过程中发挥最大效应;能围绕工作目标,灵活地安排工作过程,设计清晰、有效的工作计划;能依据工作计划完成工作。
	3-2 技术应用	了解技术知识的基本特征;了解技术革新对产业发展的巨大推动作用;能结合具体工作任务理解与岗位工作相关的概念与技术原理知识;能灵活地运用技术原理知识进行工作;能在工作交流中使用规范的技术语言。
	3-3 系统操作	了解行业的整体发展现状与趋势,如它所承担的社会功能、整体规模、门类划分与运行模式等;了解岗位所在的整个工作系统的运行方式,如岗位设置及其关系、工作系统的整体功能等;熟悉岗位或岗位群的所有工作任务,体现各条工作任务的多样化工作情境,以及完成这些任务所要达到的行业或企业标准;理解各条工作任务之间的逻辑关系,以及每条工作任务执行的步骤;理解执行工作任务所涉及的各种要素的结构、原理与性质,如工作手段(如设备或工具)、工作对象(如材料或服务对象)、工作方法、工作结果;能熟练运用现代技术按标准高质量地完成各项工作任务;在非标准化作业情况下,能根据工作情境对各种要素进行最佳的选择和组合,对最佳行动方案做出决策。
	3-4 问题解决	能正确面对工作中的问题,知道在常规工作之外可能发生的常见问题的类别及其表现形式;能运用常规办法熟练、有效地解决问题;能根据工作情境中的一些线索预见潜在问题,及时防范问题的发生;能根据处理程序准确地向相关负责人反映问题。
	3-5 工艺创新	具有积极改进工作方法的意识,能积极开发新产品、设计新工艺、制作新工具;能表现出积极进取、敢于挑战新工作任务的精神。
	3-6 人际关系	理解人际关系是整个工作系统的重要方面;熟悉与不同角色、不同文化背景、不同性别的工作者进行人际交往的合适方式;能在工作中恰当地表达自己的想法,以进行良好的人际沟通;能理解团队合作的重要意义,客观判断各个成员对团队的重要价值,愿意为团队作出贡献;能积极采取符合岗位特征的方式与团队其他成员合作完成工作任务;能在团队中发挥领导作用。
4. 卓越精神	4-1 质量意识	了解当前我国产品和服务中的典型质量问题,我国产品和服务质量与世界上发达国家的差距,以及这些差距对我国经济与社会发展产生的巨大制约作用,提高质量对我国未来发展的重要意义;理解质量精神是企业精神和工作精神的重要组成部分,了解高质量产品与服务的具体标准,以及现代管理中提高质量的基本策略;熟悉可能造成质量问题的不恰当的工作方式,并在工作中主动避免;能在完成工作任务的过程中持久地表现出注重细节、一丝不苟、精益求精的工匠精神。
	4-2 成本意识	具有工作的成本意识,知道任何产出都是需要投入的,包括物质、人力、时间、对环境的破坏、机会选择等方面;理解在保证质量的前提下降低成本与提高效率对工作组织与社会发展的重要意义;熟悉可能导致成本扩大与效率降低的具体因素,并能在岗位职责允许的范围内尽可能采取降低成本和提高效率的工作方式。

续 表

维 度	素 养	表 现 性 目 标
4. 卓越精神	4-3 服务意识	具有主动服务客户的意识;能以客户为中心,选择或设计体现客户差异的工作方式、产品与服务,有时这种差异要达到非常细微的程度;熟悉与客户进行有效沟通的方式,能合理化解与客户之间的矛盾。
	4-4 环保意识	了解产业发展给我国环境带来的严重问题,深刻理解环境保护对于健康生活与可持续发展的重大意义;熟悉工作中可能造成环境破坏的工作方式,并主动采取保护环境的措施;掌握本专业的环境保护技术。
	4-5 安全意识	具备高度的工作规范与安全意识,能结合真实案例理解违反工作规范可能带来的潜在安全风险,以及安全事故可能给生命、财产安全带来的严重损害;熟悉与专业相关的工作规范与安全要求并能在工作中严格遵守,能指出他人违反工作规范与安全要求的行为;能预见、识别工作中存在安全隐患的行为并及时予以防范。
5. 职业发展	5-1 工作价值	能结合案例与实践体验,深刻理解工作的含义;理解工作是社会发展与运行的基础,是未来个人生活的重要组成部分,是获取经济收入、实现能力增长与人生价值的重要载体,具有积极参与工作的态度;具备职业平等意识。
	5-2 岗位责任	熟悉岗位基本职责及其对从业者素质与能力的要求;敬畏职业,热爱岗位工作;勇于承担岗位责任,具有高度负责的岗位责任意识;能按岗位责任要求自主地执行工作任务。
	5-3 职业道德	熟悉行业基本职业道德规范,理解规范制定的目的;能判断该行业中合乎职业道德与违反职业道德的常见行为表现;了解坚持道德行为的困难所在,具备在从业过程中严格遵守职业道德的坚定意志。
	5-4 生涯规划	能深入、客观地认识自己的能力、个性与价值观,知道特别适合自己的职业类别;能结合社会职业发展情况制定切实的职业生涯发展目标,并能根据外部变化对目标做合适的调整;能发现、判断并把握生涯发展机会;知道如何展现自己在职业匹配上的优势;能在目标的引领下制定并实施学习计划,坚定地追求生涯发展目标。
	5-5 持续学习	对自己的学习能力与生涯发展空间拥有信心;能结合生涯发展需要始终保持积极的学习状态,成为其习惯的一部分;敢于迎接有挑战的学习任务;知道学习内容获取的多种途径,如跟随教师或师傅学习、通过观察或主动询问他人进行学习、通过查阅资料进行学习、通过反思自己的实践进行学习等;能熟练运用对学习内容进行信息加工的常用策略,具备自主学习能力,如提取学习内容的要点、通过比较深入地理解学习内容的内涵、通过联想建立学习内容之间的联系、设计适合自己的有效记忆方法等;具有实践性学习态度,关注实践知识,愿意反复实践。

附录 2　上海城建职业学院建筑工程技术专业人才培养方案(案例)

上海城建职业学院

建筑工程技术专业
人才培养方案

2022 级适用

2021 年 6 月

建筑工程技术专业人才培养方案

一、专业名称及代码

专业名称：建筑工程技术

专业代码：440301

二、入学要求

普通高中毕业生和中专、职校、技校应届毕业生高等职业学校学历。

三、学习年限

本专业全日制学习3年，最长学习年限5年。

四、培养目标

本专业坚持立德树人、德技并修、学生全面发展，主要面向建筑工程施工管理与项目管理等相关企事业单位，培养具备项目组织与施工组织策划、施工管理策划、施工管理、技术管理、材料与资料管理、质量管理、安全管理、设备管理、造价管理等专业技术知识及相关基础理论知识，能从事项目助理、施工员、质量员、安全员、资料员等工作的高素质技术技能人才。

五、职业范围

表1 职业范围与资格证书要求

序号	就业岗位	职业资格（名称、等级、颁证单位）
1	施工员	施工员；无等级；上海市工程建设质量管理协会
2	质量员	质量员；无等级；上海市工程建设质量管理协会
3	安全员	安全员；无等级；上海市工程建设质量管理协会
4	资料员	资料员；无等级；上海市工程建设质量管理协会
5	项目助理	建造师执业资格证书；二级；住房和城乡建设部

六、人才规格

本专业毕业生应达到下列培养要求。

(一)公共基础课培养要求

(1)树立中国特色社会主义的共同理想,坚持马克思主义的形势观和政策观,明辨是非,坚定马克思主义信念,树立马克思主义正确的世界观、人生观和价值观。

(2)树立正确的国家观,崇尚宪法、遵法守纪,具有社会责任感和社会参与意识,形成对中华民族的认同和正确的民族观,增强民族团结意识,铸牢中华民族共同体意识。

(3)践行社会主义核心价值观,养成良好职业道德行为习惯,自觉践行劳动精神、劳模精神和工匠精神,具备自强不息、艰苦奋斗、开拓进取、改革创新的意识。

(4)增强忧患意识、国防观念和爱国主义精神,树立"强我中华,重任在肩"的意识,提升学生国防意识和军事素养,强化爱国主义、集体主义观念。

(5)提高科学素质,养成良好的学习习惯、实践意识、创新意识和实事求是的科学态度,具备抽象思维能力、逻辑思维能力、分析解决问题的能力。

(6)提升信息素养,发展计算思维,提高数字化学习与创新能力,增强个体在信息社会的适应力和创造力,树立正确的信息社会价值观和责任感。

(7)提高学生的文化素养和人文素养,认识世界文化多样性,理解中西方思维差异,拓展国际视野,积极传播中华优秀文化,形成开放包容的态度,客观对待不同观点,做出正确价值判断。

(二)专业课培养要求

(1)熟悉项目管理原理,掌握项目和组织策划分析流程,能按照施工工艺要求和项目特点进行项目和施工组织设计策划。

(2)熟悉工程算量规则与计价原理,掌握成本造价、临时设施施工、物资采购与质量管理的流程和工作方法,能按照项目目标制定相对应的施工策划方案。

(3)熟悉投影原理与制图规则,掌握建筑结构受力原理与性能特点,能进行施工图设计与标准管理,按照结构类型开展技术方案管理与技术总结。

(4)熟悉工程定额使用原理,掌握合同管理的流程和工作方法,能结合工程所在地特征进行国内外工程造价分析与风险控制。

(5)熟悉工程测量原理,掌握测量仪器的定位放线方法,能根据基础、主体结构、楼地面、屋面、门窗及附属结构的施工工艺流程组织并优化施工管理。

(6)熟悉安全生产原理,掌握安全检查的方法和事故调查的流程,能根据危险源类型进行建筑工程安全管理。

(7)熟悉质量管控原理,掌握质量检查工具的使用方法,能进行质量计划策划与工序控制,根据验收标准进行质量检验评定与问题分析。

(8)掌握材料性能与质量检验方法,熟悉工程档案的制作要求和方法,能根据施工工艺要求进行材料管理,根据档案接收方要求进行资料管理。

(9)掌握施工机械的操作方法,能根据项目的成本目标进行施工机械的租赁采购,按照安全要求进行施工机械的管理。

(10)具有较好的学习能力,能基于行业发展与岗位需求学习新知识与新技能,结合项目实际情况进行技术创新,解决技术问题。

(11)具有较强的人际沟通协调能力和团队协作意识,能与设计人员沟通设计意图并提出自己想法,能与施工一线操作人员沟通施工工艺选择并优化施工方案。

七、课程结构

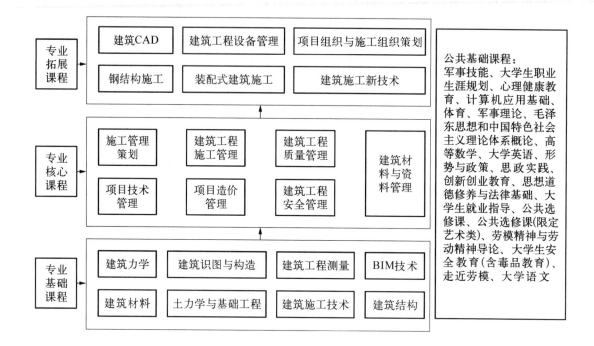

八、课程内容及要求

（一）公共基础课程

表2　公共基础课程及主要课程内容

序号	课程名称	主要教学内容及要求
1	思想道德修养与法律基础	◆ 人生的青春之问；追求远大理想、坚定崇高信念；弘扬中国精神；践行社会主义核心价值观；明大德守公德严私德；尊法学法守法用法。 ◆ 学生能树立科学的中国特色社会主义新时代理想信念；能熟悉人生目的和人生态度、人生价值的内涵及评价标准，树立正确的人生观、价值观与世界观；能明确新时期爱国主义的科学内涵，掌握忠诚的爱国者的具体要求；能了解个人道德、社会公德、职业道德和家庭美德的基本规范，掌握践行道德规范的基本途径与方法；能熟悉基本的法律常识，领会法律精神，树立法治理念。
2	毛泽东思想和中国特色社会主义理论体系概论	◆ 马克思主义中国化及其理论成果；毛泽东思想；新民主主义革命理论；社会主义改造理论；社会主义建设道路初步探索的理论成果；中国特色社会主义理论体系的形成与发展；习近平新时代中国特色社会主义思想；建设现代化经济体系；发展社会主义民主政治；推动社会主义文化繁荣兴盛；全面深化改革；全面依法治国；全面推进国防和军队现代化；中国特色大国外交。 ◆ 学生能正确认识马克思主义中国化的内涵、意义、理论成果；能全面深刻把握毛泽东思想的科学含义、发展历程、主要内容；能了解新民主主义革命理论形成的依据、总路线和基本纲领以及道路和基本经验；能理解新民主主义到社会主义的转变、社会主义改造的道路和基本经验以及社会主义

续 表

序号	课程名称	主要教学内容及要求
2	毛泽东思想和中国特色社会主义理论体系概论	制度在中国确立的重要意义;能深刻理解中国特色社会主义道路探索成果、意义和经验教训;能全面系统地了解中国特色社会主义理论体系形成和发展的基本历程、邓小平理论的形成背景和形成过程、"三个代表"重要思想的形成背景和形成过程、科学发展观的形成背景和形成过程;能掌握习近平新时代中国特色社会主义思想的核心要义和丰富内涵、历史地位和指导意义;能了解"创新、协调、绿色、开放、共享"的新发展理念的科学内涵、理论意义和现实意义;能坚持中国特色社会主义政治发展道路、健全人民当家作主制度体系、坚持"一国两制",推进祖国统一;能把握意识形态工作的重要性及牢牢掌握意识形态工作领导权的实践要求;能正确理解全面深化改革的必要性和重要性,理解全面深化改革的方向,理解全面深化改革的总目标和主要内容;能掌握全面依法治国战略地位及重要意义,理解全面依法治国的总目标和重要任务,掌握中国特色社会主义法治道路的意蕴;能掌握习近平强军思想、建设世界一流军队等知识,提升其运用马克思主义军事思想分析国防和军队建设相关问题的能力;能坚持和平发展道路、推动构建人类命运共同体、促进"一带一路"国际合作。
3	思政实践	◆ 阅读红色经典著作;劳模基地学习;社会调查;红色文化考察;重大时事与形势。 ◆ 学生能增强感性认识,深刻认识马克思主义中国化成果;能提高学生的学习兴趣、参与度;能树立牢固的马克思主义和中国特色社会主义信念,提升学生发现问题、分析问题与解决问题的能力;能践行社会主义核心价值观,理解中国特色社会主义合格建设者和可靠接班人的内涵;熟悉辩证分析问题与解决问题的方法;能突出思想政治理论课的针对性与现实性,增强思想政治理论课的吸引力和实效性。
4	形势与政策	◆ 中国共产党的成立;社会主义现代化;专题;主要内容:采用"2+X"模式;根据《时事报告大学生版》中加强党的建设篇、经济社会发展篇、涉港澳台事务篇、国际形势政策篇,确定2个专题作为固定理论教学内容,"X项"教学内容从《时事报告大学生版》其他专题内容中选择或选取社会热点问题。 ◆ 学生能理解中国共产党不断从胜利走向胜利的关键所在;能了解我国未来发展的方向目标、总体思路、主题主线、战略基点和重大任务;能正确把握世情、国情,坚定马克思主义和中国特色社会主义理想信念,树立马克思主义的形势观和政策观。
5	计算机应用基础	◆ Windows(微软视窗操作系统)基本操作;Word(文字处理器)基本操作;PowerPoint(幻灯片)基本操作;Excel(电子表格)基本操作;Photoshop(图像处理软件)的基本操作;Animate(动画制作软件)的基本操作;网页设计。 ◆ 学生能掌握信息技术概论、计算机基础概论;能掌握 Photoshop、Animate、Dreamweaver(网页代码编辑器)、Windows、Word、Excel、PowerPoint 等软件的基本操作;能熟练地使用计算机进行信息处理,解决日常学习和生活中出现的实际问题;能适应信息技术高速发展的现状,养成良好的信息素养。
6	高等数学	◆ 函数、极限与连续;导数与微分;导数的应用;不定积分;定积分及应用。 ◆ 学生能掌握函数、基本初等函数、初等函数等概念及其性质,进行简单的极限计算,掌握连续的概念及间断点的判定;能理解导数的概念、几何意义以

续　表

序号	课程名称	主要教学内容及要求
6	高等数学	及微分的概念和微分法则,掌握导数的计算方法和微分的近似计算;能掌握用罗比达法则求未定式极限的方法,会进行函数单调性、凹凸性的判断,会求函数的极值以及曲线的拐点;理解原函数与不定积分的概念和性质,熟练掌握不定积分的换元法,掌握不定积分的分部积分法;能理解定积分的概念及其几何意义,掌握定积分的计算方法和应用。
7	大学英语	◆ 英语常用单词及常用词组、基本英语语法、听力理解、口语表达、阅读理解、书面表达、翻译。 ◆ 学生能掌握英语常用词和词组的用法,熟悉和使用一定的与行业相关的英语词汇;能掌握或者熟练掌握一些常用的英语句型、语法及结构;能听懂涉及日常交际的结构简单、发音清楚、语速较慢的英语简短对话和陈述并正确理解;能够阅读中等难度的一般题材的简短英文资料,并且理解基本正确或者正确;能运用所学词汇和语法写出简单的短文,用英语填写表格、套写便函、简历等应用文;能够借助词典将中等偏下难度的一般题材的文字材料译成汉语或者将中等难度的一般题材的文字材料和对外交往中的一般业务文字材料译成汉语。
8	体育	◆ 健美操;羽毛球;网球。 ◆ 学生能了解和掌握健美操的基本知识、基本技术,学习风格各异的成套健美操动作,掌握健美操锻炼身体的基本原理和方法;能全面掌握羽毛球运动的基本理论,基本掌握正手发高远球基础动作,学习掌握正手头顶高远球技术动作,初步掌握反手挑球和发球动作;能熟悉网球运动的基本内容及注意事项,掌握网球锻炼的基本方法和手段。
9	大学生心理健康	◆ 认识自我、悦纳自我;沟通与交往;情绪管理;恋爱与性心理;大学生常见心理问题;人格与心理学;应激;压力管理;挫折与耐挫力培养;异常心理;危机识别及干预。 ◆ 学生能初步了解心理学和心理健康的含义;能认识自我意识的概念和构成,树立自信;能了解沟通与交往的过程,提高与自我和他人的沟通能力;能了解和识别情绪,提升调节情绪的能力;能培养爱的五种能力、提升情商;能了解高职学生常见心理问题和心理疾病的表现,具备求助意识;能掌握人格的含义和人格类型,简单分析自己的人格特征和表现;能掌握应激的概念和表现,分析自己的应激反应特点;能了解压力的定义及常见压力表现,掌握适合自己的压力管理的方法;能进行挫折的心理学分析,了解什么是挫折应对,提高耐挫力;能掌握高职学生常见的异常心理的具体表现,增强识别异常心理的能力;能了解大学生常见的危机,掌握危机干预基本原则。
10	大学生职业生涯规划	◆ 自我认知;职业探索与职业素养;职业生涯规划制定。 ◆ 学生能绘制多角色相互作用的生涯彩虹图,根据相关活动判断自身的职业兴趣与职业价值取向,了解自己的职业性格;能了解普遍的职业素养与意识,引导学生正确认识岗位,树立正确的就业和发展观;能根据劳模事迹撰写生涯故事,根据职业生涯规划知识理论制定职业生涯规划。
11	创新创业教育	◆ 创业精神与人生发展;创业计划书撰写与路演;创新创业与人工智能;AI自动化与创新创业实践应用;创业案例与模式;设计思维;直播营销;创业法律实务等。

续 表

序号	课程名称	主要教学内容及要求
11	创新创业教育	◆ 学生能掌握创业的基础知识和基本理论,了解创业过程中经常遇到的问题和初创企业的特点;能系统整合创业资源、撰写创业计划及模拟创办和管理企业;能熟悉创业的法律法规和相关政策;能树立科学的创业观念,敢为人先的创新意识,积极投身创业实践促进学生创业就业和全面发展。
12	走近劳模	◆ 劳模之由;劳模之路;劳模之化;劳模之才。 ◆ 学生能正确认识劳模群体形成的历史地位和作用,掌握劳模精神和工匠精神的时代内涵,树立正确的价值观、职业观;能通过理论知识和实践参观了解劳模的成长历程;能了解劳模品牌与文化效应,以及工会在劳模培育和发展中的作用;能结合身边故事和时代发展深入了解劳模精神的传承。
13	军事理论课程	◆ 中国国防;国家安全;军事思想;现代战争;信息化装备。 ◆ 学生能了解我国国防的历史和现代化国防建设的现状,熟悉国防法规的基本内容,明确国防动员和武装力量建设的内容与要求,增强依法建设国防的观念;能了解国家安全的内涵、原则及总体国家安全观,了解国家安全形势及发展趋势、世界部分国家的战略概况、我国周边安全环境的特点与现状;能了解军事思想的形成与发展过程,初步掌握我军军事理论的主要内容,明确我军的性质、任务和军队建设的指导思想,树立科学的战争观和方法论;能了解军事高技术概况,明确高技术对现代战争的影响;能了解高技术战争的特点,明确科技与战争的关系,树立为国防建设服务的思想。

(二) 专业课程

表3 专业核心课程及主要课程内容(专业核心课程用★标记)

序号	课程名称	主要教学内容及要求	技能考核项目与要求
1	建筑力学	◆ 结构受力;力系平衡;强度刚度和稳定性;静定结构;超静定结构。 ◆ 教学要求:通过学习和训练,学生能熟悉一般结构的力学分析;能掌握结构力学平衡的方法;能熟悉结构的强度刚度与稳定性计算;能熟悉各种结构的机动分析与内力分析方法;能了解超静定结构受力特点与分析步骤。	
2	建筑识图与构造	◆ 投影原理;建筑制图的基本知识;建筑概论;投影的基本知识;基础及地下室构造;条形基础施工图;墙体构造;楼地层构造;楼梯构造;门窗类型;屋顶构造;变形缝构造;建筑施工图的识读;结构施工图的识读。 ◆ 教学要求:通过学习和训练,学生能了解正投影图的形成原理;能掌握建筑制图基本工具、仪器和制图标准;能描述建筑构造组成内容及各部分功能要求,识别不同建筑类型;能掌握地基与基础的概念与区别,基础的构造特点及类型;能掌握基础大样	◆ 建筑施工图识读;建筑施工图绘制; ◆ 达到"1+X"建筑工程识图(初、中级)职业资格技能考核的相关要求。

续　表

序号	课程名称	主要教学内容及要求	技能考核项目与要求
2	建筑识图与构造	图的绘制方法;能了解墙体分类、作用、组成,掌握墙体的细部构造方法;能掌握现浇钢筋混凝土楼板的类型及构造要求和设计图绘制方法;能了解楼梯的构造组成、类型,掌握楼梯平面图、楼梯剖面图的绘制方法;能熟悉不同类型门窗的优缺点、适用范围及固定方式;能了解屋顶组成、类型、排水、防水,了解坡屋顶的类型及常见构造做法;能掌握三种变形缝的细部构造要求及做法;能识读建筑平、立、剖面图和详图;能够识读基础施工图和构件详图。	
3	建筑材料	◆ 材料的基本性质;砂石材料;无机胶凝材料;混凝土;建筑砂浆;墙体材料;高分子材料和防水材料;木材和功能材料;建筑钢材。 ◆ 教学要求:通过学习和训练,学生能掌握建筑材料的基本性质及检测方法;能了解岩石的分类、力学性能、基本物理性质,进行砂石材料的相关计算、筛分实验与检测以及评定;能辨识各种胶凝材料,掌握水泥的主要技术性质及测试方法;能掌握混凝土的组成材料、主要技术性质要求及测试方法,熟悉混凝土质量控制和配合比原理;能掌握砂浆的技术性质,并区分砌筑砂浆和抹灰砂浆;能掌握墙体材料组成和无机墙体材料的形成原理,熟悉各种墙体材料的优点及缺点和使用情况;能了解高分子材料和防水材料的组成和分类;能掌握高分子材料和防水材料的注意事项;能对木材、装饰材料、保温材料、吸声材料进行辨别;能掌握钢材的基本性质及测试方法,正确辨认钢种,熟悉常用钢筋的强度等级。	
4	BIM 技术	◆ 工程绘图和 BIM 建模环境;BIM 参数化建模;BIM 属性定义与编辑;创建图纸;模型文件管理。 ◆ 教学要求:通过学习和训练,学生能进行系统设置、新建 BIM 文件并设置 BIM 建模环境;能熟练掌握 BIM 的参数化建模方法和 BIM 的实体编辑方法;能掌握属性定义与编辑及操作;能创建 BIM 属性明细表和设计图纸;能掌握模型文件管理与数据转换技能。	
5	土力学与基础工程	◆ 土的物料性质及工程分类;土中应力计算;土的压缩性与地基变形计算;土的抗剪强度与地基承载力;土压力与土坡稳定性;岩土工程勘察;天然地基上的浅基础设计;桩基础及其他深基础;基坑工程;地基处理;特殊土地基及山区地基。 ◆ 教学要求:通过学习和训练,学生能认识常见的土,并分析典型工程事故的原因;能熟练掌握土中各种应力在不同条件下的计算方法;能判定土的压缩性,计算地基土的沉降;能计算地基土的抗剪判断,	

续 表

序号	课程名称	主要教学内容及要求	技能考核项目与要求
5	土力学与基础工程	并测定地基承载力;能计算土压力,判定土坡稳定性;能阅读地质勘察报告,并辅助编制地质勘察报告;能进行浅基础、桩基础、基本的基坑的设计;能合理选择地基处理方法处理相应问题;能进行特殊土的判别和基本处理,并处理地震区简单地基基础问题。	
6	建筑工程测量	◆ 基础知识;水准测量;角度测量;距离测量;小地区控制测量;测量误差基本知识;地形图的测绘与应用;施工测量的基本工作;建筑施工测量。 ◆ 教学要求:通过学习和训练,学生能掌握工程测量基础理论与知识;能使用水准仪进行普通水准测量;熟练使用经纬仪进行角度测量;熟练使用全站仪进行距离测量;能利用水准仪进行高程控制测量,利用全站仪进行平面控制测量;能了解测量误差概念、特性,掌握系统误差和偶然误差的特点及其处理方法,理解精度评定的指标;能正确使用大比例尺地形图;能进行施工测量定位和放线;能进行建筑变形观测和竣工图测绘。	
7	建筑施工技术	◆ 土方工程施工;地基与基础工程;砌体工程施工;混凝土结构工程施工;预应力混凝土工程施工;结构安装工程施工;屋面及防水工程施工;装饰装修工程施工;墙体保温工程施工。 ◆ 教学要求:通过学习和训练,学生能熟悉了解土的分类与性质,掌握土方量计算,了解施工降排水,掌握土方的回填与压实;能了解基础工程施工方案编制的要求,掌握质量检验的操作方法;能掌握砖墙砌筑砖砌体质量检验的能力要求,掌握脚手架搭设方案选择与编制;能掌握钢筋工程、模板工程、混凝土工程施工的基础知识及质量检验的能力要求;能了解先张法施工工艺及设备工具的要求;能了解结构吊装方法与吊装顺序,以及结构安装工程安全措施;能掌握屋面防水和保温工程、装饰工程、墙体保温工程的施工基础知识及质量检验能力的要求。	
8	建筑结构	◆ 钢筋混凝土力学性能;建筑结构的基本设计原则;受弯构件承载力计算;受扭构件承载力计算;受压构件承载力计算;受拉构件承载力计算;预应力混凝土构件;钢筋混凝土梁、板结构;单层厂房排架结构;多高层框架结构;砌体结构。 ◆ 教学要求:通过学习和训练,学生能掌握砌体及钢筋混凝土材料的性能和选用原则;能了解建筑结构荷载分类、荷载代表值及荷载效应,熟悉两种极限状态设计方法;能掌握受弯构件、受扭构件、受压构件、受拉构件的计算及构造要求;能了解预应力混	

续 表

序号	课程名称	主要教学内容及要求	技能考核项目与要求
8	建筑结构	凝土的种类、材料,掌握施加预应力的方法、锚具和夹具;能了解钢筋混凝土楼盖的组成、类型及荷载,掌握单向板肋梁楼盖的设计方法;能了解单层厂房的组成、布置、内力计算及其房柱的设计;能了解多高层框架结构组成、布置、计算和构造要求;能掌握砌体材料及其力学性能、砌体结构构件承载力计算和构件的构造要求。	
9	项目组织与施工组织策划	◆项目目标确定;组织制度确定;施工组织设计策划。 ◆教学要求:通过学习和训练,学生能掌握项目目标分析与汇总方法;能确立组织架构和管理制度;能开展施工组织设计策划调研、分解策划指标并组织策划会。	
10	★施工管理策划	◆成本造价策划;安全文明施工策划;物资采购策划;质量策划。 ◆教学要求:通过学习和训练,学生能完成项目成本分析与市场环境调研,确定项目盈亏目标并制定控制方案;能掌握临时设施规划要点,完成对外形象规划与对外协调组织;能掌握采购管理体系与流程制度的设计;能完成质量目标调研与指标分解,组织质量策划会。	
11	★项目造价管理	◆造价控制;合同管理;涉外管理。 ◆教学要求:通过学习和训练,学生能完成工程量计算与定额套用;能编制招投标文件、签订合同、控制进度款,并完成竣工结算;能开展涉外工程造价控制风险分析,制定涉外工程造价控制措施。	
12	★项目技术管理	◆施工图设计管理;标准管理;方案管理;技术总结。 ◆教学要求:通过学习和训练,学生能完成设计交底与图纸会审,掌握设计变更与技术核定的方法与流程,会运用计算机辅助软件进行深化设计;能收集并应用标准;能编制各类施工方案及技术交底资料;能提炼技术要点,并编写技术总结。	
13	★建筑材料与资料管理	◆采购管理;进场管理;现场管理;过程资料管理;竣工资料管理。 ◆教学要求:通过学习和训练,学生能确定采购计划、开展采购调研进行价格控制和索赔管理;能完成进场验收和材料入库;能对材料进行有效的存放、发放和使用管理;能完成过程资料收集、发放管理,以及进行资料的归档;能进行工程竣工资料的归档与移交。	
14	★建筑施工管理	◆施工现场放线;施工工艺组织。 ◆教学要求:通过学习和训练,学生能完成建筑物定位放线和轴线放线;能进行基础施工以及主体结构、楼地面、屋面、门窗的施工。	

续 表

序号	课程名称	主要教学内容及要求	技能考核项目与要求
15	★建筑工程质量管理	◆ 质量计划策划;质量工序控制;质量检验与验收;质量问题处置;质量资料管理。 ◆ 教学要求:通过学习和训练,学生能确定质量目标并控制质量关键点;能抽检建筑材料并对实体质量进行检查;能验收与评定分部分项,并组织竣工验收;能识别实体工程质量问题,分析问题并制定改进措施;能收集和移交质量资料。	
16	建筑工程设备管理	◆ 施工机械租赁采购;施工机械管理。 ◆ 教学要求:通过学习和训练,学生能开展市场调研、签订施工机械合同,并完成施工机械的购置;能安排施工机械计划、完成施工机械技术交底,并进行施工机械的安装、调试与验收。	
17	★建筑工程安全管理	◆ 项目安全策划;危险源管控;现场安全管理;安全事故处理;安全资料管控。 ◆ 教学要求:通过学习和训练,学生能编制项目安全生产管理计划与应急救援预案,制定安全生产责任制度;能完成危险源辨识与评价,进行双重预防管理以及安全教育与技术交底;能进行安全检查和消防管理;能开展安全事故调查,并对安全事故进行处理;能形成安全生产资料并完成资料的汇总和移交。	

九、教学安排表

（一）教学活动时间安排表

表 4　教学活动时间分配表　　　　　　　　　　　　　　（单位:周）

学　期	入学教育	军训	一体化教学	实训（实验）	实习	考试	机动	假期	总计
第一学期	1	1	16	1		1	0		20
第二学期			16		2	1	1		20
第三学期			16	1	2	1	0		20
第四学期			16	2		1	1		20
第五学期				2	16	1	1		20
第六学期					7	12			20
总　计	1	1	64	13	32	5	4		120

（二）教学进程表

表5 教学进程表

课程类别	课程名称	必修/选修	学分	总学时	实践学时	考试/考查	各学期周数、学时分配					
							1	2	3	4	5	6
							18	18	18	18	18	18
公共基础课程	军事技能	必修	2	112	112	考查	112					
	大学生职业生涯规划	必修	1	16	6	考查	16					
	大学生心理健康教育	必修	2	32	12	考查	16			16		
	计算机应用基础	必修	6	96	48	考试	30	48		18		
	体育	必修	6	96	84	考查	32	32	16	16		
	军事理论	必修	2	36	0	考查	36					
	毛泽东思想和中国特色社会主义理论体系概论	必修	3	48	0	考试	48					
	高等数学	必修	4	64	0	考试	64					
	大学英语	必修	4	128	0	考试	64	64				
	形势与政策	必修	1	32	0	考查	8	8	8	8		
	思政实践	必修	0.5	16	0	考查	8	8				
	创新创业教育	必修	2	50	0	考查	25		25			
	思想道德修养与法律基础	必修	3	48	0	考试		48				
	大学生就业指导	必修	1	16	6	考查				16		
	公共选修课	选修	2	32	0	考查		32				
	公共选修课（限定艺术类）	选修	2	32	0	考查				32		

续　表

课程类别	课程名称	必修/选修	学分	总学时	实践学时	考试/考查	各学期周数、学时分配					
							1	2	3	4	5	6
							18	18	18	18	18	18
公共基础课程	劳模精神与劳动精神导论	选修	1	16	0	考查	16					
	大学语文	选修	2	32	0	考查	32					
	走近劳模——劳动观、劳动素养教育	选修	1	25	0	考查		25				
	大学生安全教育（含毒品教育）	选修	2	32	0	考查		32				
	走近劳模——劳动技能、劳动能力教育	选修	1	25	0	考查			25			
	小计 必修			37.5	790	268		459	208	49	74		
	小计 选修			11	194	0		48	89	57			
专业基础课程	建筑识图与构造	必修	6	96	24	考试	64			32		
	建筑材料	必修	4	48	16	考试		48				
	建筑力学	必修	4	64	32	考试		64				
	建筑工程测量	必修	4	64	32	考试				64		
	BIM技术	必修	4	64	32	考试				64		
	土力学与基础工程	必修	3	45	16	考试				45		
	建筑施工技术	必修	4	48	16	考试				48		
	建筑结构	必修	4	64	16	考试				64		
	建筑工程测量技能训练	必修	1	25	25	考查				25		

续 表

课程类别	课程名称	必修/选修	学分	总学时	实践学时	考试/考查	各学期周数、学时分配					
							1	2	3	4	5	6
							18	18	18	18	18	18
专业基础课程	施工组织实务技能训练	必修	1	25	25	考查				25		
	BIM技能训练	必修	2	50	50	考查				50		
	顶岗实习	必修	16	400	400	考查					400	
	毕业论文（设计）	必修	4	100	100	考查						100
	毕业（就业）实习	必修	12	300	300	考查						300
	小计	必修		69	1393	1084	64	64	358	107	400	400
		选修										
专业核心课程	建筑工程施工管理	必修	3	48	12	考试				48		
	建筑材料与资料管理	必修	4.5	70	16	考试				70		
	建筑工程质量管理	必修	3	46	8	考试				46		
	建筑工程安全管理	必修	4	62	16	考试				62		
	项目技术管理	必修	3.5	54	8	考试			54			
	项目造价管理	必修	3	48	16	考试				48		
	施工管理策划	必修	3.5	56	10	考试			56			
	小计	必修		24.5	384	86			110	118	156	
		选修										
专业拓展课程	钢结构施工	选修	4	64	18	考查				64		
	装配式建筑施工	选修	4	64	32	考试				64		

续 表

课程类别	课程名称	必修/选修	学分	总学时	实践学时	考试/考查	各学期周数、学时分配					
							1	2	3	4	5	6
							18	18	18	18	18	18
专业拓展课程	建筑CAD	选修	4	64	32	考试		64				
	建筑施工新技术	选修	2	32	16	考查				32		
	项目组织与施工组织策划	必修	3	44	12	考试	44					
	建筑工程设备管理	必修	3	44	8	考试				44		
小计	必修		6	68	20		44			44		
	选修		14	244	98	0	0	64	0	160		
合 计			162	3073	1556		615	535	582	541	400	400

（三）其他实践性教学环节

表6 实践教学安排表

序号	课程名称	实践学分	学期	实训场所	组织形式		
					班组	小组	个人
1	工程识图课程实训	2	1	校内实训室		√	
2	计算机辅助设计技能训练	2	4	校内实训室		√	
3	建筑工程测量技能训练	1	3	校内实训室		√	
4	建筑施工组织实务技能训练	1	4	校内实训室			√
5	社会调查	2	5	校外实习基地		√	
6	顶岗实习	16	5	校外实习基地			√
7	毕业（就业）实习	4	6	校外实习基地			√
8	毕业论文（设计）	12	6	校内实训室			√
合 计		40	/				

十、实施保障

（一）师资队伍

1. 队伍结构

本专业现有专职教师 46 人，其中博士 5 人，硕士 8 人，高级职称 24 人，生师比 16∶1；兼职教师 16 人，占比 35%，具有双师素质的专任教师比例达到 90% 以上，中青年教师占比 50% 以上，队伍结构合理。

2. 专任教师

专任教师应具备高校教师资格，有理想信念、有道德情操、有扎实学识。具有相关专业本科及以上学历，具有扎实的建筑工程技术专业知识和专业技能；具有较强的高等职业教育理论知识，掌握高等职业教育教学规律，熟练掌握本专业人才培养方案和课程标准；具备理实一体化和信息化教学的基本能力以及继续学习能力；具有一定的从事教育教学改革和科研的能力，能积极参加教学研究工作。同时，本专业专任教师应具备一定的建设工程项目信息化管理行业或施工企业工作和管理经验，每两年在相关企业一线挂职锻炼时间不得少于 60 天。

3. 专业带头人

专业带头人应具有副高及以上职称，具有 5 年及以上相关施工和管理经验，熟悉高等职业教育理论知识，学术能力强，具有较强的教学改革与科学研究能力，具有较强的校内外组织管理能力。

4. 兼职教师

兼职教师应具有本专业相关岗位 5 年及以上企业工作经历和一定的职业教育理念，具备良好的思想政治素质、职业道德和工匠精神，具有中级及以上相关专业职称，具备扎实的专业知识和丰富的实际工作经验。

（二）教学设施

1. 专业教室基本条件

本专业教室配备黑（白）板、多媒体计算机、投影设备、音响设备，互联网接入，并实施网络安全防护措施。

2. 校内实训室

校内建有 3500 平方米的上海市建筑技术公共实训场地，内设工程测量实训室，CAD 实训室，计量计价实训室，施工组织实务实训室，结构实训室，木结构实训室，建材、力学实训室，土工实训室等 300 个工位，为学生"理、实一体化"教学奠定了坚实的基础。另外，新建有世界技能大赛上海选拔赛"混凝土建筑"等项目训练基地。

表7 校内主要实训(实验)设备教学配置表

实训室名称	实训室功能	基本设备	数量	使用范围(适用课程)
工程测量实训室	工程测量工(预备技师)鉴定、测量、放样	水准仪、经纬仪、全站仪等	96套	工程测量训练、测量、放样等(工程测量)
CAD实训室	CAD绘制工程平面图、立面图、剖面图	计算机、绘图软件	96套	利用计算机辅助软件绘制工程平面图、立面图、剖面图(CAD)
计量计价实训室	使用鲁班软件、兴安软件进行建筑工程计量与计价	计算机、鲁班软件、兴安软件	46套	使用鲁班软件、兴安软件进行建筑工程计量与计价(工程计量与计价)
施工组织实务实训室	进行建筑工程施工组织设计训练	计算机、品茗软件等	46套	进行建筑工程施工分析、组织设计与计算、方案制定等(施工组织设计)
结构实训室	认知工程的组成及细部构造、培养识图能力	框架、框剪、砌体结构实体、钢结构节点实体、PKPM软件、计算机	46套	认知工程的组成及细部构造、培养识图能力(建筑结构)
木结构实训室	木结构设计、施工实训	木结构实体、制作工具	30套	木结构设计、施工实训(木结构)
建材、力学实训室	常规建材、力学实验	常规建材、力学实验仪器设备	50套	常规建材、力学实验(建筑结构)
土工实训室	常规土工实验	常规土工实验仪器设备	50套	常规土工实验(土力学与地基工程)
世界技能大赛上海选拔赛"混凝土建筑"基地	可进行混凝土作品的定位放线、支模、浇筑、拆模等一系列工作	木工作业工具,混凝土支模和浇筑工具	10套	可进行混凝土作品的定位放线、支模、浇筑、拆模等一系列工作(建筑结构等)

3. 校外实训基地

表8 校外实训基地

校外实训基地	实习方式	相关实习岗位
上海隧道工程股份有限公司	顶岗实习	项目助理、施工员、质量员、安全员、资料员等岗位的实习实训
上海一测建设咨询有限公司	顶岗实习	项目助理、施工员、质量员、安全员、资料员等岗位的实习实训

续 表

校外实训基地	实习方式	相关实习岗位
上海磊城建设发展有限公司	顶岗实习	项目助理、施工员、质量员、安全员、资料员等岗位的实习实训
上海金山石油化工建筑有限公司	顶岗实习	项目助理、施工员、质量员、安全员、资料员等岗位的实习实训
上海建工集团各下属公司	顶岗实习	项目助理、施工员、质量员、安全员、资料员等岗位的实习实训
上海富达工程管理咨询有限公司	顶岗实习	项目助理、施工员、质量员、安全员、资料员等岗位的实习实训
上海住安建设发展股份有限公司	顶岗实习	项目助理、施工员、质量员、安全员、资料员等岗位的实习实训
上海同济工程项目管理咨询有限公司	顶岗实习	项目助理、施工员、质量员、安全员、资料员等岗位的实习实训

4. 学生实习基地

通过校企联合，与28个单位建立了校外实习基地，能提供与本专业培养目标相适应的职业技能岗位，可以对学生实施施工图纸识读、施工测量放线、施工方案编制、现场施工组织管理、施工质量安全检查等专业技能的实习实训。实习基地具备符合学生实习要求的场所和设施，具备必要的学习条件及生活条件，建立了安全保障与质量保证制度，并配置了专业人员对学生进行实训指导，确保了实习过程的安全与有效。

5. 支持信息化教学方面的基本要求

本专业配置有各款课程教学中需要的工程软件，包括Revit（建模软件）、AutoCAD、建筑识图软件、施工组织管理软件、力学计算软件、计量计价软件等，配有5个上机教室，满足了学生不同课程的上机实操要求，通过信息化教学增加师生互动、提高教学效果。同时加强过程监控、引导与管理，避免信息化教学过程中学生注意力有时不集中等缺点，确保了信息化教学的高质量完成。

（三）教学资源

1. 教材选用基本要求

确定以生为本的教学理念，按照能力本位要求设计、组织教学活动，严格执行国家、上海市以及学校关于教材选用的有关文件规定，履行教材选用、审核与更新制度，规范程序选用教材，优先选用职业教育国家规划教材、省级规划教材，可根据实际需要编写校本特色教材，严格禁止不合格的教材进入课堂。

2. 图书文献配备基本要求

图书文献配备能满足人才培养、专业建设、教科研等工作的需要，方便师生查询、借阅。本专业涉及的主要图书类别为土木工程、水利工程以及材料科学相关图书。

3. 数字教学资源配置基本要求

积极利用和开发课程资源,使用信息化教学手段,采用系统仿真教学,重视学生的职业体验,积极创设项目课程实施情境,促进学生实践能力的形成和综合素质的提高。建设、配备与本专业有关的音视频素材、教学课件、数字化教学案例库、虚拟仿真软件(CBT)、数字教材等专业教学资源库,同时应确保数学教学资源种类丰富、形式多样、使用便捷,并能根据行业发展特点进行动态更新,能满足教学要求。教学必须密切联系行业发展,积极探索建立企业信息员,保证教学内容与行业发展相适应。

（四）教学方法

本专业教师应依据专业培养目标、课程教学要求、学生能力与教学资源,采用适当的教学方法,以达成学生理论够用、实践技能强,与就业"无缝接轨"的教学目标。教师因材施教、因需施教,积极改革和创新教学方法和策略,采用理实一体化教学、案例教学、项目教学等方法,坚持学中做、做中学。

（五）学习评价

(1) 转变评价观念。评价的目的由鉴定选拔转变为促进学生全面发展。

(2) 转变单一评价模式。采用多元评价方式,使终结性评价与过程性评价相结合；理论学习评价与实践技能评价相结合。

(3) 考核采用多样化评价方式。除书面考试外,还可采用观察、口试、现场操作等方式,进行整体性、过程性和情境性评价。有条件的课程,考核可与社会评价相结合,如参加考工、考级、资格认证等。

(4) 加强评价结果的反馈。通过及时反馈,更好地改善学生的学习,有效地促进学生发展。在反馈中要充分尊重学生,以鼓励、肯定、表扬为主。

(5) 以突出职业能力培养为主线,本专业学生应取得相应职业资格和技能证书。

（六）质量管理

1. 制度保障

通过校企合作与产教融合,聘请企业专家、资深职业教育专家以及本专业资深教学人员等,成立了建筑工程技术专业建设指导委员会、质量监控工作小组和二级教学督导组等,形成本专业质量管理的综合保障体系。根据实际情况,制定了相应的混凝土工等工作规程和管理规范,指导本专业相关技术工种的理实一体化训练与操作。

2. 质量监控

结合国家、地方与学校等相关规定,监督指导人才培养目标的论证与确定,形成符合要求的人才培养方案,并通过建筑工程技术专业建设指导委员会、质量监控工作小组和二级教学督导组等保障体系,加强人才培养方案在实际教学过程中应用的监督。通过学生信息反馈、教材质量监控以及行业发展需求等,助力教学大纲的制定,提升人才培养方案的适应性与先进性,全面保证教学质量。

十一、考核方案

采用毕业论文等形式,注重文献阅读能力考核、开题、中期考核与论文资格审核等过程指导与管理,结合具体项目或操作技能进行理论与实践的融合,通过指导教师过程打分、论文评审、答辩的形式实现对学生整体上的专业知识、专业技能学习成果的综合评估。

十二、毕业要求

学生通过规定年限的学习,修满本专业人才培养方案所规定的学分并取得相应的职业资格证书或技能等级证书,方可毕业。

十三、附件

附件:建筑工程技术专业工作任务与职业能力分析表

岗位/岗位群:项目助理、施工员、质量员、安全员、资料员

工作领域	工作模块	工作任务	职业能力(教学化处理后)
A 项目管理策划	A1 项目目标确定	A1-1 目标分析	A1-1-1 能梳理项目目标的基本信息; A1-1-2 能结合项目特点对目标进行归类和整理; A1-1-3 能参与项目目标合理性的分析。
		A1-2 目标汇总	A1-2-1 能汇总并确定项目目标; A1-2-2 能参与项目目标的分解; A1-2-3 能参与项目目标的优化调整。
	A2 组织制度确定	A2-1 组织架构确立	A2-1-1 能根据项目情况参与组织架构体系的确定; A2-1-2 能参与项目设岗与定责; A2-1-3 能根据需要优化组织架构。
		A2-2 项目管理制度确立	A2-2-1 能梳理项目管理制度基本信息; A2-2-2 能根据项目相关要求进行制度分类; A2-2-3 能根据企业指导参与各类项目管理制度的修改和完善。
	A3 施工组织设计策划	A3-1 策划调研	A3-1-1 能根据项目目标和管理制度情况进行策划分析; A3-1-2 能结合项目目标和项目特征组织各参与方进行策划调研; A3-1-3 能汇总形成策划调研成果。
		A3-2 策划指标分解	A3-2-1 能参与确定各种岗位的策划需求; A3-2-2 能根据不同岗位特点进行指标的细化; A3-2-3 能优化策划指标的细分。

续　表

工作领域	工作模块	工作任务	职业能力（教学化处理后）
A 项目管理 策划	A3 施工组织 设计策划	A3-3 策划会组织	A3-3-1 能根据项目目标进行策划会分析； A3-3-2 能组织各参与方进行施工组织设计的策划； A3-3-3 能根据施工组织设计策划要求参与各级具体指标的确定（技术、经济、组织活动）； A3-3-4 能按项目目标要求完成策划书的汇总。
	A4 成本造价 策划	A4-1 项目成本 分析	A4-1-1 能进行成本造价控制重点的识别与工程量的估算； A4-1-2 能参与成本分析表的编制； A4-1-3 能参与项目技术优化方向和价格控制重点的识别。
		A4-2 市场环境 调研	A4-2-1 能根据项目特征参与市场调研重点的确定； A4-2-2 能参与市场调研方案的制定并协助开展调研； A4-2-3 能根据市场调研成果协助编制市场调研报告。
		A4-3 项目盈亏 目标确定	A4-3-1 能参与项目盈亏的关键节点和重点方向的确定； A4-3-2 能参与分析并协助形成项目盈亏的目标范围。
		A4-4 项目盈亏 控制方案 的制定	A4-4-1 能参与编制项目盈亏控制的总体方案； A4-4-2 能根据盈亏控制方案组织相关人员进行交底与培训。
	A5 安全文明 施工策划	A5-1 现场对外 形象规划	A5-1-1 能参与现场形象设计关键控制点的确定； A5-1-2 能协助制定工地外观形象的实施要点。
		A5-2 临时设施 规划	A5-2-1 能合理规划现场临时设施的布局； A5-2-2 能参与临时设施的具体设计。
		A5-3 对外协调 组织设计	A5-3-1 能根据文明施工要求参与制定项目对外沟通的协调机制； A5-3-2 能根据施工现场保障体系建设的要求参与建立相关部门沟通渠道。
	A6 物资采购 策划	A6-1 采购管理 体系设计	A6-1-1 能参与建立现场物资的采购体系； A6-1-2 能参与设计采购的管控制度。

续　表

工作领域	工作模块	工作任务	职业能力（教学化处理后）
A 项目管理策划	A6 物资采购策划	A6-2 采购流程制度设计	A6-2-1 能参与规划科学合理的采购招标和比选流程； A6-2-2 能参与建立畅通的物资供应渠道。
	A7 质量策划	A7-1 目标调研	A7-1-1 能根据质量目标情况进行策划分析； A7-1-2 能组织各方参与并进行质量策划调研。
		A7-2 指标分解	A7-2-1 能根据质量创优目标的要求确定策划需求； A7-2-2 能进行不同阶段的质量指标细化。
		A7-3 策划会组织	A7-3-1 能结合项目情况进行策划会分析； A7-3-2 能组织各方参与质量策划； A7-3-3 能参与确定质量控制要素； A7-3-4 能按照质量策划要求完成策划书的汇总。
B 施工管理	B1 施工现场放线	B1-1 建筑物定位放线	B1-1-1 能根据施工图要求准确建立测量控制的基准点； B1-1-2 能根据总平面图设计尺寸与现场实际进行核对； B1-1-3 能使用测量仪器熟练地进行建筑施工测量与观测； B1-1-4 能熟练使用测量仪器进行定位误差评估与纠正。
		B1-2 轴线放线	B1-2-1 能根据建筑施工测量与放线的方法进行轴线定位； B1-2-2 能根据施工平面图中设计尺寸与现场实际进行核对； B1-2-3 能准确应用测量仪器对主体结构进行轴线放线； B1-2-4 能熟练使用测量仪器进行轴线误差评估与纠正。
	B2 施工工艺组织	B2-1 基础施工	B2-1-1 能根据岩土工程勘察报告和施工图纸进行开挖条件的组织； B2-1-2 能根据基础施工图的设计要求配置资源； B2-1-3 能根据基础工程施工方案管控施工流程和进度； B2-1-4 能根据技术经济要求合理优化基础施工。
		B2-2 主体结构施工	B2-2-1 能根据主体结构类型与施工工艺要求进行现场施工的组织协调； B2-2-2 能根据施工图要求进行主体结构施工的技术分析； B2-2-3 能根据技术经济要求进行主体结构施工工艺的优化。

续 表

工作领域	工作模块	工作任务	职业能力（教学化处理后）
B 施工管理	B2 施工工艺组织	B2-3 楼地面施工	B2-3-1 能根据设计图纸要求确定楼地面施工工序； B2-3-2 能根据验收标准进行楼地面工程施工的验收。
		B2-4 屋面施工	B2-4-1 能根据屋面工程构造和节点详图确定现场施工主要内容； B2-4-2 能根据屋面工程技术规范和验收标准指导现场施工； B2-4-3 能根据屋面工程施工现场实际优化施工工艺。
		B2-5 门窗施工	B2-5-1 能根据门窗工程特点撰写现场施工方案； B2-5-2 能根据设计图与规范要求进行门窗工程质量验收。
		B2-6 附属结构施工	B2-6-1 能根据附属结构类型撰写现场施工方案； B2-6-2 能根据设计图与规范要求进行附属结构质量验收。
C 技术管理	C1 施工图设计管理	C1-1 设计交底与图纸会审	C1-1-1 能正确识读设计图纸与说明； C1-1-2 能根据技术规范、施工工艺等要求审核并描述设计图纸中的问题； C1-1-3 能汇总图纸问题并在会审过程中与设计人员进行技术沟通。
		C1-2 设计变更与技术核定	C1-2-1 能确定设计变更内容并落实变更工作； C1-2-2 能根据技术文件管理等要求及时进行相关设计变更单等凭证的固化； C1-2-3 能根据实际工程需要进行技术核定单的编写与落实。
		C1-3 深化设计	C1-3-1 能够根据工程制图准则、实际需要等熟练运用计算机辅助软件进行图纸的绘制； C1-3-2 能够根据施工专业配合要求进行施工图的深化设计； C1-3-3 能够根据技术规范、施工工艺等要求协助完成深化设计方案。
	C2 标准管理	C2-2 标准收集	C2-2-1 能根据建筑行业的规范标准和企业的工艺工法匹配合理的标准； C2-2-2 能整理出适用于工程项目的标准目录并收集对应的标准与规范。
		C2-3 标准应用	C2-3-1 能够根据项目特点运用专业范围内的标准条款进行现场施工的总体指导； C2-3-2 能够结合企业工法进行现场施工的细部指导。

续　表

工作领域	工作模块	工作任务	职业能力（教学化处理后）
C 技术管理	C3 方案管理	C3-1 施工方案计划	C3-1-1 能够根据施工组织设计和项目施工需要协助列出施工方案需求； C3-1-2 能根据项目进度、质量与安全等要求进行各类施工方案编制计划的制定； C3-1-3 能根据计划编制各类施工方案。
		C3-2 技术方案编制	C3-2-1 能根据设计图纸要求、规范要求和施工环境要求，明确技术方案的编制依据； C3-2-2 能根据专业范围的施工工艺工法等要求明确技术方案的主要内容； C3-2-3 能够按照施工指导性文件要求协助进行相关技术方案的编制。
		C3-3 技术交底	C3-3-1 能根据技术方案特点进行技术交底文件的编制； C3-3-2 能进行施工作业人员技术方案交底并落实被交底人的签名； C3-3-3 能根据项目质量与安全等要求及时进行技术方案实施情况的记录。
	C4 技术总结	C4-1 技术要点提炼	C4-1-1 能够根据项目需要协助进行项目实施过程资料和技术方案等的汇总与分析； C4-1-2 能够根据分析资料协助提炼出有价值的技术要点或经验教训。
		C4-2 技术总结编写	C4-2-1 能够根据技术特点掌握技术总结的编制要求； C4-2-2 能够按编制要求协助编写专业范围的技术总结。
D 材料管理	D1 采购管理	D1-1 采购计划确定	D1-1-1 能根据项目特点与采购制度进行采购计划的编制； D1-1-2 能结合项目进度进行采购计划的优化与调整。
		D1-2 市场调研	D1-2-1 能根据采购管理要求进行材料供应商生产经营手续完整性的审核查验； D1-2-2 能根据项目需要参与企业情况的实地考察； D1-2-3 能根据项目需要参与制定有关技术和商务综合评审准则； D1-2-4 能根据评审准则要求对采购报价进行技术和商务的综合评审。
		D1-3 价格控制	D1-3-1 能通过市场调研或通过咨询机构进行市场询价； D1-3-2 能根据质量要求选择较高性价比的材料； D1-3-3 能根据施工进度等要求协助进行进货批次和批量的合理确定。
		D1-4 索赔管理	D1-4-1 能及时察觉因材料问题造成的经济损失或额外费用； D1-4-2 能根据成本控制要求及时进行索赔资料的固化。

续 表

工作领域	工作模块	工作任务	职业能力（教学化处理后）
D 材料管理	D2 进场管理	D2-1 进场验收	D2-1-1 能根据材料的特性和质量要求进行验收工作的准备； D2-1-2 能根据材料的出厂技术参数进行材料质量状况的判断； D2-1-3 能根据材料检验和检测的标准与要求完成现场材料的外观及抽样检验。
		D2-2 材料入库	D2-2-1 能根据材料特性进行材料的分类入库； D2-2-2 能根据不同材料类别做好材料标识。
	D3 现场管理	D3-1 存放管理	D3-1-1 能预判存放的损耗和风险并做好应急保护预案； D3-1-2 能根据材料属性合理安排专用材料现场堆放； D3-1-3 能根据材料属性做好现场堆放材料标识。
		D3-2 发放管理	D3-2-1 能根据成本控制等要求建立限额领料制度； D3-2-2 能建立易破碎物品的验收与交付制度。
		D3-3 使用管理	D3-3-1 能建立物资使用制度加强物资管理； D3-3-2 能根据材料特性安全合理使用工程材料； D3-3-3 能根据环保节约等要求做好废旧多余材料的回收利用。
E 质量管理	E1 质量计划策划	E1-1 质量目标确定	E1-1-1 能参与分析确定项目的总质量目标； E1-1-2 能根据项目规划要求编制质量保证计划； E1-1-3 能根据施工技术分析确定关键工序和过程的内容。
		E1-2 质量关键点控制	E1-2-1 能按照质量验收要求制定项目验收计划； E1-2-2 能按项目特点参与施工质量控制点的确定。
	E2 质量工序控制	E2-1 建筑材料的抽检	E2-1-1 能对进场材料和构件进行抽样验收； E2-1-2 能对进场材料和构件进行现场取样。
		E2-2 实体质量检查	E2-2-1 能对关键和特殊工程进行问题检查并开具整改单； E2-2-2 能根据质量控制要求参与进行工序交接和隐蔽工程的验收。
	E3 质量检验与验收	E3-1 分部分项验收与评定	E3-1-1 能运用质量检测工具仪器检测工程实体； E3-1-2 能根据质量评定要求进行检测数据的汇总分析。
		E3-2 竣工验收组织	E3-2-1 能收集汇总项目的验收记录并完成竣工验收表； E3-2-2 能根据竣工验收组织要求协助召开竣工验收会议。

续 表

工作领域	工作模块	工作任务	职业能力（教学化处理后）
E 质量管理	E4 质量问题 处置	E4-1 质量问题 识别	E4-1-1 能正确识别实体工程质量问题与不合格项； E4-1-2 能对质量缺陷开具质量整改单并进行整改复查。
		E4-2 问题分析 处置	E4-2-1 能根据技术规范与设计图纸等开展一般质量问题的调查； E4-2-2 能结合技术规范与设计图纸等提出质量问题的处理意见； E4-2-3 能根据项目特点进行类似质量问题的分析并制定改进措施。
	E5 质量资料 管理	E5-1 质量资料 收集	E5-1-1 能根据质量控制要求及时收集和整理质量保证资料； E5-1-2 能根据质量控制要求汇总项目检验资料； E5-1-3 能整理和汇总质量整改及复查资料。
		E5-2 质量资料 移交	E5-2-1 能按竣工验收要求编制质量资料清单目录； E5-2-2 能按档案归档要求进行资料的编制与移交。
F 安全管理	F1 项目安全 策划	F1-1 项目安全 生产管理 计划编制	F1-1-1 能制定项目安全生产管理计划； F1-1-2 能根据项目实际需要进行项目安全生产管理计划的调整。
		F1-2 安全生产 责任制度 建立	F1-2-1 能确定安全责任控制点； F1-2-2 能制定安全生产责任制度。
		F1-3 应急救援 预案编制	F1-3-1 能开展应急救援预案的比较选择； F1-3-2 能制定项目应急救援预案。
	F2 危险源管控	F2-1 危险源辨识 与评价	F2-1-1 能配合进行危险源的辨识； F2-1-2 能配合开展危险源的评价； F2-1-3 能参与制定专项安全技术方案。
		F2-2 双重预防 管理	F2-2-1 能配合编制和维护双重预防管理制度； F2-2-2 能配合开展双重预防安全管理执行情况的检查。
		F2-3 安全教育与 技术交底	F2-3-1 能根据危险源辨识的结果开展有针对性的安全技术交底； F2-3-2 能针对项目危险源内容开展相关安全技术教育与培训； F2-3-3 能结合项目危险源防控要求开展安全考核。

续　表

工作领域	工作模块	工作任务	职业能力（教学化处理后）
F 安全管理	F3 现场安全管理	F3-1 安全检查	F3-1-1 能合理设置作业区域的安全标识； F3-1-2 能开展现场安全的检查； F3-1-3 能根据双防方案监督隐患治理； F3-1-4 能根据相关法律法规进行职业健康管理； F3-1-5 能进行安全信息和网络的管理与维护。
		F3-2 消防管理	F3-2-1 能编制安全和消防管理框架； F3-2-2 能维护与更新安全和消防管理框架。
	F4 安全事故处理	F4-1 安全事故调查	F4-1-1 能识别安全事故的类别和等级； F4-1-2 能根据一般规定描述各类安全事故的防范； F4-1-3 能参与各类安全事故调查及原因分析。
		F4-2 安全事故处理	F4-2-1 能根据一般流程，描述各类安全事故的处理； F4-2-2 能按照相关法律法规及规范要求参与安全事故的处理与救援。
	F5 安全资料管控	F5-1 安全生产资料形成	F5-1-1 能形成安全整改和复查的资料； F5-1-2 能收集安全管理的过程资料； F5-1-3 能编写安全管理总结。
		F5-2 安全资料汇总和移交	F5-2-1 能收集安全生产资料并分类归档； F5-2-2 能编制项目安全生产资料清单并进行资料移交。
G 设备管理	G1 施工机械租赁采购	G1-1 市场调研	G1-1-1 能有针对性地收集施工机械供应商的信息； G1-1-2 能通过比选确定施工机械性能和价格； G1-1-3 能结合项目目标选定施工机械类型。
		G1-2 施工机械招标	G1-2-1 能参与施工机械招标文件的编制或招标代理的选定； G1-2-2 能全程参与进行施工机械的招标； G1-2-3 能全程参与进行施工机械的评标； G1-2-4 能全程参与中标后的技术经济谈判。
		G1-3 施工机械合同签订	G1-3-1 能参与施工机械购置或租赁合同的编制； G1-3-2 能检查施工机械购置或租赁合同的合理性。
		G1-4 施工机械购置	G1-4-1 能根据合同条款监管施工机械的购置； G1-4-2 能根据施工机械性能要求验收购置的施工机械。
	G2 施工机械管理	G2-1 施工机械计划安排	G2-1-1 能根据施工进度和工作量确定施工机械的数量； G2-1-2 能编制施工机械配置计划。

续 表

工作领域	工作模块	工作任务	职业能力（教学化处理后）
G 设备管理	G2 施工机械管理	G2-2 施工机械技术交底	G2-2-1 能根据施工机械规格型号和使用范围进行技术交底； G2-2-2 能根据施工机械的规格型号开展安全教育； G2-2-3 能梳理技术交底与安全教育资料。
		G2-3 施工机械安装、调试与验收	G2-3-1 能根据施工机械使用流程参与施工机械的安装与调试； G2-3-2 能根据施工机械使用手册和安全管理要求等进行施工机械的验收。
		G2-4 施工机械维护管理	G2-4-1 能根据施工机械使用手册参与施工机械的维修保养； G2-4-2 能参与施工机械故障的分析与处理。
		G2-5 施工机械进、出场管理	G2-5-1 能根据施工机械规划设计进出场线路； G2-5-2 能根据主要机械拆装和运输的要求组织施工机械的进出场。
H 造价管理	H1 造价控制	H1-1 工程量计算	H1-1-1 能根据规范要求确定工程量计算原则； H1-1-2 能识读设计图纸并进行专业分类； H1-1-3 能编制工程量清单。
		H1-2 定额套用	H1-2-1 能根据项目特点确定定额专业分类； H1-2-2 能根据工程量清单套用专业定额； H1-2-3 能正确选用市场信息价进行组价； H1-2-4 能根据规范要求进行费用合理取费。
	H2 合同管理	H2-1 招投标文件编制	H2-1-1 能分析招标文件实质性内容，并参与确定投标策略； H2-1-2 能参与编制技术标与商务标； H2-1-3 能根据招标文件要求汇总投标文件并提交申请。
		H2-2 合同签订	H2-2-1 能正确解读中标通知书的实质性内容； H2-2-2 能参与编制合同专用条款； H2-2-3 能根据项目特点分析合同类型并完成签订。
		H2-3 进度款控制	H2-3-1 能根据合同约定参与确定项目的预付款与抵扣分析； H2-3-2 能参与编制月度工程款收支计划。
		H2-4 竣工结算	H2-4-1 能熟练掌握各专业竣工图纸工程量的计算方法； H2-4-2 能参与计算工程设计变更的工程量和费用； H2-4-3 能根据合同约定的要求配合编制工程结算书。

续 表

工作领域	工作模块	工作任务	职业能力（教学化处理后）
H 造价管理	H3 涉外工程管理	H3-1 造价控制风险分析	H3-1-1 能分析涉外工程造价影响因素； H3-1-2 能确定涉外工程造价控制关键点； H3-1-3 能参与编撰风险评估报告。
		H3-2 造价控制措施管理	H3-2-1 能熟悉开展项目所在地的市场调研； H3-2-2 能熟悉掌握合同类型的选择与专用条款的起草； H3-2-3 能熟悉如何进行涉外工程索赔与反索赔。
I 资料管理	I1 过程资料管理	I1-1 收集与管理	I1-1-1 能编制资料管理计划； I1-1-2 能根据管理文件要求按计划收集完整过程资料并建立台账； I1-1-3 能协助建立施工资料信息管理系统并合理使用。
		I1-2 资料发放管理	I1-2-1 能按资料管理制度规定进行文件发放； I1-2-2 能按资料管理制度规定建立资料管理台账。
		I1-3 资料的归档	I1-3-1 能根据归档要求和标准建立过程资料归档目录； I1-3-2 能根据归档目录对各专业资料进行分类归档。
	I2 竣工资料管理	I2-1 资料汇总	I2-1-1 能根据相关验收规范要求进行资料汇总； I2-1-2 能根据验收方标准编制工程竣工验收资料备案表。
		I2-2 资料移交归档	I2-2-1 能根据归档要求编制竣工资料归档目录； I2-2-2 能根据归档目录内容完成档案验收。

职业教育课程标准开发指导手册

目 录

前　言		**169**
第一章	术语界定	**170**
	一、课程与教学	170
	二、课程标准	170
	三、课程目标	170
	四、知识与技能	170
第二章	开发理念	**171**
	一、涵盖人才培养要求的课程基本内容	171
	二、反映产业发展的新技术、新工艺、新规范	171
	三、体现课程与教学改革的新思想	171
	四、着眼于个体的高质量就业与生涯发展	171
	五、着眼于人才培养质量的提升	171
第三章	开发原则	**172**
	一、一致性原则	172
	二、可容性原则	172
	三、操作性原则	172
	四、同步性原则	172
第四章	开发程序	**173**
第五章	开发方法	**174**
	一、公共基础课	174

二、专业课 179

第六章　公共基础课的课程标准格式要求　**194**
　　一、文本格式　194
　　二、技术规范　195

第七章　专业课的课程标准格式要求　**198**
　　一、文本格式　198
　　二、技术规范　200

附　录　**202**
　　项目技术管理课程标准　202

前 言

本手册立足中国国情，贯彻落实《教育部关于职业院校专业人才培养方案制订与实施工作的指导意见》（教职成〔2019〕13号）文件精神，依据当代教育理论、教育思想和国家职业教育人才培养定位、需求等宏观战略，结合职业院校实际，基于校企合作，根据教学与学习基本规律，明确了职业院校课程标准的开发思路与技术。

课程标准是对课程目标、课程内容、课程组织及教材编写与实施要求等内容的规定，是重要的课程文件。一般包括课程性质与设计思路、课程目标、课程内容与要求和实施建议等关键内容。

本手册分为七章：第一章为术语界定，明确了课程与教学、课程标准、课程目标和知识与技能等概念；第二章为开发理念，明确了基本内容，体现产业新趋势，体现改革思想，反映产业发展新要求，着眼于个体发展，着眼于人才培养质量提升五项理念；第三章为开发原则，提出了一致性、可容性、操作性和同步性原则；第四章为开发程序，明确了组建开发团队、确立课程性质与设计思路、确立课程目标、确立课程内容与要求、说明实施建议、项目评估和颁布实施等7个步骤；第五章为开发方法，分别对公共基础课与专业课，按照上述程序具体说明了开发方法；第六章和第七章分别为公共基础课课程标准格式要求和专业课课程标准格式要求。

本手册作为规范职业院校课程标准开发流程和开发技术的重要举措，覆盖面广、专业性强、技术要求高，能够助推全面提升职业院校人才培养质量。该手册主要作为中等职业学校与高等职业学校专业课程及高等职业学校公共基础课程的设置依据，中等职业学校公共基础课程设置需另外依据国家标准执行。

第一章 术语界定

一、课程与教学

广义的课程指学校学生所应学习的专业总和及其进程与安排,狭义的课程指某门课程具体目标、内容、组织和实施的安排。课程包括公共基础课程与专业课程两大类,前者注重学生知识和素养的积累,后者注重职业能力的训练。教学是一种有目的、有计划、有组织的活动。

二、课程标准

课程标准是对课程的目标、内容、组织及教材编写与实施要求等要素的规定,是重要的课程文件。课程标准的立足点是完整的课程本身,而教学大纲的立足点是教学过程。

三、课程目标

课程目标指学生的预期学习结果,并非过程性目标,而是终结性目标。其描述为包含知识、能力和素养三方面内容的一句话描述,以便体现课程目标的框架性作用。

四、知识与技能

知识与技能是职业能力的主要成分。它是职业能力固化为课程标准的关键内容,通过教学转化为学习者的真实能力。技能偏重认知与行动的改变,知识则偏重认识与理解。

第二章 开发理念

一、涵盖人才培养要求的课程基本内容

结合学校办学层次和办学定位,科学合理确定专业培养目标,明确学生的课程基本内容要求,涵盖课程基本内容,保障培养规格。

二、反映产业发展的新技术、新工艺、新规范

深化产教融合、校企合作,纳入新技术、新工艺、新规范的内容要求,贴近未来岗位(群)对学习者在知识、能力和素养方面的新要求。

三、体现课程与教学改革的新思想

充分体现职业教育实践导向课程改革思想和项目教学改革理念,注重学用相长、知行合一,着力培养学生的创新精神和实践能力,增强学生的职业适应能力和可持续发展能力。

四、着眼于个体的高质量就业与生涯发展

关注学生的学习特征与学习要求,服务于学生的知识获得和能力提升。提升学生职业综合素质的同时,培养学生具备岗位(群)要求的职业能力。提高学生就业能力,服务国家产业发展。

五、着眼于人才培养质量的提升

通过课程标准开发的技术规范,严格规范课程标准开发,促进职业院校进行课程、教学和教材改革,进一步完善职业教育课程与教学规范体系,提升职业院校人才培养的整体质量,助力职业院校形成类型教育体系。

第三章 开发原则

一、一致性原则

课程标准中的课程性质、设计思路、课程目标、课程内容和课程实施等内容具有内在的一致性。课程定位是课程标准的基础,课程目标是设计思路的明晰化与精练化,课程内容是以课程目标为焦点的系统展开,课程实施是目标与内容的落实方案,各环节前后互相关联。

二、可容性原则

课程标准内容具有可容性,既能为课程目标、内容、组织及教材编写与实施等提供科学依据,也能为教材开发和教学过程提供强大的创新空间。

三、操作性原则

课程性质定位应符合实际情况,课程设计思路宜清晰、准确。具体而言,课程开发应符合课程开展的实际情况,满足教师教学的需要,符合学生学习的规律,并充分考虑学习者认知基础和实践操作水平。课程内容与要求应明确、清晰,清楚地传达出学习要求,教师与教材开发者阅读后能立即明确所要教的内容。

四、同步性原则

课程标准也应当按照岗位(群)发展同步变动,保证公共基础课与国家要求同步,课程内容与最新的工作任务和职业能力内容同步,相应的技能与知识及时更新。

第四章 开发程序

课程标准的开发,具体要依次经过组建开发团队、确立课程性质与设计思路、确立课程目标、确立课程内容与要求、说明实施建议、项目评估和颁布实施等七个步骤。

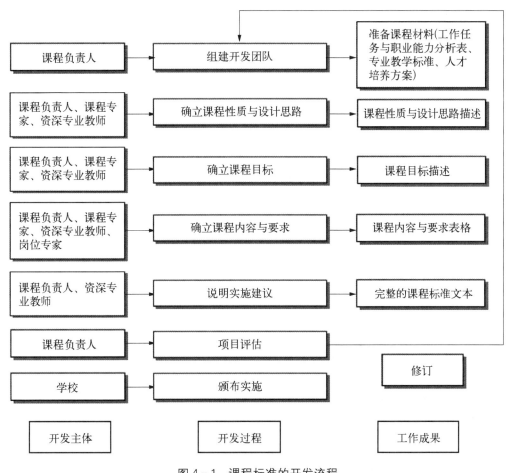

图 4-1 课程标准的开发流程

第五章 开发方法

一、公共基础课

(一) 组建开发团队

操作方法

采取课程负责人负责制,激发课程标准开发的自主性和积极性,充分发挥专家和教师所擅长的不同能力。

(1) 课程负责人。必须为课程的实际负责人,而非其他不懂课程的管理人员。其职责是负责课程标准整体质量控制,并且对课程标准开发过程负有主体责任,充分发挥专业优势,管理和协调开发工作。

(2) 课程专家。必须为具有丰富开发经验的职业教育领域课程专家,既要充分认识职业教育教学规律,也了解专业课内容,并且对文化课内容及教学形式具有深刻的认识、理解。

(3) 资深专业教师。必须为具有多年教学经验的一线专业教师。其职责是从教学需要的角度处理学习任务,根据其丰富的专业知识和对学生与本专业教学特点的理解,完成课程内容设计的全部过程。

(二) 确立课程性质与设计思路

1. 操作方法

(1) 明确课程性质。

说明课程地位。说明课程所属专业、课程地位(何种性质的基础课)以及修课要求(是否有修课的特殊要求)等。

明确主要功能。说明课程要培养的基础能力。明确学生通过学习该课程后能获得何种知识和技能,能够支撑怎样的专业课程学习,或者能满足何种素养培养的要求。

说明与其他课程的关系。明确课程的基础课程及其延展课程。概括课程的前置课程和后置课程的安排情况,指出该课程在立德树人、适应社会生活和工作实际,或者促进学生积累文化素质中的具体角色。

(2) 明确设计思路。

两个方面整体思考:一是研究本课程学习任务的特点,以及由此延伸出的知识和技能内容的特点;二是分析影响上述课程内容有效培养的阻碍因素。具体而言,依次从下面的角度考虑。

● 寻找课程设置的学习任务依据。分析课程设置的合理性与重要性。

- 明确目标定位。分析课程目标产生的学习任务依据与结构。
- 描述内容选择思路。明确课程内容选择的原则与路径。
- 规范学习"程度"用语。明确技能与知识如何表述。
- 明确教学模式选用思路。体现课程改革的基本原理。
- 学时与学分安排。体现认识与活动综合的学时安排。

2. 注意要点

(1) 明确课程性质。

课程定位须主旨准确、条理清晰、简洁扼要。避免笼统说明课程性质,避免未在公共基础课程体系中说明其地位,如果与专业课有密切关联也应当说明。

避免课程主要功能定位过于宽泛,要具体定位出学生通过怎样的行为,掌握何种知识和技能。不能描述太过具体,写得太长。一般用一句话来概括,最多不超过两句话。

具体说出课程的基础课程及后续课程的名称,描述应避免过于模糊。应简要清晰地列出有接续关系的课程,不应列举过多课程名称,也不应列出没有关联的课程。

> **错误案例:**
> 本课程是建筑工程技术专业的专业课程。对保证工程技术质量、维护企业经济效益和社会信誉、保证工程规范化、开发利用企业资源具有重要意义。通过学习本课程,学生可以掌握工程技术的管理方式;工程技术的管理的分类与标准;熟悉资料管理的基本流程;掌握建筑工程资料的编写方法;了解工程技术管理程序;能适应技术员、施工员、项目助理等岗位的工作要求。本课程以建筑识图与构造、建筑材料、BIM技术、建筑施工技术等课程的学习为基础,也是进一步学习项目管理的基础。

描述过于笼统,无关描述相对较多,如"对保证工程技术质量、维护企业经济效益和社会信誉、保证工程规范化、开发利用企业资源具有重要意义"可删除,"学习项目管理的基础"并未与人才培养方案课程结构对应。

> **修正案例:**
> 本课程是建筑工程技术专业的专业课程。通过本课程的学习,学生应掌握技术管理工作的流程和方法,具备施工图设计管理、标准管理、方案管理和技术总结的能力,能适应现代化建筑工程技术管理的工作要求。它以建筑识图与构造、建筑材料、BIM技术、建筑施工技术课程的学习为基础,也是进一步学习施工管理策划的基础。

(2) 明确设计思路。

课程范围描述不能过于宽泛,也不能过于空洞。要具体分析学习任务中的具体知识和技能。例如不能将语文课描述为"培养语文素养",而要具体化描述为"培养学生获得参与现在社会生活应具备的语文素养"。

设计思路研究要深入。结合学习任务和课程特点予以整体设计,需要依据课程标准的"应然"状态撰写,要体现撰写者独特的课程理念,以及编撰者的预见性。

> **错误案例:**
>
> 　　本课程是依据"建筑工程技术专业工作任务和职业能力分析表"中项目管理方向和施工管理方向两个工作领域设置的。随着建筑技术的不断发展,建筑工程项目对技术的管理要求越来越高,传统的模式已经不能满足建筑数字化时代的发展,为此而设置这门课。
>
> 　　本课程根据项目课程设置原理,单独开设的主要原因是原来的"项目资料管理"课程仅仅侧重于资料的管理,却忽视了技术管理在整个项目中的重要性。教学内容主要包括主要项目、工程项目管理、工程项目技术管理、工程监理、项目的生命周期技术组织等内容。本课程侧重点是项目技术管理的工作内容与工作方法,主要教会学生在项目中如何进行技术的组织与管理工作,具有很强的现实性和可操作性,解决之前项目管理学落地性不足的问题。
>
> 　　课程内容的编排和组织是以行业标准、企业需求、学生的学习能力以及学校多年的教学经验累积为依据确定的,立足于建筑工程的实际工作能力的培养,打破了传统理论教学的课程模式,转变为让学生在实际工程项目中,综合运用理论知识,结合项目实际的技术管理需求,完成相应工作任务,构建相关理论知识,发展职业能力。项目是以建筑工程的工作过程为线索来设计的,同时对应建筑施工企业中的技术员、施工员、项目助理等岗位的职业能力的训练,理论知识的选取紧紧围绕工作任务完成的需要进行,并融合了"1+X"建筑工程识图职业技能证书对知识、技能的要求。教学过程中,采取理实一体教学,给学生提供丰富的实践机会。
>
> 　　本课程立足于行业需求和企业标准实施项目教学,每个项目学习都以项目技术管理的具体任务为载体来设计活动,以工作任务为中心整合理论与实践,实现做学一体化。教学效果评价采取过程评价与结果评价相结合,学生自评、互评,教师评价等多元化的评价方式,重点评价学生在项目中进行技术管理的职业能力。
>
> 　　本门课程建议学时为54课时。

一是课程设置与工作领域错位,如"本课程是依据'建筑工程技术专业工作任务和职业能力分析表'中项目管理方向和施工管理方向两个工作领域设置的"是错误的,实际上为依据技术管理工作领域设置。二是课程开设逻辑模糊,表达不明确,如"'项目资料管理'课程仅仅侧重于资料的管理,却忽视了技术管理在整个项目中的重要性"。三是教学内容错误,如"教学内容主要包括主要项目、工程项目管理、工程项目技术管理、工程监理、项目的生命周期技术组织等内容",但技术管理涉及施工图设计管理、标准管理、方案管理、技术总结。

修正案例：

本课程是依据"建筑工程技术专业工作任务和职业能力分析表"中技术管理工作领域设置的。随着项目远程化智能控制管理技术及虚拟施工模拟技术的不断发展,建筑工程项目对技术管理信息化的要求越来越高,传统的技术管理模式已经不能满足现代化技术措施与技术工艺管理的要求,为此而设置这门课。

本课程根据项目课程设置原理,解决原来没有专门针对建筑工程技术管理课程的问题。原来的"建筑工程质量管理"课程仅侧重施工质量方面的管理,缺少项目实施方面的技术管理。学生学习后,对技术管理无法形成系统的认识,更无法适应现代技术管理信息化的要求。学校根据职业能力分析与实际情况,新开设项目技术管理课程。本课程侧重项目技术管理的工作内容与工作方法,主要教会学生在项目中如何进行项目技术的组织与管理工作。

课程内容的编排和组织是以行业标准、企业需求、学生的学习能力以及学校多年的教学经验累积为依据确定的,立足于建筑工程管理实际工作能力的培养,打破了传统理论教学的课程模式,转变为让学生在实际工程项目中,综合运用理论知识,结合项目实际的技术管理需求,完成相应工作任务,构建相关理论知识,发展职业能力。经过建筑工程行业、企业专家深入、细致、系统的分析,本课程最终确定四个学习项目:施工图设计管理、标准管理、方案管理、技术总结。这些项目是以建筑工程的工作过程为线索来设计的,同时对应建筑施工企业中的施工员、质量员、项目助理的技术管理工作。理论知识的选取紧紧围绕工作任务完成的需要进行,并融合了"1+X"建筑工程识图职业技能证书对知识、技能的要求。教学过程中,采取理实一体教学,给学生提供丰富的实践机会。

本课程立足于行业需求和企业标准实施项目教学,每个模块的学习都以项目技术管理的实际项目为载体来设计活动,以工作任务为中心整合理论与实践,实现做学一体化。教学效果评价采取过程评价与结果评价相结合,学生自评、互评,教师评价等多元化的评价方式,重点评价学生在项目中进行技术管理的职业能力。

本门课程建议学时为 52 课时。

(三) 确立课程目标

1. 操作方法

(1) 以"能/会"开头,选择合适的认知或者行为动词,以一句完整的句子把知识和技能综合描述出来。按照能力"输出"的范式撰写,主要凸显行为的改变。句式包括三个要素:什么条件、什么行为、什么结果。

(2) 按照对学生能力的要求,从简单到复杂调整课程条目的排列顺序。能力表述根据具体学习任务的特点可采用递进式、并列式等适宜的方式。

2. 注意要点

（1）课程目标表述要聚焦最终的学习结果，不能把结果与过程相混淆。避免表述学生做什么（活动），而是表述达成的心理与身体的变化结果。

（2）课程目标指的是预期的学习结果，而不是实际的学习结果。通过学习，学生未必能够达到该学习结果，但目标是学生学习的指引。因此，设计者要充分发挥想象力，将目标设置为适度高于学生现有学习水平。

（3）课程目标的承载主体是学生而不是教师。无论教师做了什么，能做什么，它要表达的都是学生所要产生的变化。

（4）这种变化不能仅仅停留于知识层面（如对知识的掌握程度），而是要深入到心理结构层面（如对能力和价值观的改变），要表达出学生在学习课程后在认知与行为方面的改变。

（5）避免把课程目标划分得过于零碎。选择最核心的目标，条目通常为3—4条，内容明确，避免任意罗列，每条内容是关于知识和技能的综合性描述，与学习任务密切相关。

（四）确立课程内容与要求

1. 操作方法

根据公共基础课的课程目标和涵盖的学习任务要求，确定课程内容和要求，说明学生应获得的技能和知识。确定学生在身体行动上要做什么，相应的在认知层面上要知道和理解什么。对所挑选出来的学习任务进行分解，分解到可操作的层面，学生可以获得的技能和知识便是课程内容描述。

表5-1　职高语文课程内容分析案例

序号	学习任务	技能内容与要求	知识内容与要求
1	记叙类散文阅读	能通读全文，概述文中的主要事件； 能通过人物的语言、动作、神态等描写手法把握人物形象； 能通过分析主要事件以及人物形象把握文章的感情基调	能识记老舍、莫言、林清玄、史铁生的生平和作品； 能识记文章中的新字词； 能描述记叙文六要素； 能理解所选文章中人物描写的方法及作用； 能描述常见的如欢快、忧愁、伤感等感情基调

2. 注意要点

（1）学习任务栏的排版清晰，没有遗漏，涵盖该门课程所要求的全部内容。

（2）学习任务在专业课程体系中没有重复，相互之间也不重合。

（3）教师在教学过程中要讲解的主要知识点，均应清楚地罗列出来。

（4）注重表达学习后的结果，而非学习过程或者学习活动。

(五) 说明实施建议

1. 操作方法

实施建议主要包括教材编制、教学方法、教学评价和资源利用等方面内容。

（1）教材编制建议。说明在教材目标、内容选取、内容组织和内容呈现方面的要求，以及对教材内容某些专业性的具体要求。例如，职高语文教材要求"应以学生为本，文字通俗、表达简练，内容展现应图文并茂，图例与案例应引起学生的兴趣，重在提高学生学习的主动性和积极性"等。

（2）教学方法建议。说明课程的教学环境情况，教与学互动的特征，教学过程的具体特征，课程内容的教学特点。

（3）教学评价建议。具体说明课程的理论知识与技能操作的考试比例，各部分所占分值，以及说明过程性和结果性的评价方法。明确说明评价的主要方面和具体内容。

（4）资源利用建议。为了满足完成学习任务和开展学习活动的要求，可以补充某些合适的网络资源，并说明具体的使用方法。

（5）其他说明。除了上述四点对编制实施的建议，如果还有其他必须说明的内容，可放入这个部分。

2. 注意要点

（1）教材编制建议。教材选用严格按照《教育部关于职业院校专业人才培养方案制订与实施工作的指导意见》（教职成〔2019〕13号）及其他相关政策文件要求，避免过度限制教材内容范围，说明教材内容目标和知识整体要求即可。

（2）教学方法建议。为使课程标准具有充分的适用范围，避免给出具体的教学方法，而是给出某些结合课程情况的教学法则。

（3）教学评价建议。评价部分要具体说明采取何种方式，理论考试与实践考试的占比情况。具体指出最为核心的评价内容。不应当有过多的、抽象的一般性描述。

（4）具体说明可利用资源的内容、性质和特征。避免资料填充的刻板行为，注意资源的最终目的是促进学生学习知识、练习技能和形成素养。

（5）避免其他说明过多。如果其他说明过多，要考虑这部分内容与课程标准中的其他内容是否有重复或交叉。

二、专业课

(一) 组建开发团队

1. 操作方法

采取课程负责人负责制，调动专业教师对课程标准开发的自主性和积极性，充分发挥专家和教师所擅长的不同能力。

（1）课程负责人。必须为课程的实际负责人，而非其他不懂课程的管理人员。其职责是负责课程标准整体质量控制，并且对课程标准开发过程负有主体责任，充分发挥专业优势，管理和协调开发工作。

（2）课程专家。必须为具有丰富开发经验的职业教育领域课程专家。其职责是以娴熟的工作任务分析技术主持工作任务与职业能力分析，归纳、整合、提炼专家的意见，提供课程结构与课程内容的设置思路，或者从学习规律角度分析人才培养方案课程设置、教学安排的合理性，从整体上判断课程内容设计的一致性。

（3）岗位专家。必须为从事生产、服务与管理的第一线的行业技术专家。其职责为提供工作岗位中的职业能力信息，诊断课程内容与工作内容的对应情况。

（4）资深专业教师。必须是具有多年教学经验的一线专业教师。其职责是从教学需要的角度处理职业能力的内容，根据丰富的专业知识和专业教学特点，完成课程设计的全部过程。

2. 注意要点

（1）避免非专业人员主导课程标准开发，重视团队的专业性。

（2）要充分调动各类专家在各自擅长领域发挥作用，形成人才培养方案开发的团队合力。

（二）确立课程性质与设计思路

1. 操作方法

（1）明确课程性质

说明课程地位。说明课程所属专业、课程地位（是否专业核心课程）以及修课要求（是否必修课程）等。

明确主要功能。说明课程要培养的核心能力。明确学生通过学习该课程后能获得何种知识和能力，能适应怎样的工作内容。

说明与其他课程的关系。明确课程的基础课程以及后续的延展课程。概括课程的前置课程和后置课程的安排情况，指出该课程在专业课程体系中的角色。

（2）明确设计思路

从两个方面进行整体思考：一是研究本专业工作任务的特点，以及由此延伸出的职业能力的特点；二是分析目前阻碍这些职业能力有效培养的最重要的因素。具体而言，依次从下面的角度考虑。

- 寻找课程设置的工作任务依据。明确课程设置的合理性与重要性。
- 明确目标定位。分析课程目标产生的依据与结构。
- 描述内容选择思路。明确课程内容选择的原则与路径。
- 规范学习"程度"用语。明确技能与知识如何表述。
- 明确教学模式选用思路。体现课程改革的基本原理。
- 学时与学分安排。体现理实一体的学时安排。

2. 注意要点

（1）明确课程性质

课程定位需主旨准确、条理清晰、简洁扼要。避免笼统说明课程性质，避免未在专业课程体系中说明课程地位。

避免课程主要功能定位过于宽泛,要具体定位出学生通过怎样的行为,掌握何种能力。不能描述过于具体,写得太长。

具体说明课程的基础课程及后续课程的名称,避免描述过于模糊。应简要地、清晰地列出直接相关的基础课程与后续课程,避免列举太多课程名称,避免列出缺乏关联的课程。

（2）明确设计思路

课程范围描述不能过于宽泛,也不能过于空洞。一般而言,应具体到工作任务与职业能力分析表中的工作领域。对并非属于工作领域的内容应当说明设计意图。

设计思路研究要深入。结合具体专业、具体课程特点予以整体谋划,必须按照课程标准的"应然"状态撰写,要体现撰写者独特的课程理念,以及编撰者的预见性。

(三) 确立课程目标

1. 操作方法

（1）以"能/会"开头,选择合适的认知性或者操作性动词,以一句完整的句子把知识和技能综合描述出来。按照能力"输出"的范式撰写,主要凸显行为的改变。句式包括三个要素：什么条件、什么行为、什么结果。例如"给定产品的所有工程资料,能撰写一份产品简介,这份简介要描述和定义产品的所有商业特征",避免"知识目标—能力目标—素养目标"框架。

错误案例：

1. 知识目标
（1）了解机床的分类、型号编制方法;
（2）掌握金属切削机床的基本概念、加工基本原理;
（3）熟悉金属切削机床的结构特点;
（4）学会分析机床的传动系统基本知识;
（5）了解各类机床的工艺范围,根据工件形状和尺寸能正确选择机床种类;
（6）会选择零件表面加工方法;
（7）熟悉刀具类型、材料、结构、几何角度,以及与加工质量的关系;
（8）了解特种加工的作用及加工方法分类。

2. 能力目标
（1）具备查阅机床说明书,正确选用金属切削机床的能力;
（2）具备分析机床性能、传动特点,进行加工调试的基本能力;
（3）具备分析机床结构特点,进行机床调试、维护的基本能力;
（4）具备分析机床加工工艺范围,正确选择零件表面加工方法的能力;

(5) 具备识别刀具种类与型号,正确选择刀具结构与几何角度的能力;
(6) 具备分析加工工艺装备系统,进行生产现场实施的初步能力。

3. 素养目标

(1) 具备质量意识、安全意识和环保意识;
(2) 具备社会责任心;
(3) 具备应用与贯彻国家相关技术标准的意识;
(4) 具备自主学习新知识、新技术和新技能的学习能力。

(2) 按照对学生能力的要求,从简单到复杂调整课程条目的排列顺序。能力表述依据具体任务可采用递进式、并列式等方式,但不能直接简单粘贴工作任务与职业能力分析内容。

错误案例:
- 能掌握质量与安全文明施工要点,进行工程项目进度管理;
- 能识读施工图与竣工图,具备过程资料与竣工资料管理的技术方法;
- 能熟悉造价分析原理与物资采购流程,进行工程项目成本管理;
- 能掌握项目组织制度建立的方法,进行工程项目资源管理;
- 能熟悉质量管控的原理,进行工程项目施工现场管理;
- 能掌握现代化的数字技术,进行工程项目信息管理。

修正案例:
- 能描述项目施工图纸、竣工图纸及相关规范标准的内容,能理解图纸的技术要求及技术文件管理标准,按照图纸管理要求进行施工图设计管理;
- 能描述与项目相关的标准,能理解标准条款的指导原则,按照项目定位与要求执行标准管理;
- 能描述施工技术方案的编写程序,理解方案的编制原则,按照方案要求进行技术交底;
- 能描述施工过程中的技术要点,按照项目要求完成技术经验的总结;
- 能对纷繁复杂的技术管理工作进行条理清晰的分门别类,具有严谨细致的工作态度;
- 能统筹协调各项技术措施,具有良好的管理规划能力。

错误案例:
- 能正确、合理地选择建筑材料,并应用于建筑工程;
- 能具备对常用建筑材料质量进行检测的能力,并能够正确判断其质量是否合格;
- 能按要求对各种图纸、文件等资料进行过程管理和竣工管理。

修正案例:
- 能描述材料的采购流程和方法,根据工程进度要求管理控制材料采购的各个环节;
- 能描述材料的类型和特性,理解各项目的检测标准和验收标准,按照安全、方便的原则管理进场材料的验收和入库;
- 能描述材料的属性和使用特点,理解材料现场管理过程,根据项目要求进行材料现场的存放、发放和使用管理;
- 能描述过程资料管理步骤,理解过程资料管理要求,根据过程资料管理规定对各种纸质和电子资料进行过程资料管理;
- 能描述竣工资料管理步骤,理解竣工资料管理要求,根据竣工资料管理规定对各种纸质和电子资料进行竣工资料管理;
- 能善于和招投标工作人员、材料供应商沟通,与施工企业工作人员共事,进行良好的团队合作;
- 能具备较高的风险意识,避免材料价格和供应问题对工程的影响,减少工期和费用争议纠纷。

2. 注意要点

(1) 课程目标表述要聚焦最终的学习结果,不能把结果与过程相混淆。避免表述学生做什么(活动),而是说明学生要达到何种心理与身体的变化结果。例如,错误的描述为"有技巧地与客户沟通,建立合作团队",正确的描述为"能善于和企业客户沟通,与维修企业工作人员共事,进行良好的团队合作"。

如老年服务与管理(智慧健康养老服务与管理)专业"实用养老机构管理"课程目标,错误案例"在熟悉照护工作管理相关知识的基础上,会计算最佳人护比科学排班",该课程目标描述偏重过程的细致阐释,课程目标应当聚焦学习结果说明,可修正为"能运用照护管理知识计算最佳人护比进行科学排班"。

（2）课程目标指的是预期的学习结果，而不是实际的学习结果。通过学习，学生不一定能达到该学习结果，但它是学生学习的目标指向。因此，设计者要充分发挥想象力，将目标设置为适度高于学生现有学习水平。

> 如酒店管理与数字化运营专业"客房服务与管理"课程目标，错误案例"能够按照操作流程安全有效地完成客房对客服务"，该课程目标描述局限于常规性技能，目标定位应当适度高于学生现有学习水平，可修正为"能根据操作流程和服务标准，安全有效地提供客房对客服务，并按客人特征，进行特殊性客房设计和物品配置，提供个性化服务"。

（3）课程目标的承载主体是学生而不是教师。无论教师做了什么，能做什么，它要表达的都是学生所要产生的变化。

> 如现代物业管理专业"物业设施设备管理"课程目标，错误案例"能展示不同业态物业项目承接查验所需技术的要求与规范，促进学生懂得现场设备运行状态"，该课程目标描述主体对象是教师，而非学生，可修正为"能根据不同业态物业项目中承接查验所需技术要求与规范，判断现场设备运行状态"。

（4）这种变化不能仅仅停留于知识层面（如对知识的掌握程度），而是要深入到心理结构层面（如对能力和价值观的改变），要表达出学生在学习课程后在认知与行为层面的结果。

> 如建筑工程技术专业"建筑材料与资料管理"课程目标，错误案例"理解材料的检测原则，并且熟练记忆验收与入库的各项具体原则"，修正为"能描述材料的类型和特性，理解各项目的检测标准和验收标准，按照安全、方便的原则管理进场材料的验收和入库"。

（5）避免课程目标过于零碎。选择最核心的目标，条目通常为3—4条，内容明确，切忌罗列。综合说明知识和技能，避免刻意分开列举知识与技能。素养目标可以单独列出，但最好不要超过所有目标条目的1/3。

(四) 确立课程内容与要求

1. 操作方法

表 5-2　建筑装饰技术专业课程内容分析案例

序号	工作模块	工作任务	职业能力	课程内容 技能内容与要求	课程内容 知识内容与要求	学习水平	参考课时 理论	参考课时 实训
1	概念设计	设计准备	能通过前期准备的资料完全清楚甲方的需求和设计方向		● 能撰写前期设计资料或调查表并归纳整理 ● 能识别房屋建筑基本组成构件、建筑结构类型 ● 能辨认不同种类的建筑空间类型	I	8	
			能根据设计方向为主案设计师收集整理设计意向图		● 能根据确定的装饰空间类型与设计风格,查找同类建筑装饰设计作品并整理归纳设计意向图 ● 能说出设计风格的种类和特点	P		
		设计风格调拟定	能利用示意图与概念图片向业主说明设计理念和风格类型		● 能编写设计方案文字说明,并汇报设计理念和风格 ● 能描述编制设计说明的方法和步骤	I		
			能借助计算机软件协助设计师呈现空间构思框架		● 能使用设计软件呈现空间构思框架 ● 能描述空间意向设计的方法	P		

(1) 分析由知识与技能所组成的课程内容,要以工作任务与职业能力分析表中的工作任务为依据,分析课程内容(综合技能和知识)。以"能/会"开头,按照一定的专业逻辑顺序列入表格,并在每一条工作模块后面注明学习水平,学习水平分为"初步""熟练""强化"三个等级,依次对应"I""P""R"三个字母。另外,给出明确理论/实训参考学时。

(2) 分析核心素养内容。应以表格的形式深入分析核心素养的层次、类别和具体内容。在企业专家提供的素养内容的基础上,教师仍需挖掘、提炼和概括具有教育意义,且具备通用价值的成分。下面以产品设计专业职业素养案例为例加以说明。

表 5-3　产品设计专业职业素养调查案例

素养类别	素养内容
职业道德	● 未经允许不拷贝公司和客户的资料 ● 能保守客户和公司产品开发的相关秘密 ● 能自觉遵守企业的规章制度

续 表

素养类别	素 养 内 容
合作意识	● 具有积极协助完成设计任务的意识 ● 能按照承诺完成和完善自己的设计任务 ● 能配合结构设计师和手板制作师完成设计和制作任务 ● 能与同项目组设计师协商，确定自己的设计方向
质量意识	● 能将顾客的利益放在首位 ● 能及时准确提供产品相关图纸 ● 能根据客户和主管的要求进行图纸修改 ● 具有对产品造型设计结果负责的意识
服务意识	● 能与客户和主管及时沟通设计理念和设计进展状况 ● 能及时收集产品销售信息，分析造型设计起到的作用 ● 能及时为客户提供技术支持
学习意识	● 能经常向公司内部员工、行业优秀设计师、客户学习新知识 ● 能通过网络、图书及时更新自己的设计思想，学习新的设计技巧

错误案例：

素养类别	素 养 内 容
合作意识	● 能配合建设单位加强对施工图设计的审核工作，提出对施工图设计的疑问和建议 ● 能积极配合建设单位的各种内部检查工作 ● 能与监理单位有效沟通，协助完成工程中所有可能的技术方案、技术文档等的整理工作

上述案例的问题在于素养内容与技术管理领域脱离，属于通用性素养，并非该课程独有的核心素养。

修正案例：

素养类别	素 养 内 容
合作意识	● 能协助项目经理开展各工种之间的沟通协调，解决他们之间存在的矛盾和协作问题 ● 能协助项目经理完成重点项目和关键部位的检查 ● 能配合资料员完成技术交底资料的编目存档 ● 能与公司上下游单位保持良好联系，及时反馈相关问题并确认，以免造成窝工

错误案例：

风险意识	● 能在项目实施前,制定好各项风险的应急预案,培养风险意识 ● 能在环境相对较差的施工现场,提前分析各种不安全的因素,防止安全、质量管理方面产生的风险 ● 能参与项目技术管理的全过程,并提升法律意识、风险意识、责任意识、制度意识,尽量避免事故发生

上述案例的问题在于描述过于笼统,如"提升法律意识、风险意识、责任意识、制度意识",并未密切针对该课程内容的核心素养,而是笼统的管理领域核心素养。

修正案例：

风险意识	● 能在项目实施前制定好各项风险的应急预案 ● 能在环境相对较差的施工现场,提前分析各种不安全的因素,预防安全、质量管理方面可能产生的风险 ● 能严格落实施工作业人员技术方案被交底人签名,防止发生风险时无法责任到人

错误案例：

风险意识	● 能重视建筑材料的价格风险、供应风险和质量风险 ● 能重视资料管理的法律风险、质量风险及合同风险 ● 能意识到建筑材料和资料管理风险控制工作贯穿整个施工过程

该案例的问题在于描述过于笼统,缺乏学习结果描述,如"能重视建筑材料的价格风险、供应风险和质量风险",却未描述目标状态,如"减少材料价格波动对工程造价的影响"。

修正案例：

风险意识	● 能考虑建筑材料的价格风险,减少材料价格波动对工程造价的影响 ● 能分析材料供应风险,减少材料供应偏差对工程工期的影响 ● 能初步预判资料管理的法律风险,减少工期和费用争议纠纷 ● 能重视资料管理的合同风险,减少索赔争议

2. 注意要点

(1) 工作任务分析要点

工作任务明确,没有遗漏,涵盖该门课程所要求的全部内容。

工作任务在专业课程体系中没有重复,相互之间也不重合。

(2) 课程内容分析要点

课程内容分析应当根据岗位真实工作任务的职业能力要求做出,而不是依据宽泛的工作任务职责。

课程内容分析要注意涵盖职业能力的所有内容,防止遗漏,要特别注意表达出工作成果。

应当仔细地列出内容,并根据职业能力要求、教育层次和课时容量,认真甄选课程内容。

应注意细致、深入,从多方面确定职业能力的技能要求。避免比较粗疏、缺乏对行为过程与结果的描述,应深度分析其知识成分。

明确清晰地表达课程内容所包含的主要知识点。

除了满足培养职业能力的需要,还需要有所扩充,以使学生具备更加系统的知识体系。

尤其要注重分析实践知识,比如图纸的标注方法、各种资料的格式、所要编制的方案内容、工具的使用方法、问题的主要特征与经验性的解决方法等。

课程内容分析不应当简单裁剪已有的学科知识体系,而是依据职业能力对知识的要求重组知识。尤其注重实践知识与理论知识的实际联系。例如图纸的标注方法、各种资料的格式、工具的使用方法等。

避免使用"相关知识""基础知识"等概念来表达知识内容。更应当避免"……概述""……导论"等表达方式。因为这些概念的内涵过于宽泛,内容不够具体。

(3) 职业素养分析

注意描述出专业所特有的职业素养,避免描述一些共同的、具有普遍性的职业素养,如避免描述为团队合作、爱岗敬业、规范操作等,比如产品设计专业,对"合作意识"具体化描述为"具有积极协助完成设计任务的意识"。

注意区分素养的层次与具体内容,并选择具有代表性和教育意义的素养列入课程标准。所分析的内容需要经过提炼,在职业素养要求条目形成概括性表达。

错误案例:

序号	工作任务	工作模块	课程内容	学习水平
1	任务一:金属切削过程	金属切削基本概念	能解释工件表面的成形方法与机床运动	P
			能说明工件加工表面与切削用量	P
			能说明切削层参数与切削方式	P

续表

序号	工作任务	工作模块	课程内容	学习水平
1	任务一：金属切削过程	金属切削过程基本规律	能列举金属切削变形与切屑种类	I
			能说出积屑瘤与鳞刺的形成机理与应用	P
			能说明切削力定义与应用	I
			能说明切削热与切削温度定义及应用	P
			能说明刀具磨损与刀具耐用度定义及应用	P
		材料切削加工性	能说出材料切削加工性指标及影响因素	I
			能列举改善材料切削加工性的措施	P
2	任务二：金属切削机床概况	机床的分类	能说出机床的分类方法及分类（国标）	P
			能说明金属切削机床型号的编制方法	P
		机床传动原理及传动系统分析	能解释机床传动原理	I
			能说明机床常见的传动装置	P
			能概述机床传动系统分析的步骤与方法	R

注：在"学习水平"一栏中，I=初步；P=熟练；R=强化。

修正案例：

序号	工作任务	工作模块	职业能力	课程内容		学习水平	参考课时	
				技能内容与要求	知识内容与要求		理论	实训
1	任务一：车削加工及车床	金属切削基本概念	能分析工件表面成形及机床运动，确定切削加工参数		能解释工件表面的成形方法与机床运动	P	1	0
					能说明工件加工表面与切削用量	P		
					能说明切削层参数与切削方式	P		

续表

序号	工作任务	工作模块	职业能力	课程内容		学习水平	参考课时	
				技能内容与要求	知识内容与要求		理论	实训
1	任务一：车削加工及车床	金属切削过程基本规律	能根据金属切削过程中金属变形原理、典型现象，分析金属切削加工质量及影响因素		能列举金属切削变形与切屑种类	I	1	0
					能说出积屑瘤与鳞刺的形成机理与应用	P		
					能说明切削力定义与应用	I		
					能说明切削热与切削温度定义及应用	P		
					能说明刀具磨损与刀具耐用度定义及应用	P		
					能说出材料切削加工性指标及影响因素	I		
					能列举改善材料切削加工性的措施	P		
		金属切削加工机床基础	能根据机床分类及型号熟练分析机床传动系统		能说出机床的分类方法及分类(国标)	P	1	0
					能说明金属切削机床型号的编制方法	P		
					能解释机床传动原理	I		
					能说明机床常见的传动装置	P		
					能概述机床传动系统分析的步骤与方法	R		
		车削加工工艺范围	能依据工件典型表面确定车削加工方法及机床		能解释车床的用途与运动	P	1	0
					能列举车削加工的典型表面	P		
					能说明车削加工精度与表面质量	P		
					能列举车削加工时工件的安装形式	P		
		车削用量选择	能根据切削用量选择原则选择计算车削加工用量参数		能说出切削用量选择原则	P	1	0
					能合理选择计算车削用量参数	R		
					能列举提高切削用量的途径	P		
					能说出超高速切削定义与特性	I		

续　表

序号	工作任务	工作模块	职业能力	课程内容		学习水平	参考课时	
				技能内容与要求	知识内容与要求		理论	实训
1	任务一：车削加工及车床	卧式车床传动系统分析	能分析普通卧式车床传动系统		能说出卧式车床的主要组成部件	P	1	0
					能解释普通卧式车床传动系统	I		
		卧式车床典型结构及维护	能分析、维护普通卧式车床典型结构		能解释主轴箱典型结构	P	1	1
					能说出进给箱、滑板箱、横向进给机构典型结构	I		
		数控车床	能根据数控机床工艺特点及技术参数应用与调整数控车床		能说出数控车床主要技术参数	P	1	0
					能解释数控车床传动系统	P		
					能说出数控车床典型结构与维护	I		
					能说出数控车床主要附件及工具	I		
		车刀	能合理选择刀具类型、材料与结构		能说出刀具材料分类及典型刀具材料性能（高速钢、硬质合金、涂层、陶瓷、超硬材料）	P	1	0
					能说出车刀种类及结构	P		
					能合理选择车刀几何参数（前角、后角、主偏角、副偏角等）	R		
2	任务二：铣削加工及铣床	铣削加工工艺范围	能依据铣削加工表面特点合理选择铣削方式		能解释铣床的用途与运动	P	1	0
					能合理选择铣削方式（顺铣、逆铣，周铣、端铣）	P		
					能列举铣削加工的典型表面	P		
					能说明铣削加工精度与表面质量	P		
					能列举铣削加工时工件的安装形式	P		
		数控铣床	能根据数控铣床工艺特点及技术参数，应用与调整数控车床		能说出数控铣床运动与典型加工表面	P	2	0
					能说出数控铣床主要技术参数	I		
					能解释数控铣床传动系统	P		
					能说出数控铣床典型结构与维护	P		
					能说出数控铣床主要附件及工具	P		

续表

序号	工作任务	工作模块	职业能力	课程内容		学习水平	参考课时	
				技能内容与要求	知识内容与要求		理论	实训
2	任务二：铣削加工及铣床	加工中心	能根据工艺特点应用加工中心		能说出加工中心分类、功用及组成	I	2	0
					能说出加工中心运动与典型加工表面	P		
					能说出加工中心主要技术参数	P		
					能说出加工中心主要附件及工具	I		
		铣刀与铣削用量选择	能选择刀具类型、材料与结构，计算铣削加工参数		能说出铣刀结构类型	P	1	0
					能合理选择铣刀几何参数	P		
					能合理选择计算铣削用量	R		

注：在"学习水平"一栏中，I＝初步；P＝熟练；R＝强化。

（五）说明实施建议

1. 操作方法

实施建议包括教材编制、教学方法、教学评价和资源利用等方面。

（1）教材编制建议。说明对教材目标、内容选取、内容组织和内容呈现方面的要求，以及对教材内容专业方面的要求。如汽车运输与维修专业的教材，要求具有可操作性，理论知识和实践知识要一体化等。

（2）教学方法建议。说明课程的教学情况，教与学互动的特征，教学过程的情景，课程内容的教学特点。

（3）教学评价建议。具体说明理论知识与技能操作的考试比例，各部分所占分值，以及说明过程性和结果性的评价方法。具体说明评价的主要方面，如汽车运输与维修专业中说明评价学生分析问题和解决问题的能力等。

（4）资源利用建议。为了满足实训要求或者技能证书考试要求，说明可以补充的指导书、实训教材或者网络教学资源。

（5）其他说明。除了上述四点主要对编制实施的建议，如果还有其他必须说明的内容，可放入这个部分。

2. 注意要点

（1）教材编制建议。避免教材内容范围过窄，更不宜指定某一本教材，而是说明教材内容目标要求和知识整体要求即可。

（2）教学方法建议。为了课程标准具有充分适用范围,不应当给出具体的教学方法,而是提供一般性教学方法作为参考。

（3）教学评价建议。评价部分要具体说明采取何种方式,理论考试与实践考试占比情况,具体指出最为核心的评价内容,不应当有过多抽象、模糊的描述。

（4）具体说明资源的内容、性质和特征。明确资源的最终目标是促进学生学习知识、练习技能和形成素养。

（5）避免其他说明过多的情况。如果其他说明内容过多,则应当考虑这部分内容是否与课程标准的其他内容重复或交叉。

第六章　公共基础课的课程标准格式要求

一、文本格式

字体要求：标题为四号"黑体"，内容为五号"宋体"。行距：1.5倍。

××课程标准

课程名称：

适用专业：

1. 前言

1.1 课程性质

关键词：课程地位、主要功能、与其他课程关系

1.2 设计思路

关键词：课程设置依据、课程目标定位、课程内容选择标准、项目设计思路、学习程度用语说明、课程学时和学分

2. 课程目标

3. 课程内容与要求

序号	学习任务	技能内容与要求	知识内容与要求
1			
2			

续 表

序号	学习任务	技能内容与要求	知识内容与要求
3			
……			

4. 实施建议

4.1 教材编写

4.2 教学方法

4.3 教学评价

4.4 资源利用

4.5 其他说明

二、技术规范

1. 前言

1.1 课程性质

主要包括该门课程的地位、功能及与其他课程的关系等内容。

1.2 设计思路

指本课程标准的设计思路,课程设计思路应表述清楚设置该课程的依据、确定课程内容的依据(如学习任务完成的需要、职业学校学生的认知特点、国家专业教学标准的要求)、课程内容安排要求、活动设计的思路、课时安排说明(含总课时安排和各部分的课时分配,要指明为建议课时)等内容。

2. 课程目标

课程目标的描述要具体明确。描述一般为3—4条,要总体概括该课程的全面要求,即课程对学生在知识、技能、情感态度与价值观等方面的基本要求,并表达清楚学生学习该门课程后应达到的预期结果。

3. 课程内容与要求

根据学习任务的要求,确定课程内容的具体技能内容、知识内容及其要求。为了使课程内容与要求表述清晰明确,并具有可操作性,描述要包括"内容"和"学习水平"两个方面。

内容是指学生要学什么,描述的主要是课程中涉及的技能点和知识点,如语文课的"分析主要事件和人物形象""识记文章中的新字词"。

学习水平是指学生应学到什么程度,是一种表现标准,具体描述学生对相关知识和技能应掌握的程度。技能学习水平描述一般包括行动、条件和结果等要素,如"能通过人物的语言、动作、神态等描写手法把握人物形象";知识水平描述一般包括具体内容和认知或理解结果,如"能理解不同的抒情方式的特点"。

表6-1 课程内容的一般分类、水平划分和常用动词举例

类别	水平	动词举例
知识类	记忆	说出、辨认、列举、记住、复述等
	理解	解释、说明、归纳、概述、推断等
	应用	设计、辩护、撰写、检验、计划等
技能类	模仿	模拟、再现、使用、例证、临摹等
	独立操作	完成、制定、绘制、安装、检测等
	迁移	联系、灵活运用、设计、制作等
情感、态度类	感受	参与、寻找、交流、分享、访问、考察等
	认同	遵守、接受、懂得、关注、拒绝、摈弃等
	内化	体会、养成、具有、建立、提高、分析、综合等

4. 实施建议

根据课程实施的各个环节,提出教材编写建议、教学方法建议、教学评价建议、课程资源开发与利用建议等。

4.1 教材编写

必须依据本课程标准编写教材,充分体现任务引领、实践导向课程设计思想。在教材内容呈现方式方面,教材要体现通用性、实用性、先进性,反映新技术、新工艺,对典型产品或服务的选择要科学,体现地区产业特点。在文字表述要求方面,教材应清晰准确。活动设计要具体、可操作。

4.2 教学方法

要体现各课程在教学方法上的特殊性。

4.3 教学评价

主要指学生学业评价,应突出阶段评价、目标评价、理论与实践一体化评价。同时,关注评价的多元性,以及要体现各课程在评价上的特殊性。

4.4 资源利用

包括相关教辅材料、实训指导手册、信息技术应用、工学结合、网络资源、仿真软件等。

4.5 其他说明

对以上不能涵盖的内容做出必要的说明。

第七章 专业课的课程标准格式要求

一、文本格式

字体要求：标题为四号"黑体"，内容为五号"宋体"。行距：1.5倍。

××课程标准

课程名称：

适用专业：

1. 前言

1.1 课程性质

关键词：课程地位、主要功能、与其他课程关系。

1.2 设计思路

关键词：课程设置依据、课程目标定位、课程内容选择标准、项目设计思路、学习程度用语说明、课程学时和学分。

2. 课程目标

3. 课程内容与要求

工作模块	工作任务	职业能力	课程内容		学习水平	参考学时	
			技能内容与要求	知识内容与要求		理论	实训
A1 ××	A1-1 ××	A1-1-1 ××	能······ 能······			······	
		A1-1-2 ××	······				

续 表

工作模块	工作任务	职业能力	课程内容		学习水平	参考学时	
			技能内容与要求	知识内容与要求		理论	实训
A1 ××	A1-1 ××	A1-1-3 ××	……			……	
				……			
	A1-2 ××	A1-2-1 ××	……				
		A1-2-1 ××	……				
A2 ××	……	……	……			……	
		……		……			
	……	……	……				
		……		……			

注：学习水平分为"初步""熟练""强化"三个等级，依次对应"I""P""R"三个字母。另外，给出明确理论/实训参考学时。

素养类别	素 养 内 容
××	
××	
……	

4. 实施建议

4.1 教材编写

4.2 教学方法

4.3 教学评价

4.4 资源利用

4.5 其他说明

二、技术规范

1. 前言

1.1 课程性质

主要包括该门课程的地位、功能及与其他课程的关系等内容。

1.2 设计思路

指本课程标准的设计思路,具体来说,应表述清楚设置该课程的依据、确定课程内容的依据(如工作任务完成的需要、职业学校学生的认知特点、相应职业资格标准)、课程内容安排要求、活动设计的思路、课时安排说明(含总课时安排和各部分的课时分配,要指明是建议课时)等内容。如果是任务引领型课程,课程设计思路还包括工作任务的组织模式等。

2. 课程目标

课程目标的描述要具体明确。

应采用综合技能与知识的总体描述,即课程对学生在课程内容等方面的基本要求,学生学习该门课程后应达到的预期结果。

3. 课程内容与要求

根据专业课程目标和涵盖的工作任务要求,确定课程内容与要求,说明学生应获得的知识、技能与素养。为使课程内容与要求表述清晰明确,并具有可操作性,建议从"内容"和"学习水平"两方面进行描述。

内容是指学生要学什么,描述的主要是课程中涉及的知识点和技能点,如"欧姆定律""数字输入"。

学习水平是指学生应学到什么程度,是一种表现标准,具体描述学生对相关知识和技能应掌握的程度。学习水平描述一般包括动作要求、操作对象、表现程度等要素,如"能按规范的指法要求快速准确进行数字录入,达到每分钟正确击键150次以上";对于不能定量描述的学习水平,可定性描述,如"能写出欧姆定律公式,并说出各变量之间的关系"。

表7-1 课程内容的一般分类、水平划分和常用动词举例

类别	水平	动词举例
知识类	记忆	说出、辨认、列举、记住、复述等
	理解	解释、说明、归纳、概述、推断等
	应用	设计、辩护、撰写、检验、计划等
技能类	模仿	模拟、再现、使用、例证、临摹等
	独立操作	完成、制定、绘制、安装、检测等
	迁移	联系、灵活运用、设计、制作等

续 表

类　别	水　平	动 词 举 例
情感、态度类	感受	参与、寻找、交流、分享、访问、考察等
	认同	遵守、接受、懂得、关注、拒绝、摈弃等
	内化	体会、养成、具有、建立、提高、分析、综合等

4. 实施建议

根据课程实施的各个环节,提出教材编写建议、教学方法建议、教学评价建议、课程资源开发与利用建议等。

4.1 教材编写

必须依据本课程标准编写教材,并充分体现任务引领、实践导向课程设计思想。在教材内容呈现方式方面,教材要体现通用性、实用性、先进性,反映新技术、新工艺,对典型产品或服务的选择要科学,体现地区产业特点。在文字表述要求上,应清晰准确。活动设计要具体、可操作。

4.2 教学方法

要体现各课程在教学方法上的特殊性。

4.3 教学评价

主要指学生学业评价,应突出阶段评价、目标评价、理论与实践一体化评价,并关注评价的多元性。要体现各课程在评价上的特殊性。

4.4 资源利用

包括相关教辅材料、实训指导手册、信息技术应用、工学结合、网络资源、仿真软件等。

4.5 其他说明

对以上不能涵盖的内容做出必要的说明。

附 录

项目技术管理课程标准
课程名称：项目技术管理
适用专业：建筑工程技术

1. 前言

1.1 课程性质

本课程是建筑工程技术专业的专业课程。通过本课程的学习，学生应掌握技术管理工作的流程和方法，具备施工图设计管理、标准管理、方案管理和技术总结的能力，能适应现代化建筑工程技术管理的工作要求。它要以建筑识图与构造、建筑材料、BIM 技术、建筑施工技术课程的学习为基础，也是进一步学习施工管理策划的基础。

1.2 设计思路

本课程是依据"建筑工程技术专业工作任务和职业能力分析表"中技术管理工作领域的内容设置的。随着项目远程化智能控制管理技术及虚拟施工模拟技术的不断发展，建筑工程项目对技术管理信息化的要求越来越高，传统的技术管理模式已经不能满足现代化技术措施与技术工艺管理的要求，为此而设置这门课。

本课程根据项目课程设置原理，解决原来没有专门针对建筑工程技术管理课程的问题。原来的"建筑工程质量管理"课程仅侧重施工质量方面的管理，缺少项目实施方面的技术管理。学生学习后，对技术管理无法形成系统的认识，更无法适应现代技术管理信息化的要求。学校根据职业能力分析与实际情况，新开设项目技术管理课程。本课程侧重项目技术管理的工作内容与工作方法，主要教会学生在项目中如何进行项目技术的组织与管理工作。

课程内容的编排和组织是以行业标准、企业需求、学生的学习能力以及学校多年的教学经验累积为依据确定的，立足于建筑工程管理实际工作能力的培养，打破了传统理论教学的课程模式，转变为让学生在实际工程项目中，综合运用理论知识，结合项目实际的技术管理需求，完成相应工作任务，构建相关理论知识，发展职业能力。经过建筑工程行业、企业专家深入、细致、系统的分析，本课程最终确定四个学习项目：施工图设计管理、标准管理、方案管理、技术总结。这些项目是以建筑工程的工作过程为线索来设计的，同时对应建筑施工企业中的施工员、质量员、项目助理的技术管理工作。理论知识的选取紧紧围绕工作任务完成的需要进行，并融合了"1+X"建筑工程识图职业技能证书对知识、技能的要求。教学过程中，采取理实一体教学，给学生提供丰富的实践机会。

本课程以行业需求和企业标准实施项目教学，每个模块的学习都以项目技术管理的实际项目为载体来设计活动，以工作任务为中心整合理论与实践，实现做学一体化。教学效果评价采取过程评价与结果评价相结合,学生自评、互评,教师评价等多元化的评价方式,重点评价学生在项目中技术管理的职业能力。

本门课程建议学时为 52 课时。

2. 课程目标
- 能描述项目施工图纸、竣工图纸及相关规范标准的内容,能理解图纸的技术要求及技术文件管理标准,按照图纸管理要求进行施工图设计管理;
- 能描述项目相关的标准,能理解标准条款的指导原则,按照项目定位与要求执行标准管理;
- 能描述施工技术方案的编写程序,理解方案的编制原则,按照方案要求进行技术交底;
- 能描述施工过程中的技术要点,按照项目要求完成技术经验的总结;
- 能对纷繁复杂的技术管理工作进行条理清晰的分门别类,具有严谨细致的工作态度;
- 能统筹协调各项技术措施,具有良好的管理规划能力。

3. 课程内容与要求

序号	工作模块	工作任务	职业能力	课程内容		学习水平	参考课时	
				技能内容与要求	知识内容与要求		理论	实训
1	施工图设计管理	设计交底与图纸会审	能正确识读设计图纸与说明		● 能描述房屋建筑基本组成构件、结构类型 ● 能说出建筑施工图的表达内容和方法 ● 能根据房屋建筑制图统一标准、构造详图的制标准识读建筑平面图、立面图、剖面图和构造详图与设计说明	P	18	
			能根据技术规范、施工工艺等要求审核并描述设计图纸中的问题		● 能描述图纸审核的基本要求和步骤 ● 能找出图纸中存在的各类问题 ● 能提出问题的解决方案,协助完成图纸审核	P		
			能汇总图纸问题并在会审过程中与设计人员进行技术沟通		● 能描述基本的设计概念和理念 ● 能记住施工工艺流程 ● 能撰写、汇总图纸问题 ● 能在会审过程中进行技术沟通	P		
		设计变更与技术核定	能确定设计变更内容并落实变更工作		● 能说出建筑工程项目设计的变更流程 ● 能根据确定的设计变更内容落实变更工作	I		
			能根据技术文件管理等要求及时进行相关设计变更单等凭证的固化		● 能复述设计变更技术文件的管理要求 ● 能进行设计变更单等凭证的固化	I		

续 表

序号	工作模块	工作任务	职业能力	课程内容 技能内容与要求	课程内容 知识内容与要求	学习水平	参考课时 理论	参考课时 实训
1	施工图设计管理	设计交底与图纸会审	能根据实际工程需要进行技术核定单的编写与落实		● 能记住建筑工程技术核定单的编写要求和方法 ● 能根据给定工程项目任务编写技术核定单 ● 能根据给定工程项目任务落实技术核定单	I	18	
		深化设计	能根据工程制图准则熟练运用计算机辅助软件绘制一般图纸		● 能概述建筑工程制图的基本准则 ● 能描述建筑工程图纸的绘制流程和方法 ● 能运用建筑制图常用的计算机辅助软件绘制图纸	P		
			能根据施工专业配合要求进行施工节点与结构详图的设计		● 能概述施工图深化设计的要求 ● 能根据设备专业图纸的表达方法和设计意图设计施工节点 ● 能根据设备专业图纸的表达方法和设计意图设计施工结构详图	P		
			能够根据技术规范、施工工艺等要求协助完成深化设计方案		● 能理解建筑工程技术规范 ● 能描述基本的建筑工程施工工艺要求 ● 能描述深化设计方案的基本撰写要求 ● 能查找深化设计方案所需的规范和技术要求 ● 能协助撰写深化设计方案	P		
2	标准管理	标准收集	能根据建筑行业的规范标准和企业的工艺工法进行标准的匹配		● 能描述建筑行业各规范标准的种类、适用范围 ● 能根据给定案例选择对应建筑行业的规范标准并配置标准有效版本	P	18	
			能整理出适用于工程项目的标准目录并收集对应标准与规范		● 能识别建筑行业的各规范标准的标准目录及强制性条文 ● 能根据给定案例编列对应标准目录及强制性条文	P		
		标准应用	能够根据项目特点运用专业范围内的标准条款进行现场施工的总体指导		● 能列举基本的建筑工程施工所需的标准条款 ● 能协助编写简单的质量安全技术标准管理制度 ● 能根据给定案例模拟状态完成简单的跟踪、验证施工过程标准执行情况	P		

续 表

序号	工作模块	工作任务	职业能力	课程内容		学习水平	参考课时	
				技能内容与要求	知识内容与要求		理论	实训
3	方案管理		能够结合企业工法进行现场施工的细部指导		● 能描述企业工法特点、等级及内容 ● 能描述企业工法与建筑行业的各规范标准的关系 ● 能撰写简单的企业工法运用技术模块 ● 能编写工法应用效果总结	P	18	
		施工方案编制	能够根据施工组织设计和项目施工需要协助列出施工计划需求		● 能描述编制施工方案所需要的资料种类 ● 能描述分项工程的分类 ● 能描述工序之间的关系 ● 能列举并收集与施工相关的资料 ● 能列出需要编制施工方案的各分项工程的名称 ● 能列出各分项工程或工序的顺序	P		
			能根据项目特点协助撰写施工计划内容		● 能描述分项工程方案之间的关系 ● 能确定各类施工方案编制顺序 ● 能根据施工方案计划进行各类施工方案的编制	P		
			能汇总相关施工计划编写施工方案报告		● 能描述人机材对施工方案的影响 ● 能列出各分项工程的施工内容 ● 能列出各分项工程的施工步骤 ● 能确定各分项工程的人机材需求数量 ● 能编制各分项工程的施工方案	P		
		技术方案编制	能根据设计图纸要求、规范要求和施工环境要求，明确技术方案的编制依据		● 能说出各施工工艺和工法的流程、要求、特点 ● 能列出需要编制技术方案的专项工程 ● 能列出各分项工程所涉及的技术难点 ● 能说出技术方案的编制依据	P		
			能根据专业范围的施工工艺工法等要求明确技术方案的主要内容		● 能说出各施工工艺和工法的流程、要求、特点 ● 能列出技术方案中所需的技术工法或工艺	P		
			能根据技术方案要点编写技术方案报告		● 能描述技术方案的编制步骤、要求 ● 能列出技术方案中涉及的人机材 ● 能列出技术方案中所解决的技术难题并提供解决方案	P		

续 表

序号	工作模块	工作任务	职业能力	课程内容 技能内容与要求	课程内容 知识内容与要求	学习水平	参考课时 理论	参考课时 实训
3	方案管理	技术交底	能根据技术方案特点进行技术交底文件的编制		● 能描述技术交底文件的编写格式、要求 ● 能根据施工要求和现场情况收集技术交底文件编写所需的资料和信息 ● 能将资料和信息整理成技术交底文件	P		
3	方案管理	技术交底	能进行施工作业人员技术方案交底并落实被交底人的签名		● 能描述技术交底的流程 ● 能描述技术交底文件签字的要求 ● 能确定交底人和被交底人的身份和角色 ● 能进行技术交底并落实交底人和被交底人签字	R		
3	方案管理	技术交底	能根据项目质量与安全等要求及时进行技术方案实施情况的记录		● 能描述技术方案实施的跟踪记录步骤 ● 能填写技术方案实施情况记录表 ● 能描述各技术方案的质量、安全要求	P		
4	技术总结	技术要点提炼	能够根据项目需要协助进行项目实施过程资料和技术方案等的汇总与分析		● 能说出技术资料汇总的步骤 ● 能描述技术资料和方案分析的要求和步骤 ● 能列出项目实施过程中涉及的重要技术资料 ● 能对技术资料进行整理、汇总和分析	P	18	
4	技术总结	技术要点提炼	能够根据分析资料协助提炼出有价值的技术要点或经验教训		● 能描述有价值的技术资料的特征 ● 能提取资料中的技术要点 ● 能根据资料提取方法进一步提炼有价值的技术资料 ● 能按照相关步骤汇总、分析有价值的资料,获得本项目的工程经验与教训	P	18	
4	技术总结	技术总结编写	能够根据技术特点确定技术总结关键点		● 能说出技术总结的内容、格式 ● 能列出技术总结编制应满足的基本要求 ● 能列出技术总结的关键点	P	18	
4	技术总结	技术总结编写	能将关键点扩充形成专业范围的技术总结报告		● 能描述技术资料整理的方法和步骤 ● 能根据技术总结的编制要求整理和提取本工程的技术资料 ● 能按照相关流程协助编写专业范围的技术总结	P	18	

注:在"学习水平"一栏中,I=初步;P=熟练;R=强化。

素养类别	素养内容
规范意识	● 能贯彻执行各项专业技术标准,严格执行验收规范和质量鉴定标准,严格遵守国家有关政策、法规、规范及规定 ● 能牢记图纸会审重点,分工种详细核对各工种的详图,仔细检查出所有可能的问题,使设计图纸100%符合有关规范要求 ● 能清楚、完整、有条理地表述技术交底内容,避免施工时遗漏造成差错
合作意识	● 能协助项目经理开展各工种之间的沟通协调,解决他们之间存在的矛盾和协作问题 ● 能协助项目经理完成重点项目和关键部位的检查 ● 能配合资料员完成技术交底资料的编目存档 ● 能与公司上下游单位保持良好联系,及时反馈相关问题并确认,以免造成窝工
学习意识	● 能不断提升自身识图能力,及时发现并更正图纸中的差错和遗漏,提高审图的准确性 ● 能紧跟时代发展,结合生产需要,主动学习与工程有关的新技术 ● 能从已有的事故案例中汲取经验教训,应对突发情况
风险意识	● 能在项目实施前制定好各项风险的应急预案 ● 能在环境相对较差的施工现场,提前分析各种不安全的因素,预防安全、质量管理方面可能产生的风险 ● 能严格落实施工作业人员技术方案被交底人签名,防止发生风险时无法责任到人

4. 实施建议

4.1 教材编写

(1) 必须依据本课程标准编写和选择教材,教材应充分体现任务引领、实践导向的课程设计思想。

(2) 应以项目技术管理的岗位工作要求,结合"1+X"建筑工程识图职业技能证书考核内容组织教材编写内容。要借助建筑项目引入必需的理论知识,增加实践操作内容,强调理论在实践过程中的应用。

(3) 教材内容应体现先进性、通用性、实用性,立足于建筑工程施工行业的发展现状。要将本专业领域的发展趋势以及项目技术管理中的新知识、新技术和新方法及时地纳入其中,使教材更贴近本行业的发展和实际需要。

(4) 教材应图文并茂,寓教于乐,循序渐进,提高学生的学习和阅读兴趣,加深学生对项目技术管理工作内容与要求的认识和理解。

(5) 教材中活动设计的内容要具体,并具有可操作性。

4.2 教学方法

(1) 在教学过程中,应深入挖掘本专业课程育人元素,坚持立德树人。在学生知识学习和实践操作中,融入思政元素,积极引导学生提升职业素养,提高职业道德。

(2) 本课程教学采用项目教学法,体现能力本位的职业教育理念。在教学过程中渗透以任务引领型的项目活动,诱发学生学习兴趣。

(3) 教学过程采用案例教学法,以现场教学和技能训练为主,加强学生对项目技术管理中涉及的工艺工法实际操作能力的培养。通过理论讲授与项目管理案例分析相结合的方式,培养学生的职业能力。

(4) 教学中采用问题情境教学法,始终围绕如何解决工程管理中的质量、工期、成本等核心问题来展开,创设问题情境。让学生自主探索、合作交流,在教师的激励、帮助下,学生小组开展思维讨论,通过团队协作来分析问题、解决问题、掌握知识,做到以学生为主体、教师为主导。

(5) 本课程教学的关键是模拟教学法,提高学生实操能力。项目技术管理教学软件通过全真的模拟项目技术管理流程,实现了生动的项目技术管理实践教学。通过项目技术管理教学软件模拟真实项目管理环境,对项目进行跟踪管理、动态控制,使得学生能够及时监控项目实施情况,提高项目技术管理的实际水平,降低项目技术管理成本。

4.3 教学评价

(1) 采用过程评价和结果评价相结合的方式。课堂提问、学生作业、平时测验、项目考核、技能目标考核为平时成绩,占总成绩的 70%;理论考试和实际操作为期末成绩,占总成绩的 30%。其中期末考试的理论考试占 30%,实际操作考试占 70%。

(2) 注重对学生动手能力和实践中规范意识、风险意识、质量意识的考核,对在学习和应用上严格遵守的学生应予特别鼓励,全面综合评价学生能力。

4.4 资源利用

(1) 充分利用校内世赛混凝土实训基地和砌筑实训基地,以及校外合作企业的开放性实训中心,让学生能够在训练场上清晰明了且直观地学习项目技术管理课程中所涉及的工艺工法,以及技术管理实操,实现教学与培训合一,教学与实训合一,教学与考证合一,满足学生综合职业能力培养的要求。

(2) 开发项目技术管理课程的多媒体教学课件、施工工艺工法的相关视频以及职业技能训练工作页,关注施工模拟及项目管理相关应用软件的开发与更新,注重教学内容的适时调整。

(3) 充分发挥行业优势,与上海建工二建集团、宝业集团等校企合作企业共同搭建校企合作平台,利用行业资源,建立校企合作的实训模式,借用企业的实训场地锻炼学生的实操技能;邀请企业的总工程师分享项目管理实际案例中的重难点,满足学生参观、实训和毕业实习的需要,并在合作中提升其综合职业素质。

(4) 注重实训指导书和实训教材的开发和应用。

4.5 其他说明

本课程标准适用于建筑工程技术专业(三年制)。

活页式、手册式教材开发指导手册

目 录

前　言　213

第一章　术语界定　214
　一、活页式教材　214
　二、手册式教材　214
　三、工作任务　214
　四、职业能力　215

第二章　开发理念　216
　一、以增强教材的灵活适用性为目标　216
　二、以提升教材的能力训练功能为核心　216
　三、以提高教材开发质量为使命　217
　四、以坚持校企合作为基本依托　218

第三章　开发原则　219
　一、思想正确性原则　219
　二、内容科学性原则　219
　三、过程规范性原则　219
　四、成员广泛性原则　219

第四章　开发程序　220
　一、确定教材选题　220
　二、确定教材主编　220
　三、组织开发团队　220
　四、确定教材大纲　221

　　　　　　五、编写教材样章　　　　　　　　　　　　　　　　222
　　　　　　六、成员分工撰写　　　　　　　　　　　　　　　　222
　　　　　　七、教材主编统稿　　　　　　　　　　　　　　　　223

第五章　开发要求　　　　　　　　　　　　　　　　　　　224
　　　　　　一、坚持正确的教材设计理念　　　　　　　　　　224
　　　　　　二、保障教材知识的开发质量　　　　　　　　　　224
　　　　　　三、符合学习规律的文本呈现形式　　　　　　　　224

第六章　教材开发体例及要求　　　　　　　　　　　　　　225
　　　　　　一、封面　　　　　　　　　　　　　　　　　　　225
　　　　　　二、前言　　　　　　　　　　　　　　　　　　　225
　　　　　　三、目录　　　　　　　　　　　　　　　　　　　225
　　　　　　四、正文　　　　　　　　　　　　　　　　　　　226

第七章　活页式、手册式教材开发样章　　　　　　　　　　228
　　　　　　一、核心概念　　　　　　　　　　　　　　　　　229
　　　　　　二、学习目标　　　　　　　　　　　　　　　　　229
　　　　　　三、基本知识　　　　　　　　　　　　　　　　　230
　　　　　　四、能力训练　　　　　　　　　　　　　　　　　232
　　　　　　五、学习结果评价　　　　　　　　　　　　　　　247
　　　　　　六、课后作业　　　　　　　　　　　　　　　　　248

附　录　　　　　　　　　　　　　　　　　　　　　　　　249
　　　　　　活页式、手册式教材示例样章　　　　　　　　　　249

前言

《国家职业教育改革实施方案》明确提出"建设一大批校企'双元'合作开发的国家规划教材,倡导使用新型活页式、工作手册式教材并配套开发信息化资源,每 3 年修订 1 次教材,其中专业教材随信息技术发展和产业升级情况及时动态更新"。教材建设是育人育才的重要依托,提高教材开发质量对整个教育系统的发展都具有重大贡献。职业教育正在全面深化改革,从"层次"走向"类型",加强活页式、手册式教材的开发对于全面提升职业教育质量具有重要意义。

能力本位是实现职业教育教材活页化、手册化的重要理念支撑。活页式教材是教材组织模式的改革,其重点不是教材物理形态的变化,而是教材内涵的深层次转变。活页式有助于对教材进行灵活化设计,为教材的更新修订确立了现实基础。而手册式教材是对教材内容的改革,是对知识的一种补充,可将活动实施表作为承接知识的载体。

职业教育教材开发是一项科学性极强的学术性问题,因此,采用科学的方法进行教材开发是提高教材质量的基本前提。《活页式、手册式教材开发指导手册》规定了活页式、手册式教材的概念、开发理念、开发原则、开发程序、开发要求、开发体例和样章,体现了职业教育特色。

本手册适合国务院教育行政部门以及职业学校、教科研机构、企业、出版机构等单位组织的职业教育教材开发工作。

第一章　术　语　界　定

一、活页式教材

活页式教材的本质是教材内容组织模式的改革，其重点不是教材物理形态的变化，而是教材内涵的深层次转变。活页式教材借鉴"模块化"的思想，将职业能力作为教材最小构成单元，且各个能力模块的设计要保持独立性，单元的撤换和更新不会影响整体教材较为成熟的结构。以能力为基本单位，意味着职业教育专业课教材的组织体例将由过去的学科知识体例"章—节"变为"工作领域—工作任务—职业能力"，这种教材组织逻辑可以与课程的逻辑实现更大程度的匹配，进而提升教材参与课程实施的效果。

职业能力是由多个层面组成的一个复杂结构，其形成需要遵循从易到难的过程，活页式教材在组织时按照从易到难、基于真实情境和工作过程的逻辑进行排列，使其符合技术技能型人才成长的基本规律和学生认知发展特点。以职业能力为基本单元，能够确保技术理论知识与技术实践知识围绕能力点进行呈现，并以课后作业或其他形式延伸学习内容和范围，启发学生的学习。

二、手册式教材

手册式教材的本质是教材内容结构的完善，让教材能够成为学生学习和参考的有用材料，避免教材成为知识的堆积，最终提升教材的使用效果。其中，可将活动实施表作为承接知识的载体。活动实施表一般包括操作步骤—操作及说明—服务标准等，需要注意的是，每个板块的标题不是固定不变的，可以根据情况予以适当更改。手册式教材应基于清晰、详细的岗位任务操作流程及方法指导，且文字与图片之间应形成相互补充的呈现效果，从而让学生能够根据这些流程与说明独立完成某项操作。

三、工作任务

工作任务即职业和岗位的工作内容。它是通过对从业者的实际工作内容进行提炼、概括而形成的具有普遍性、稳定性的工作内容。如应用电子技术专业，通过企业专家分析得到的工作领域有产品质量控制、设计、工艺、检验文件的编制、元器件采购、电子产品设计、电子产品生产管理等，所有这些都并非具体任务，而只是工作过程的"一个方面"。

工作任务分析的过程，就是通过对大量具体职业活动的抽象和概括，得出具有普遍意义的岗位职责。真实工作情境中的具体任务是非常杂乱的，如果不对之进行概括和梳理，既无法穷尽所有具体事情，也无法获得课程体系和教材体系的结构。如按这种方式进行课程和教材设计，学生既会因为陷入具体琐事而无法获得工作逻辑，也会因为内容庞杂而降低学习效率。因此，采取工作任务分析法对岗位涉及的具体事项进行梳理和概括，获得逻辑清晰的工作任务结构，是教材内容开发的核心技术。

四、职业能力

职业能力是普通能力在具体任务中的体现结果。任何职业能力都是具体的，是和一件件任务相联系的。职业能力所要描述的是在完成一件事情时人应具备的条件，即它要描述出在什么条件下人能够把事情做到什么状态。

职业能力是确定教材内容的基本依据。在教材开发过程中，我们不能望文生义地将职业能力简单理解为职业活动中所需要的能力，避免将其与普通能力的内容相混淆。比如，按照合作能力、表达能力、沟通能力等方式进行的职业能力分析，对于教材内容开发基本没有什么价值。职业能力是一种做事的能力，是人的能力心理要素与具体情境相结合后所表现出来的现实的能力，其成分既包括实际工作内容，也包括容纳这些工作内容的心理结构。比如，"能综合考虑施工工艺、计价依据、市场行情、施工方案等因素，正确计算工程量、单价、费用，得出工程预算价"这条职业能力，既包含了思维能力、判断能力等能力因素，也包含了施工工艺、费用、工程预算价等工作内容，该条能力陈述是这两方面内容的结合。

第二章 开发理念

一、以增强教材的灵活适用性为目标

活页式、手册式教材开发的核心目的是提高教材的灵活性和适用性。职业教育所面向的产业发展日新月异，技术、工艺与规范的更新速度日益加快，尤其是智能化时代以来的重大技术革新、生产组织模式变化、对质量更加精益求精等，使工人的职能呈现全新概念，对工人的要求也逐渐变化，这就要求职业教育教材的内容及时更新，以满足产业发展需要。活页式、手册式教材的开发应以职业能力为最小组织单元，确保各个单元的设计能够在不影响教材整体结构的基础上独立撤换和更新，以此确保教材的灵活性和适用性。

二、以提升教材的能力训练功能为核心

职业教育是一种培养学生完成具体任务的职业能力的教育类型，无疑活页式、手册式教材开发应将提升教材的能力训练功能作为核心，最大限度地赋予个体未来生涯发展所需要的职业能力。揭示职业能力的本质及其所需要的学习模式是发挥教材能力训练功能的基础。职业教育中的"能力"概念与普通教育有重要区别，人们通常所说的能力实质上主要指学业能力，而对职业教育而言，它指的是胜任工作任务所需要的所有要素的综合，包括知识、技能、态度、价值观等。

首先，能力是内隐的、深层的、过程性的，哪怕是最简单的一个行动，也是以理性为基础的。职业能力是由多个层面组成的一个复杂结构，而外显的行为结构只不过是内在的心理结构的体现，仅仅关注职业能力的外显行为结构是浅薄的。按照这种理念培养的技术工人，无法面对多变的工作世界。可见，真正的职业能力是无法用职业资格证书来表征的。

其次，职业能力是无法从生活背景中割裂出来的，职业能力概念远比职业资格概念的外延要广泛，能力发展涉及工作和生活世界两方面，也就是说它不仅包括工作和职业这个领域，而且涉及在人的一生中对其的学习和使用。能力发展是一个由个体自行规划的主动过程，学习和能力发展必然是个体对自身经验进行背景确定并根据其自身特点进行发展的积极活动。

再次，我们应在复杂关系中理解职业能力。职业能力的内涵正随着技术的快速变化而处于巨大的变动之中，现代技术工人既要有能力完成定义明确的、预先规定的和可展望的任务，与此同时，他们还应当考虑到自己"在更大的系统性的相关关系中"所产生的影响，这就要求他们具备灵活性和以启发性的方法解决限定的问题。职业能力绝不可能自动地产生于已获得的知识，而是在批判地探索、解决和转化问题的过程中产生的结果。更确切地说，知

识在所提出的实际问题范围里的应用本身就是一种复合能力,它需要得到相应的培训。

教材的设计应最大限度地培养学生现实的职业能力。个体职业能力形成的关键,不仅仅是知道有哪些工作任务,也不仅仅是知道有哪些工作方法,掌握了哪些工作技能,更重要的是他们能够在技术原理、工作方法、工作技能与工作任务之间,以及工作任务与工作任务之间建立起联系,并且这些联系能够随着工作情境的变化而迅速变化。据此,职业能力的本质可以概括为知识与工作任务的关系,只是由于工作性质的不同,联系的具体内容也有所变化。具体可划分为知识与确定性任务的联系、知识与组合性任务的联系以及知识与设计性任务的联系。因此,教材不仅要给予学生具有普遍性的原理知识、关于一般工作程序的知识,同时也要给予学生大量具有实践性的工作知识,引导学生努力建构知识与工作任务之间的联系,只有这样才能有效地培养学生的职业能力。

三、以提高教材开发质量为使命

教材建设是育人育才的重要依托。建设什么样的教材体系,核心教材传授什么内容、倡导什么价值观,体现国家意志,是国家事权。从宏观层面看,教材是一个国家文化水平的象征,是国家意志和集体价值观的代言人。从微观层面看,教材亦在课堂教学中扮演着重要角色,是教师教学和学生学习的基本依据和主要工具,对教学质量和学生成长有着深远影响。当前我国实行教材统编制和审核制并存的教材管理制度,教材市场逐渐向公众开放,教材出版数量大幅度增加,但教材质量良莠不齐,因此教材质量评价至关重要。

教材质量评价事关教材建设的发展方向,有什么样的教材质量评价指挥棒就有什么样的教材开发导向。活页式、手册式教材的开发要转变模仿普通教育教材开发的模式,充分利用职业教育自身的课程理论和教学理论,在分层分类的基础上进行设计。提高教材开发质量应重点从三个方面出发:

一是提高教材设计思想的高度。教材设计思想是指教材开发者在不同的教育理念和科学基础的指导下,采用科学的设计方法,进行教材设计和开发。一本优秀的教材首先要有适合的教育思想和理念为指导,其次要有丰富的科学基础,最后要使用科学的设计方法。

二是提高教材知识选择、组织和表述的质量。教材的核心功能之一是系统地表达作为课程内容的知识。没有高质量的知识表述,就不可能有高质量的教材。高质量知识是优秀教材的内在要求,应重点关注以下三个方面:知识选择的质量、知识组织的质量和知识表述的质量。其中,教材中知识的选择应坚持两项基本原则:第一,教材在选择知识时应涵盖本学科或本专业最有用最经典的知识;第二,教材中的知识应有助于学生思考与探究。教材知识应以适合学科(专业)特征和不同年龄阶段学生认知规律的方式进行合理组织。合理的知识结构是帮助学生提高学习效率、促进知识迁移的重要抓手。一本优秀的教材在组织知识时,应处理好表象的模式、经济原则和有效能力三种方式之间的关系。如何将已选择的知识以适切的语言进行表述是提高学习者对知识的理解程度的重要因素之一,知识表述的质量强调教材中的知识要能够以适合学习者学习的方式进行表征。主要包括三个方面:知识表述的准确性,即知识表述必须保证正确,不得出现知识性错误,同时也要保证语言表达不得出现理解性错误,错别字和标点符号的错误率要低于国家标准,甚至要做到没有错误;知识表述的适切性,即教材语言表达的难度要符合学生的认知发展规律;知识表述的简约性,如何在有限的教材内容中融入丰富的知识,依赖于以最简约的方式表述知识,简约性并非意味着盲目减少教材中知识的含量,而在于以简约的表述方式对知识进行合理处理,这样既能保证知识的丰富性,又能减轻学生的认知负荷。

三是教材设计要积极体现学习心理学前沿理论的创新性研究。教材设计思想维度涉及的是教材的基本结构,强调教材开发中核心理念的正确性;知识质量维度则强调选择什么知识进入教材,如何合理组织和表述知识;除此之外,一本优秀教材还应重点关注如何根据科学的学习原理引导学生学习知识。对各类学习原理的应用程度直接影响着学生对教材的理解程度和有效学习程度,因此应用合适的学习原理对于优秀教材的开发至关重要。

四、以坚持校企合作为基本依托

坚持校企合作是提高活页式、手册式教材开发质量,保证教材内容贴近岗位需求的基本路径。在教材开发过程中,应明确岗位专家的角色定位,将其视为教材开发咨询者和评价者。所谓咨询者,就是为教师在教材开发过程中遇到的问题提供答案;所谓评价者,就是评价教师最终开发的教材内容是否与企业实际情况相吻合。教材编写单位应与相关企业建立长期合作关系,邀请企业专家尤其是生产第一线的技术技能人才参与教材开发。那么岗位专家在教材开发过程中具体能发挥什么作用呢?他们能够回答哪些问题?能够评价哪些教材内容?这些问题都需要慎重思考。在实践中,有些职业院校在课程设置、教材大纲确定、教材样章设计等环节,均反复征求岗位专家意见,结果不仅没有获得有价值的意见,反而使得自己无所适从,导致教材体系杂乱无章。

其实,岗位专家只是企业的专家,他们所熟悉的只是工作过程本身,对教育原理,尤其是活页式、手册式教材开发这个高度专业化的领域可能是陌生的,他们所拥有的教育知识或来源于其受教育经历,或来源于日常所见所闻,并不一定具备专业水平。岗位专家能发挥重要作用的环节主要包括工作任务与职业能力分析,以及教材内容编写过程中关于实践操作部分的问题。尤其是工作任务与职业能力分析阶段,岗位专家在其中能发挥关键作用,其角色是提供工作过程所要完成的任务,及完成这些任务所需要的职业能力的意见。在教材内容编写过程中,岗位专家的角色是就一些具体问题,如操作过程是否规范,所选设备和技术是否符合企业实际等提供意见。而岗位专家在这两个环节的发挥,均需要以教师预先设计的引导性问题为条件。

第三章 开发原则

一、思想正确性原则

活页式、手册式教材的开发必须体现党和国家意志,坚持马克思主义指导地位,体现马克思主义中国化要求,全面落实党的教育方针,落实立德树人根本任务,弘扬精益求精的专业精神、职业精神、工匠精神和劳模精神,防范错误政治观点和思潮的影响,引导学生坚定道路自信、理论自信、制度自信、文化自信,成为担当中华民族伟大复兴大任的时代新人。

二、内容科学性原则

活页式、手册式教材在开发时要保障内容的科学性和针对性,以教材本身的特征为基础充分利用教育学、心理学、设计学等先进理念。教材内容应符合技术技能人才成长规律和学生认知特点,对接国际先进职业教育理念,适应人才培养模式创新和优化课程体系的需要。教材内容的呈现形式应充分体现学与教的原理,这样才能使教材真正成为支持教学过程的有效工具。但需要注意的是,要避免"过度设计"的现象,避免将教材开发成教案的汇聚。

三、过程规范性原则

活页式、手册式教材的开发过程要严格根据开发手册所规定的思路、程序与方法进行,应确保教材中的基本知识和概念准确无误,技能操作符合行业规范,满足职业岗位的能力要求,技术要求描述准确。教材的开发要符合知识产权保护等方面的国家法律、行政法规,不得有民族、地域、性别、职业、年龄歧视等内容,不得有商业广告或变相商业广告。

四、成员广泛性原则

活页式、手册式教材开发成员要来源广泛并具有合理的人员结构,包含相关学科专业领域专家、教科研人员、一线教师、行业企业技术人员和能工巧匠等,切实保障教材开发质量。

第四章 开 发 程 序

　　活页式、手册式教材开发是一项科学性极强的学术性工作,因此,严格按照一定的程序进行是保障教材开发质量的前提。本开发手册将活页式、手册式教材开发程序划分为七个环节。

一、确定教材选题

　　首先,确定所要开发的活页式、手册式教材类型,其中,中等职业学校思想政治、语文、历史课程教材,及高等职业学校思想政治理论课教材,由国务院教育行政部门统一组织编写。其他教材由具备相关条件的单位组织编写;其次,各单位应以自身专业发展特色和能力特点为基础确定教材选题,选题应具有创新性,适应新时代技术技能人才培养的新要求,服务经济社会发展、产业转型升级、技术技能积累和文化传承创新,避免低水平重复开发。

二、确定教材主编

　　活页式、手册式教材编写实行主编负责制,主编主要负责教材整体设计,把握教材编写进度,对教材编写质量负总责。教材主编应经所在单位党组织审核同意,坚持正确的学术导向,政治敏锐性强,在本学科专业有深入研究、较高造诣,在相关教材或学术方面成果丰富,熟悉相关行业发展前沿知识与技术,有丰富的教材编写经验并具有较高的文字水平。

　　审核通过后的教材原则上不更换主编,如有特殊情况,编写单位应报相应的主管部门批准。

三、组织开发团队

　　从事职业教育教材开发,一定要非常清楚需要哪些主体参与,明确不同主体在各个环节所要承担的角色,并据此组建合适的教材开发团队,这是根据其能力特点与教材开发的实践情况来确定的。活页式、手册式教材开发实行单位编写制,编写单位负责组织熟悉相关学科专业教材编写工作的专业团队,审核编写人员条件。教材编写团队应具有合理的人员结构和相对稳定性,包含相关学科专业领域专家、教科研人员、一线教师、行业企业技术人员和能工巧匠等。

　　首先,教材开发应获得编写单位的支持,因为教材开发是一种科学性和团队合作性的工作,没有团队支持的教材开发基本上是无法顺利进行的。因此,在教材开发之前,首先应确定编写单位,明确教材开发的目标和任务,建立教材开发的组织,制定教材开发相关要求等,落实教材开发所需要的资源等。

其次，教材开发的大部分工作需要由教师承担，他们是教材开发的真正主体力量。通常要尽可能由业务能力强的教师来承担教材开发任务，并充分考虑参与教材开发的教师的代表性，这不仅仅是为了使所开发的教材体系能更好地体现多方面的意见，也是为了有效地促进所开发的教材的实施。参与教材开发是让教师接受新教材的重要途径，教材开发工作绝不能仅仅成为专家的行为。

再次，职业教育教材开发必须有岗位专家的参与，这是教材开发能真正基于职业岗位的技术保证。当然，岗位专家如何参与教材开发过程是项十分复杂的技术，他们并非所有环节都需要参与，或者说有能力都胜任。岗位专家最能发挥作用的是工作任务与职业能力分析和教学资源开发这两个环节。至于其他环节，如教材结构分析、教材内容组织等，岗位专家未必擅长。岗位专家熟悉的是岗位的工作任务，课程与教学理念则不是他们的专长。

最后，教材开发的整个过程还需要一个非常重要的角色，那就是课程专家（他们往往同时担任工作任务与职业能力分析专家）。教材开发本身是一件十分复杂的专业性活动，然而职业教育教材开发比普通教育教材开发更为复杂，而活页式、手册式教材又比职业教育其他模式的教材开发更为复杂，如工作任务与职业能力分析技术的掌握让很多教师倍感吃力。因此，要顺利取得活页式、手册式教材开发成果，最好有课程专家团队的全程参与和指导。

四、确定教材大纲

首先，教材编写单位组织分析专家和企业专家召开工作任务与职业能力分析会，制定完整的工作任务与职业能力分析表。所谓工作任务分析，就是对某一岗位或岗位群中需要完成的任务进行分解的过程，目的是掌握其具体的工作内容。工作任务分析包括四项内容，即工作领域、工作模块、工作任务与职业能力。正式的分析从工作领域开始，即分析出工作岗位中的主要工作领域，这是整个分析的起点。在分析工作领域时，应将岗位群作为一个整体进行分析，工作领域指岗位群所执行的较大范围的功能，这些功能应当是该岗位人员实际在做的工作，而不仅仅是企业岗位职责中规定的内容。在工作领域分析阶段，不需要考虑教材、知识、能力等内容，只需要考虑岗位上的员工实际在做什么。工作领域用"名词＋动词"的短语进行表述。工作模块和工作任务的分析思路与工作领域分析基本相同，只不过这两个环节的分析更加具体，是对工作领域的进一步拆解。工作模块和工作任务的分析应针对每个工作领域分别进行，应当涵盖岗位的所有要求。拆解时要尽量详细，一般每条工作领域的工作任务应在5项以上，目的是获得对岗位工作更加深入的把握。工作模块和工作任务的分解要体现清晰的逻辑线索，要避免任务之间的交叉，还要注意同级的工作任务应当大小比较均衡。工作模块和工作任务表述也采取"名词＋动词"的短语形式，如"产品制作"。在完成工作模块和工作任务分析的基础上，还要进一步进行职业能力分析。职业能力是把工作任务转化为教材内容的纽带，缺少了这个环节的分析，工作任务分析就很难在教材开发过程发挥实质性作用。职业能力是一种做事的能力，是人的能力心理要素与具体情境相结合后所表现出来的实际能力，其成分既包括实际工作内容，也包括容纳这些工作内容的心理结构。在进行职业能力分析时应特别注意以下几个方面：（1）不能把能力等同于能力形成所需要的知识条件。(2) 不能把能力等同于任务。任务所描述的是岗位上要完成什么事情,而能力所要描述的是为完成这些事情,人应具备的条件,即它要描述出在什么条件下人能够把什么事情做到什么状态,它是人的个性心理特征。(3) 不能混淆职业能力与工作要求。区分职业能力与工作要求的方法,是看这种描述是否对个体心理有"力量"要求。因为所谓能力,必然是一种力量,是一种需要经过锻炼才能达到的心理水平。(4) 要描述出能力中的工作结果。职业能力应包含对行动结果的描述。因为既然职业能力是胜任工作任务的能力,而能否胜任是要通过工作结果来体现的,因而获得职业能力的重要线索是对工作任务完成结果的思考。(5) 要深入揭示职业能力的内涵。职业能力描述必须抓住工作任务中的关键能力点。真正有价值的职业能力分析,应当分析出超越常规理解却又非常重要的职业能力。在职业能力分析过程中,要善于挖掘工作情境中的诀窍知识。工作诀窍知识是工作者遭遇工作中的问题时,自我建构的能有效解决该问题的策略知识。工作诀窍知识不同于一般的经验知识,它是经验知识中的精华,是在关键工作问题解决中最为实际而有效的知识。职业教育教材内容开发不能简单地按照新的逻辑重新筛选和组织原有学科知识,而是要通过工作诀窍知识的开发,建立职业教育所特有的基于行动的知识体系。

其次,组织一线教师对分析表进行教学化处理,形成可直接用于教学的职业能力清单。开发好的职业能力分析表必须经过教学化处理才能形成教材内容,这个环节的参与者主要是教师。在进行教学化处理时,主要包括以下几个方面:(1) 教师应当依据中国职业教育学生发展核心素养的内容,适当增加和删减职业能力条目,提高任务的教育价值。(2) 按照从学习的零点到最高点的顺序,补充完整职业能力。(3) 对各条职业能力的学习内容进行均衡化处理,使它们的学习量大体接近。一般来说,每条能力的教学所需要的课时数以1—2课时为宜,最多不超过4课时。(4) 按照工作逻辑编写的职业能力之间可能存在较大跨度,因此教师应当提供过渡性职业能力,并尽量消除跨度较大的两条能力之间的学习壁垒。(5) 最后,教师应当对所有职业能力按照教学逻辑的前后关系进行编排,但注意不应做过多改动,不能改变编写的职业逻辑。

最后,根据职业能力清单确定教材大纲,为了使教材内容最大限度地体现岗位工作的要求,可直接将教学化处理后的职业能力清单作为教材目录,职业能力的表述应尽量简略,避免采用过长的句子,并把一条职业能力作为一个独立的模块,据此来编写教材。这样学生在学习完一个模块后,便获得一条职业能力,所有职业能力叠加在一起,便是胜任岗位工作的整体能力。

五、编写教材样章

教材主编组织每位参编人员在规定时间内编写教材样章,样章可参照本开发手册提供的模板。学科专家和教材主编对参编人员编写的教材样章进行把关,确保每位参编人员正确掌握教材编写的基本要求和格式。

六、成员分工撰写

教材主编组织参编人员进行分工撰写,明确每位人员负责编写的章节,确定教材编写要求和期限。教材编写过程中,应通过多种方式征求各方面特别是一线师生和企业的意见。

七、教材主编统稿

各章节教材编写完成后,由教材主编进行统稿。主编应对各部分教材内容的正确性和适宜性、表述规范性、章节连贯性等进行整体把关,并送一线任课教师和行业企业人员进行审读、试用,根据审读意见和试用情况组织参编人员修改完善教材。

第五章 开发要求

一、坚持正确的教材设计理念

职业教育教材开发是一项科学性极强的学术性问题,正确合理的教材设计理念是优秀教材开发的首要前提,亦是教材开发者教育理念和思维方法的体现与升华。首先,教材要有贯穿全书的核心教育理念作为教材的灵魂;其次,教材开发过程中要以教材本身的特征为基础,充分应用相关科学研究成果,广泛参考课程论、教学论、学习论、知识论等;最后,教材开发要基于科学的设计方法,在内容的选择、组织或版面设计方面要有科学依据,不得随意编造。

二、保障教材知识的开发质量

教材的核心功能之一是系统地表达作为课程内容的知识,高质量的知识是优秀教材内容的内在要求。具体而言,其包含以下方面。

(1)教材涵盖本课程中最基本、最有用的事实、概念、理论和技能。

(2)基本知识和概念准确无误,技能操作符合行业规范,满足职业岗位的能力要求,技术要求描述准确。

(3)教材要为学生提供多样化和有针对性的任务,任务出现的频率、形式、难度、位置等适当,能很好地培养学生的实践能力。

(4)教材内容的顺序符合学习者认知发展规律,按照由浅入深、由易到难的顺序进行排列。

(5)专业课教材中的内容与职业岗位的实际需求贴合紧密。

三、符合学习规律的文本呈现形式

教材中的文字质量、编制结构、图文呈现形式等都会对学习者的有效学习产生深刻影响,教材的文本呈现形式应符合学习者的学习规律和认知发展规律。具体而言,它体现在如下方面。

(1)教材中的字词准确无歧义,句子连贯,表意清晰、简练。

(2)教材中文字内容、图像、表格、插图等资源相互支持和印证,所指向的信息保持一致。

(3)教材中字体格式、大小、行距、印刷的清晰度、图文配置等版面设计具有视觉引导作用并符合美的原则,能吸引学生阅读。

(4)教材有明确的结构划分和关联系统,通过标题、总结、阅读框架、信息提示等环节的科学设计,给学习者提供清晰的学习引导。

第六章 教材开发体例及要求

一、封面
封面可自行设计,包括教材名称、作者姓名、著作方式(著、编著、编、主编、译等)、出版社名称等。

二、前言
教材的前言,多用以说明教材主旨或撰文目的,主要包括教材的基本内容、编著(译)意图、成书过程、学术价值及作者介绍等。前言应开门见山,言简意赅,突出重点。

三、目录
目录标出三级标题。这里的工作模块、工作任务和职业能力分别来自前期"工作任务与职业能力分析表"中"工作模块""工作任务"和"职业能力"一栏,格式为"编码＋名称"。

```
    目  录
工作模块 A
工作任务 A-1 ××
  职业能力 A-1-1 ××
  职业能力 A-1-2 ××
  ……
工作任务 A-2 ××
  职业能力 A-2-1 ××
  职业能力 A-2-2 ××
  ……
工作任务 A-3 ××
……
工作模块 B
工作任务 B-1 ××
  职业能力 B-1-1 ××
  职业能力 B-1-2 ××
  ……
```

```
            工作任务 B-2 ××
                职业能力 B-2-1 ××
                职业能力 B-2-2 ××
                ……
            工作任务 B-3 ××
                ……
        工作模块 C
            ……
```

四、正文

　　正文部分一般分为工作模块、工作任务、职业能力三级，如工作模块 A、工作任务 A-1、职业能力 A-1-1……。这里的工作模块、工作任务和职业能力来自前期经教学化处理后的"工作任务与职业能力分析表"。各级标题的表述应简洁凝练。

```
工作模块 A
工作任务 A-1
职业能力 A-1-1
一、核心概念
    （一）
    （二）
    ……

二、学习目标
    （一）
    （二）
    ……

三、基本知识
    （一）
    （二）
    ……

四、能力训练
    （一）操作条件
    ……
    （二）安全及注意事项
    ……
```

（三）操作过程

序号	步　骤	操作及说明	质　量　标　准
1			
2			
3			
……			

（四）问题情境

问题情境一

问题情境二

……

五、学习结果评价

评价内容	评价标准	是/否

六、课后作业

……

第七章　活页式、手册式教材开发样章

工作任务 A-1：进场验收

这里的"工作任务"来自前期"工作任务与职业能力分析表"中"工作任务"一栏，格式为"编码＋工作任务名称"。

要求：（1）工作任务的表述通常采取"名词＋动词"的短语形式，表述要简洁凝练。

（2）为了给教材开发提供更多信息，需要对所获得的工作任务在工作中的操作频率、重要性程度、掌握的难易程度、是否是入职的必备条件等指标进行调查，为确定每项工作任务在教材设计中的优先程度提供依据。基本的调查方法是，要求岗位专家依据职业能力分析表，对每项工作任务的操作频率和重要性程度进行赋值，分三个等级进行，1代表最低，3代表最高，然后分别统计每个选项所占的比重。一般来说，操作频率高且重要性程度高的工作任务，应当作为教材的核心内容；操作频率低且重要性程度低的工作任务，则可作为教材的选学内容。

（3）工作任务分析成果的质量，决定了这些成果对于教材设计的价值。教材开发过程中，在分析工作任务时应重点关注以下四个标准：一是所分解出来的应当是岗位上实际存在的工作任务，不能将知识分析、技能分析与工作任务分析相混淆；二是所分析的工作任务应当涵盖岗位的所有要求，避免只关心专业核心技术，而忽视了完整的工作过程；三是任务的分解要体现出清晰的逻辑线索，清晰的任务逻辑既有利于学生把握特定行业的工作思维，也有利于促进学生对教材内容的记忆；工作任务分析的价值就在于内容的具体性，一般来说，工作任务分析越详细越有价值。

示例：设备传动系统维修、设备液压气动故障处理等。

职业能力 A-1-1：能完成现场材料的外观及抽样检验

这里的"职业能力"来自经过梳理和教学化处理后的职业能力清单。注意要与它所属的工作任务相对应，格式为"编码＋职业能力名称"。

要求：（1）职业能力名称建议采用"能或会＋操作要求＋操作对象"的格式，表述简洁，字数不宜过多，能够直接用作标题。

（2）职业能力要包含对行动结果的描述。在能力分析过程中，我们必须转变思维方式，从思考"我们应该知道什么"转向思考"我们应该能做什么"。需要注意的是，这里所描述的职业能力要求是完全工作状态下的职业能力要求，而在学校情境中，则可以根据学校教学所能达到的实际水平进一步区分职业能力水平。

（3）这里的职业能力描述不应流于表面，而是要全面和深入地揭示职业能力的内涵。

> **示例**：以中职教师岗位的现有工作任务分析"知识教学"为例，其对应的职业能力有两种分析结果：
>
> 第一种分析结果：(1) 能按教学设计要求，准确、易懂地对理论知识进行讲解；(2) 能让学生正确理解、应用知识点。
>
> 第二种分析结果：(1) 能深入理解所教知识的内涵以及与其他知识的关系；(2) 能深入理解所教知识在实际工作中的应用方式；(3) 能运用语言等信息传递手段准确地阐述和解释知识点；(4) 能运用比较、比喻、案例、活动等方式帮助学生深入理解所教知识点；(5) 能根据学生知识学习情况灵活地调整知识教学的方法；(6) 能在知识教学中根据学生的差异选择有针对性的教学方法。
>
> 显然，第二种分析结果的质量明显要高于第一种分析结果。

一、核心概念

"核心概念"指的是对本节内容中涉及的若干关键概念的描述。该部分的作用是让学生形成学习本节内容的概念框架，以支撑学生未来的学习和职业能力的形成。一般而言，一节课的核心概念数量至少为 2—3 个，它们之间可能存在一定的关系，所以可以以图形的方式表述这些概念之间的关系，如网状图、三环图、三角形图等。

要求：(1) 核心概念应能覆盖本节课的重要内容，能够支撑学生形成本条职业能力。

(2) 概念描述应准确无误，不得出现知识性错误，同时也要保证语言表达不得出现理解性错误，错别字和标点符号的错误率要低于国家标准，甚至完全没有错误。

(3) 概念表述的难度应符合学生的认知发展规律，相较于普通教育的学生来说，职业教育尤其是中等职业教育的学生基础较差，语言理解能力偏弱，过多的长难句或句子之间松散的凝聚性将会影响学生对内容的理解，不利于知识的学习，因此在设计职业教育教材时应避免使用过多的长难句。

(4) 概念表述应关注"简约性"，以最简约的方式表述知识，这样既能保证知识的丰富性，又能减轻学生的认知负荷。

1. 外观检查：一种靠视觉和触觉检验材料外观缺陷的方法。
2. 抽样检验：又称抽样检查，根据样本中产品的检验结果推断整批产品质量的方法。
3. 检验批：按相同生产条件或规定方式划分的用于抽样检验的批次。

二、学习目标

"学习目标"指的是达到终极学习目标所需要完成的过程性目标，即形成本节提到的职业能力所需要达到的各个分目标。

要求：(1) 对"学习目标"的分解可以按照工作过程进行，也可以按照工作项目、典型工作任务等维度进行。

(2) 学习目标指的是预期的学习结果，而不是实际的学习结果。通过学习以后，学生或许并不能完全达到预期的结果，但所设定的学习目标必须高于学生现有的学习水平，这意味着在制定学习目标时,教材开发者应充分发挥想象力。

(3)学习目标指的是学习结果而不是学习过程,教材目标表述要聚焦在最终的学习结果状态,不能把结果与过程相混淆,但这是在学习目标编写时很容易发生的错误,许多学习目标所表述的是要学生做什么(活动),而不是做了以后要达到的心理与身体的变化结果。

(4)学习目标的承载主体是学生而不是教师。无论教师做了什么,能做什么,它要表达的都是学生所要产生的变化。这种变化不能仅仅停留在知识层面(如对知识的掌握程度),而是要深入心理结构层面(如对能力和价值观的改变),要表达出学生在学习教材内容后在认知与行为方面改变的结果。

(5)学习目标应把知识、技能与态度综合起来进行描述,按知识目标、技能目标、态度目标三大类别分别描述职业能力的方式反而容易导致内容的碎片化。

(6)学习目标指的是通过对教材的学习后能获得的学习结果,而不完全是现实中的要求。它是一个教育学的概念。职业教育教材在某些时候会要求学习目标与岗位实际能力要求尽可能地接近,但它们仍然是两种不同要求,在学习目标开发中应注意区分。

(7)对学习目标的描述不能过于笼统、不知所指,否则对教学的指导意义不大,在开发教材内容时,应认真研究本条职业能力的要求,并准确、清晰地对其进行表述,每条学习目标应表述出对学生某一方面的重要能力要求。

(8)学习目标通常 3—5 条左右,目标应该表述明确、详细,每个目标结束后用分号结尾。

示例:
1. 能根据检验标准对主要材料进行全面的外观检查;
2. 能根据规范要求正确抽样主要材料;
3. 能根据检测标准规范地检验抽样的材料。

三、基本知识

"基本知识"指的是本节课所需要教授的,支撑职业能力形成所必备的理论知识。这些知识对于学生理解核心概念、工作原理、内部机制等背景性知识具有支持作用,确保学生在动手操作前具备必要的知识引导。

要求:(1)基本知识要能覆盖完成本节课学习目标所需要的必要内容,知识的描述要准确、清楚明了。

(2)基本知识针对职业能力,学习者确定要获得这种职业能力应当"知道、理解"的内容,在教学过程中教师要讲解的主要知识点,均应清楚地表达出来。

(3)知识内容应当大于等于职业能力形成对知识的要求,即一方面所确定的知识应能完全满足职业能力形成对知识的需要,另一方面可以在此基础上对知识有所扩充,让学生获得更加全面的知识。

(4)在知识分析过程中,不要简单地裁剪原有的学科知识,要完全依据职业能力形成对知识的要求进行分析,尤其要注意对实践知识的分析,比如图纸的标准方法、各种资料的格式、所要编制的方案的内容、工具的使用方法、问题的主要表现与经验性解决方法等。因为这些知识是传统教材中最为缺乏,而在实际工作中非常重要的知识,职业教育活页式、手册式教材将因为这些内容的凸显而呈现出鲜明的职业特色。

(5) 活页式、手册式教材的基本知识可以区分为五个方面：任务与标准，指行动的内容及要达到的要求；对象与结果，指行动对象与工作成果的结构、性质与特征；过程与方法，指行动的步骤与要采取的方法；问题与经验，指行动中可能遇到的问题及经验性解决方法；概念与原理，指行动所涉及的概念及理论。这五个方面所涉及的是职业能力对知识的不同方面的要求，它们之间内在联系紧密，依据这一框架进行分析有利于获得以职业能力为中心的、组织严密的工作知识体系。

(6) 知识分析应依据三条原理：一是实用性。即与工作任务的相关程度高，联系紧密，有利于工作任务的完成，这在实际工作中非常有用。二是可容性。即在学生的接受能力与课时安排范围之内，以往对教材知识的要求，强调以"够用"为准，这其实是个伪命题，因为不仅"何时够用"是无法测量的，而且从教育学的观点看，知识永远是不可能够用的，因为能力发展是无止境的。因此，知识选择需要依据的是学生学习能力的有限性和在校学习时间的有限性。三是可教性。即要避免对知识的模糊描述，要清楚地表达出每条知识及要求，使教师和学生阅读教材后能立即明确所要教和学的内容。

(7) 基本知识呈现的格式可以多样化，如文字描述、图片、表格等。

示例：

1. 主要材料

钢筋和混凝土是建筑工程中的两大主要建筑材料，对建筑工程的质量起着至关重要的作用。

2. 检验批的组成

材料应按批进行检查和验收。

2.1 钢筋

钢筋检验批按下列规则成批，每批按规定抽样、检查和验收。

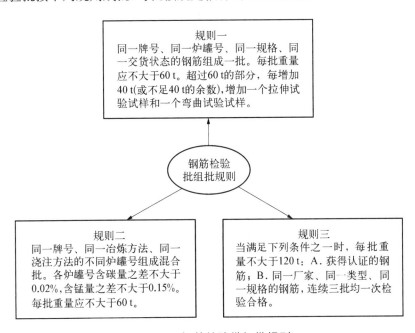

图7-1 钢筋检验批组批规则

2.2 混凝土

混凝土检验批按下列规则成批,每批按规定抽样、检查和验收。

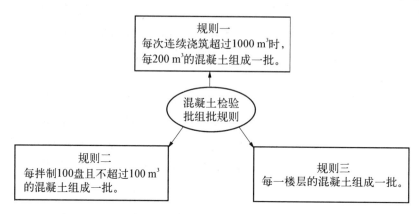

图 7-2 混凝土检验批组批规则

3. 性能检验要求

3.1 钢筋

有抗震设防要求时,结构的纵向受力钢筋的性能应满足设计要求。

当设计无具体要求时,抗拉强度实测值与屈服强度实测值之比不应小于1.25,钢筋屈服强度实测值与强度值之比不应大于1.3,钢筋的最大力下总伸长率不应小于9%。

当发现钢筋脆断、焊接性能不良或力学性能显著不正常等现象时,应对该批钢筋进行化学成分检验或其他专项检验。

3.2 混凝土

混凝土坍落度实测值与控制目标值的允许偏差应符合下表规定。常规品的泵送混凝土坍落度控制目标值不宜大于180 mm,并应满足施工要求。

表 7-1 坍落度控制目标值与偏差

坍落度控制目标值(mm)	允许偏差(mm)
≤40	±10
50—90	±20
≥100	±30

四、能力训练

(一) 操作条件

"操作条件"指的是本节课学生在动手操作时需要用到的工具、设施、设备和其他软硬件环境等。

要求：（1）该部分的描述需要尽可能地贴近真实工作环境，为学生日后顺利过渡至工作环境提供充分的准备。

（2）操作条件要能够促进学生对知识和技能的理解，通常包括用于支持教学内容呈现的一些教学资源，如真实的、能激发学生兴趣、启发学生思维的理解性案例和项目型案例等；有助于学生能力培养的丰富的企业资料，如岗位任务书、规章制度、工艺流程、工艺文件等；用于学生操作的教学资源，如各种仿真操作软件、仿真设备和实际工具设备等。仿真操作软件的开发节约了教学资源，大大增加了学生的实践操作机会。这些软件的操作不失为实战之前的一种有价值的预备训练。仿真设备是专门为实训开发的，它们具有真实设备的功能，只是规格比真实设备要小，但它们能根据实训需要进行调节，及时地进入实训所需要的状态，仿真设备的真实感自然不如实际设备，但它们能提供人们在真实设备上无法获得的实训功能，比如对内部运行过程的观察，根据实训的需要及时调节等，因而有不可替代的价值。实际工具设备的重要性是不言而喻的，甚至可以说这是目前职业院校最为重视的教学资源。在这些工具、设备上的操作可以让学生获得最为真实的职业能力。它们不仅包括物质形态的，也包括资料形态的，对许多服务类专业来说，资料形态的实际工具可能占更大比重。

示例：

1.《钢筋混凝土用钢材试验方法 GB/T 28900》《金属材料拉伸试验第 1 部分：室温试验方法 GB/T 228.1》《预拌混凝土 GB/T 14902》《混凝土强度检验评定标准 GB/T 50107》《混凝土结构设计规范 GB 50010》《混凝土结构工程施工质量验收规范 GB 50204》；

2. 与材料外观检查和抽样检验相关的图片及视频；

3. 建筑材料实训室；

4. 万能试验机、坍落度筒、钢筋标距打点机、游标卡尺、钢卷尺等。

（二）安全及注意事项

"安全及注意事项"属于职业素养部分的内容，这部分需要描述与本职业能力直接相关的安全事项。

要求：（1）切忌进行空洞的描述，避免只描述一些共同的、具有普通性的内容，如"注意生产安全""规范操作"等；

（2）安全及注意事项应描述完成本节学习目标所特有的职业素养，只有这样，才能在教学中真正落实职业素养的培养。

示例：

1. 操作前需要检查仪器设备，做好工位安全防护；

2. 初次使用万能材料试验机要认真阅读使用说明，避免因操作不当影响正常使用；

3. 试验仪器设备应具有有效期内的计量检定或校准证书；

4. 要保证实验数据真实有效，不得随意更改实验数据；

5. 材料的见证取样需由监理、施工单位和供货商（厂家）共同进行；

6. 对检测场地进行规范管理，对产生的垃圾或废料进行分类处理。

(三) 操作过程

"操作过程"详细描述了与本节职业能力形成直接相关的操作步骤及其质量标准。通过该部分内容,学生能够从全局层面清晰地浏览和认识各个操作步骤及其顺序关系,并能够依托该步骤单独进行操作。

要求: 该部分用表格的形式呈现,该表格包括四个内容,参考表7-2。

(1) "序号"要按照数字的顺序从小到大依次编排,代表操作的流程。

(2) "步骤"中应用简单的短语描述各个步骤,可使用"名词+动词"的形式进行表述。

(3) "操作方法及说明"要详细阐述该步骤的操作方法和细节,并需要配上相关的图片进行解释。图片的拍摄要清晰,前后设备、人物等要素要保持一致。此外,本教材前后所使用的各类图片都要在版权许可的前提下使用。

(4) "质量标准"是操作标准,并非能力标准,要明确指出学生完成该操作步骤后所达到的效果。切忌直接表述为"参照××标准"等空洞内容。

表7-2 操作过程

序 号	步 骤	操作方法及说明	质 量 标 准
1			
2			
3			
4			
……			

示例:

工序	步 骤	操作方法及说明				质量标准
材料的外观及抽样检验	钢筋的外观检查	检查待检区的钢筋外观,完成记录表。 检验批钢筋外观检查记录表				外观检查记录表填写完整;问题判断准确。
		外观缺陷类型	无打○	有打√		
		不平直				
		损伤				
		裂纹				
		严重锈蚀/污染				

续 表

工序	步 骤	操作方法及说明	质量标准
材料的外观及抽样检验	钢筋的外观检查	1. 不平直。 2. 损伤。 3. 裂纹。 4. 锈蚀。	外观检查记录表填写完整；问题判断准确。

续 表

工序	步骤	操作方法及说明	质量标准
材料的外观及抽样检验	钢筋抽样	1. 根据下表数量和方法分别对重量偏差、拉伸、弯曲和化学成分试样抽样。 | 序号	检验项目	取样数量/个	取 样 方 法
1	化学成分（熔炼分析）	1	任 1 根（盘）钢筋切取
2	拉伸	2	不同根（盘）钢筋切取
3	弯曲	2	不同根（盘）钢筋切取
4	反向弯曲	1	任 1 根（盘）钢筋切取
5	尺寸	逐根（盘）	—
6	表面	逐根（盘）	—
7	重量偏差	5	任 5 根（盘）钢筋切取	 注：牌号带 E 的钢筋还需抽取反向弯曲试样。	抽样方法规范；抽样数量正确。
		2. 截取重量偏差、拉伸、弯曲、反向弯曲和化学成分试样。 (1) 试件在每根钢筋距端头不小于 500 mm 处截取。 (2) 重量试件长度：≥500 mm。 (3) 拉伸试件长度：≥10 d+200 mm。 (4) 弯曲试件长度：≥0.5π(D+d)+150 mm。 (5) 化学试件长度：≥500 mm。	截取的试件长度和数量符合要求。
		3. 将标识贴粘贴在试件上。 试件标识贴 | 编　号	
---	---
名　称	
规　格	
制取日期			试样标识应字迹清晰、附着牢固。

续　表

工序	步骤	操作方法及说明	质量标准
材料的外观及抽样检验	钢筋的抽样检验	1. 用游标卡尺和钢卷尺对钢筋的直径和长度进行测量，并作记录。 （1）游标卡尺测量直径。 （2）钢卷尺测量长度。 检验批钢筋尺寸检查记录（单位：mm） | 类型	交货尺寸	实测值	合格打○ 不合格打×
直径			
长度					尺寸填写准确，直径精确到0.1 mm，长度精确到1 mm。
		2. 判断钢筋的长度和直径是否符合以下标准，并完成记录表。 长度标准：允许偏差为 0—+50 mm 直径标准： 热轧光圆钢筋 | 公称直径（mm）	实际重量与理论重量的偏差（%）
---	---
6—12	±6
14—22	±5		钢筋尺寸偏差判定正确。

续　表

工序	步　骤	操作方法及说明	质量标准
材料的外观及抽样检验	钢筋的抽样检验	热轧带肋钢筋 | 公称直径（mm）	实际重量与理论重量的偏差(%)
---	---
6—12	±6
14—20	±5
22—50	±4	 检验批钢筋尺寸检查记录（单位：mm） 	类型	交货尺寸	实测值	合格打○ 不合格打×
直径			
长度			| 3. 根据检验批填写送检单并盖章。 钢筋送检单 | 委托单位			
工程名称			
单位工程名称			
钢筋种类		牌号	
外形		公称直径	
生产厂家		供货单位	
炉（批）号		质保书编号	
进场日期		代表数量	
取样地点		样品状态	正常（　）异常（　）
取样数量（根）	拉伸强度		
	弯曲		
	抗震等级要求		
	重量偏差		
委托参数	屈服强度	拉伸强度　伸长率	弯曲
依据标准			
备注					钢筋尺寸偏差判定正确。 送检单填写正确，无遗漏。

续 表

工序	步 骤	操作方法及说明	质量标准
材料的外观及抽样检验	钢筋的抽样检验	4. 将抽取出来的试件和送检单交给质检机构，质检结束后取回质检报告。 **山西安信建设工程检测有限公司** **钢筋机械性能检验报告** 报告编号：LYG-201305-211 试验编号： 委托编号：LYG-201305-211 工程及部位名称： 试件编号： 委托单位：温州建峰实业有限公司　试验委托人：张青华 钢筋种类：热轧光圆钢筋　级别或牌号：HRB335　生产厂：晋城福盛钢铁 代表数量：60t　来样日期：2013年05月10日　试验日期：2013年05月11日 公称直径：16 mm　炉批号：L1-11966　公称面积：201.1 mm² 力学性能：屈服强度(MPa) 395/395；拉伸强度(MPa) 540/540；伸长率(%) 28/28；σ_{sh}/σ_{sk} —/—；σ_{bh}/σ_{bk} —/— 弯曲性能 s：弯心直径(mm) 48/48；弯曲角度(度) 180/180；弯曲结果 完好/完好 化学分析：C — Si — Mn — P — S — Ceq — 其他 — 结论：所检项目符合 GB1499.1-2007 标准中 HPB335 的技术要求。 声明： 1. 本报告无检测单位检测专用章及检测资质专用章无效； 2. 本报告未经本公司书面批准不得部分复印； 3. 报告无检验人、审核人、批准人签字无效，报告涂改无效； 4. 如对检验报告有异议，在收到报告之日起十五日内向检测单位提出，预期一般不予受理； 5. 委托检验仅对来样负责；见证取样时，有见证人对样品真实性负责。 备注：GB/T228.1-2010 方法 B 检验依据：GB 1499.1-2007 检验类别：见证取样　见证人： 批准：　审核：　检验： 检测单位：山西安信建设工程检测有限公司 报告日期：　年　月　日	送检试件无遗漏。
	混凝土的外观检查	在混凝土卸料口观察混凝土拌合物是否离析，并填写记录。 合格混凝土与离析混凝土 检验批混凝土外观检查记录表 | 车　号 | 无离析打○ 离析打× | |---|---| | | | | | | | | | | | |	外观检查记录表填写完整、准确。

续　表

工序	步　骤	操作方法及说明	质量标准
材料的外观及抽样检验	混凝土坍落度检测	1. 将坍落度筒内外清洗干净,并将底板润湿。 2. 踏紧脚踏板,将混凝土拌合物分三层装入坍落度筒,每层插捣25次。 说明:最后装入的混凝土应高出坍落度筒。 说明:插捣在全面积上进行,沿螺旋线由边缘至中心;插捣底层时插至底部,插捣其他两层时,应插透本层并插入下层 20—30 mm。	坍落度筒内壁无明水; 底板无明水。 坍落度筒底无漏浆; 插捣充分,混凝土密实。

续　表

工序	步　骤	操作方法及说明	质量标准
材料的外观及抽样检验	混凝土坍落度检测	3. 将捣棒用锯和滚的动作清除多余的混凝土，并沿筒口抹平。 4. 立即垂直提起坍落度筒，并将坍落度筒放在锥体混凝土试样旁，用小钢尺量出试样顶面至坍落度筒顶面的垂直距离。 说明：如果混凝土试件的一侧发生崩塌或一边剪切破坏，则应重新取样另测。如果第二次仍发生上述情况，则表示该混凝土和易性不好。	筒口混凝土平整；筒底周围的拌合物清理干净。 提离时间在 3—7 s 内完成；从开始装料到提坍落度筒的整个过程不超过 150 s；坍落度值测量精确至 1 mm。

续表

工序	步骤	操作方法及说明	质量标准
	混凝土坍落度检测	5. 填写混凝土坍落度，并根据坍落度范围判断其是否合格。 **工程名称**：天津市小站实验中学教学楼　**施工单位**：天津市南洋建筑工程公司 **设计混凝土等级**：C20　**施工混凝土等级**：C20 **浇注部位**：基础垫层　**浇注日期**：2016年3月29日 **浇注工程量**：180m³ **混凝土供应单位**：天庆混凝土　**商品混凝土质量证书编号**：20160329-12　**交货坍落度**：200±30mm 配合比　水泥(kg)　细骨料(kg)　粗骨料(kg)　掺合料(kg)　外加剂(kg)　水(kg) 每m³用量　200　857　966　60/75　6.7　195 检查记录 | 车号	到场时间	检测数值	车号	到场时间	检测数值
---	---	---	---	---	---
15	6:00	210			
25	6:15	215			
63	6:23	220			
35	6:35	215			
38	6:48	210			
39	6:59	215			
12	7:10	210			
56	7:22	220			
85	7:36	225			
98	7:48	215			
75	7:58	210			
74	8:09	215			
65	8:21	220					坍落度修约至5 mm； 结果判断正确。
材料的外观及抽样检验	混凝土的取样	在同一盘混凝土或同一车混凝土中随机取样，每次取质检项目所需用量的1.5倍试样量(且不少于0.2 m³)，并搅拌均匀。 说明：(1) 随机取样一般在同一盘混凝土或同一车混凝土的1/4处、1/2处和3/4处； (2) 每次取样应至少留置一组标准养护试件，同条件养护试件的留置组数根据实际需要确定。	取样方法规范； 取样数量正确；
	混凝土试件的制作和养护	1. 按标准方法制作混凝土试件。 (1) 将试模擦拭干净。	试模干净； 隔离剂涂刷均匀，无明显沉积； 插捣规范，混凝土密实，无分层离析现象； 试件数量正确； 试件标记清楚，无遗漏。

续表

工序	步骤	操作方法及说明	质量标准
材料的外观及抽样检验	混凝土试件的制作和养护	（2）涂刷一薄层矿物油或其他不与混凝土发生反应的隔离剂。 （3）混凝土拌合物应分两层装入模内，每层的装料厚度应大致相等，并抹平。 插捣应按螺旋方向从边缘向中心均匀进行。 刮除试模上口多余的混凝土。 （4）待试件成型后拆模，在不破坏试件的前提下，对每个试件进行明显和持久的标记。	试模干净； 隔离剂涂刷均匀，无明显沉积； 插捣规范，混凝土密实，无分层离析现象； 试件数量正确； 试件标记清楚，无遗漏。

续 表

工序	步 骤	操作方法及说明	质量标准
材料的外观及抽样检验	混凝土试件的制作和养护	2. 按标准条件和同条件分别进行养护。 (1) 标养条件：温度 20℃±2℃，相对湿度 95% 以上，或温度 20℃±2℃ 的不流动氢氧化钙饱和溶液。 (2) 同条件养护试件的拆模时间与实际构件的拆模时间相同。	养护条件正确；养护龄期正确。
	混凝土强度检测	1. 填写委托单位记录表。 委托单位记录表 | 委托单位		联系电话	
样品名称		试件尺寸	
生产单位		出厂编号及日期	
样品数量		强度等级	
使用工程名称及部位		检验类别	
检测项目及检测依据		检验后样品处理要求	□取回 □破坏 □检测（试验） 单位处理
样品资料	
样品状态	外观：□正常 □不正常 描述： 尺寸：□符合 □不符合 描述： 其他：
备注		 委托单位 / 检测（试验）单位 经手人： / 业务受理人： 联系电话： / 受理人电话： 传真： / 业务部电话/传真： 通信地址： / 通信地址： 邮政编码： / 邮政编码： 说明：委托单位和样品的有关信息由委托方填写并对其真实性负责；样品状态由检测（试验）单位业务受理人填写；其他信息由双方商定。样品资料（如说明书、见证资料、抽样单等）委托方须在委托时即时提供。	委托单位记录表填写完整、正确。

续 表

工序	步 骤	操作方法及说明	质量标准
材料的外观及抽样检验	混凝土强度检测	2. 对达到养护龄期的试件送检,并取回混凝土质检报告。 混凝土性能检测(试验)报告结论页 	委托单位			
地址		样品编号	
样品 名称		状态	
样品 强度等级		试件尺寸	
生产单位			
送/抽样日期		数量	
工程名称			
检验 项目		地点	
检验 仪器		日期	
检验依据	GB/T 50081-201×		
判定依据			
检验结论			
(以下空白)			
备注:			
批准	审核	主检	联系电话	报告日期 | 混凝土性能检测(试验)结果页 | 序号	检测项目	检测条件	技术要求	检测结果	单项评定
---	---	---	---	---	---
1					
2					
3					
4					
5					
6					
7					
8					
9					
10					
11					
12					
(以下空白)					
备注	("此栏空白"或其他必要的说明)						收集(取回)混凝土质检结果完整、及时。

续表

工序	步骤	操作方法及说明	质量标准
材料的外观及抽样检验	材料验收结果处理	将材料进场检验结果、质检报告填写到验收记录表中。 _____检验批质量验收记 录_____ 编号：_____ （表格：单位（子单位）工程名称、分部（子分部）工程名称、分项工程名称、施工单位、项目负责人、检验批容量、分包单位、分包单位项目负责人、检验批部位、施工依据、验收依据、验收项目、设计要求及规范规定、样本总数、最小/实际抽样数量、检查记录、检查结果、主控项目1—8、一般项目1—5、施工单位检查结果、专业工长、项目专业质量检查员、年 月 日、监理单位验收结论、专业监理工程师、年 月 日） 说明：验收不合格，应将不合格的物资单独码放于不合格品区，并进行标识，尽快退场，以免用于工程。同时做好不合格品记录和处理情况记录。	材料进场验收记录表；各项内容填写准确、无遗漏。

（四）问题情境

"问题情境"是教材的特色内容，是呈现工作知识的部分。这部分内容可以由企业专家提供，由企业专家提出在生产或服务过程中常见的、典型的、真实的问题情境，以此培养学生的问题解决能力。

要求：（1）问题情境以问句呈现，并给予相应的回答。一般情况下需要呈现 2—3 个问题情境。问题情境的形式可以多样化，如实际操作、角色扮演、问题解决等。

（2）问题情境应来源于真实情境中的岗位工作任务，并能够吸引学生探索未知问题的兴趣。

（3）问题情境题应具有一定的挑战性和创造性，尽量避免照搬教材内容。

示例：

问题情境一

施工单位在例行的材料进场检验中，发现某一批钢筋在冷弯试验中出现裂纹，该如何处理？

施工单位在监理工程师及监理员的监督下双倍取样重做各项试验。如果仍有一个试件不合格，则该批钢筋为不合格品，应不予验收或降级使用。双倍复检合格视为材料合格，可正常使用。

问题情境二

施工单位从材料供应商处采购了一批钢材,由于天气原因,钢筋有轻微锈蚀,新来的材料员想拒收。这种做法正确吗?

钢筋表面虽有轻微锈蚀,但不影响钢筋的强度和锚固性能,仍可使用。材料员不能拒收。

问题情境三

施工单位从某厂家连续进了 $\varphi 25$ 的钢筋三批,均一次检验合格。这次,又需从该厂家进 100 t 相同的钢筋。见证取样时为减少工作量,只随机抽取了其中的两根钢筋,从每根钢筋中各截取了 2 根试件分别做拉伸和弯曲试验。请问该见证取样的方法可行吗?

钢筋进场检验,当满足下列条件之一时,其检验批容量可扩大一倍:

1. 获得认证的钢筋;
2. 同一厂家、同一类型、同一规格的钢筋,连续三批均一次检验合格。

由上可知,该见证取样的方法是可行的。

问题情境四

某建筑物在主体结构施工过程中,四层混凝土部分试块强度达不到设计要求,因此请法定检测机构对实际结构进行检测鉴定,经检测该结构能够达到设计要求。根据以上内容,回答问题:该质量问题是否需要处理?为什么?

该质量问题可不作处理,原因是混凝土试块强度不足是在试块检验中发现的质量问题,而经法定检测机构对实际结构测试论证后,认为该结构能够达到要求,因此可不作处理。

五、学习结果评价

"学习结果评价"包括"序号""评价内容""评价标准"和"评价结果"四个部分,参考表 7-3。

要求:

(1)"序号"要按照数字的顺序从小到大依次编号,顺序可遵循能力形成的基本规律。
(2)"评价内容"可以与"学习目标"里的内容相对应。
(3)"评价标准"要详细,能让教师和学生清晰地了解本条评价内容应该达到的效果。
(4)"评价结果"强调学生是否完成了本条能力,所以应该用"是/否"的形式进行评价。

表 7-3 学习结果评价表

序　号	评价内容	评价标准	评价结果(是/否)

示例：

序号	评价内容	评价标准	评价结果(是/否)
1	钢筋的外观及抽样检验	能正确判断钢筋的外观质量是否符合要求； 能按供货情况正确确定检验批； 能按规范方法正确对钢筋质量进行抽检。	
2	混凝土的外观及抽样检验	能正确判断混凝土的外观质量是否符合要求； 能按供货情况对混凝土进行正确取样； 能制作养护并留置试件； 能按规范方法正确对混凝土质量进行抽检。	
3	材料验收结果处理	能正确填写材料质量验收记录表； 能正确处理进场验收不合格的材料。	

六、课后作业

"课后作业"的形式可以多样化，尽量避免以单独一个问题的形式呈现。应尽可能地通过作业让学生能够回忆和强化概念及其关系认知、操作顺序和细节等。可以尝试将作业设计为框图、流程图等形式，让学生能够在其中填写、涂画等，从而让学生在作业完成的过程中具有参与感。

要求：课后作业的设置要尽量避免简单重复教材内容，要能够激发学生对问题的深入思考。

示例：

1. 当发现钢筋脆断、焊接性能不良或力学性能显著不正常等现象时，应对该批钢筋进行（   ）或其他专项检验。

    A. 力学性能检验   B. 化学成分检验   C. 出厂项目检验   D. 抗震强度检验

2. 坍落度试验操作中测得坍落度为 187 mm，则坍落度试验测量结果表达应为_____mm。

3. 坍落度试验中，混凝土拌合物发生一边崩坍或剪坏现象，可能的原因有（   ）。

    A. 插捣不均匀   B. 提桶歪斜
    C. 混凝土的和易性不好   D. 以上都有可能

4. 某 C30 混凝土，经强度检测，得结果如下表：

组　数	1	2	3	4	5	6	7	8	9	10	11	12
强度(MPa)	34	35	29	31	33	35	37	34	38	34	35	36

已知：合格性判定系数 $\lambda_1=1.15, \lambda_2=0.90$。试用统计方法评定该混凝土是否符合设计要求。

附 录

活页式、手册式教材示例样章

工作任务 C3‑3：技术交底

职业能力 C3‑3‑1：能编制技术交底文件

一、核心概念

(1) 施工技术交底：由相关专业技术人员向参与施工的人员进行的技术性交待。
(2) 技术交底文件：告知参与工程施工所有人员施工部署的专业技术文件。

二、学习目标

(1) 能根据施工技术交底需要准确查找交底文件编写所需的资料；
(2) 能准确填写技术交底项目信息；
(3) 能根据不同分项工程特点编制有针对性的技术交底内容。

三、基本知识

1. 施工技术交底文件分类

表 1 交底文件分类

交底文件级别	编写时间	编制交底文件相关人员	交底文件的侧重点
项目总体交底	项目开工前	项目总工程师、技术负责人、专业技术负责人	项目整体战略性安排
单位工程	单位工程开工前	项目技术负责人	本专业范围内施工整体安排
分部分项工程	分部分项工程开工前	专业技术负责人	具体施工步骤方法、安全措施、质量标准
设计变更交底	施工发生较大变化，多次进行	技术负责人	施工方案、施工方法的变化
安全技术交底	施工前	安全技术负责人	大件起重与运输、高空作业、地下作业、大型设备试运行

2. 施工技术交底文件的样表

表2　施工技术交底文件样表

技术交底记录		编　号	
工程名称		交底日期	
施工单位		分项工程名称	
作业班组		分项工程位置	
交底内容：			
一、项目概况 　　交底作业内容 　　具体部位 　　工程量			
二、施工准备 　　人员 　　材料 　　机具 　　作业条件			
三、施工进度要求			
四、施工工艺 　　工艺流程图 　　工艺要点			
五、成品保护			
六、质量要求 　　验收评定标准 　　质量保证措施			
七、其他要求 　　绿色施工措施 　　职业健康安全措施 　　文明施工措施			
会签栏	质量		安全		绿色施工		审批人	
	时间		时间		时间		时间	
交底人			
受交底人			
交底时间			

3. 施工技术交底文件的文本格式要求

(1) 技术方案和交底文件应表述简明、逻辑严谨、层次分明,优先选用图表方式描述。

(2) 技术方案和交底应针对具体作业项目提出明确的要求,避免照抄各种规范标准。

(3) 文件中的称谓及名词,尽量使用中文,避免使用未经统一的英文字母代号。

(4) 行文语序必须符合汉语语言规范,不得英文直译。

(5) 正确使用数字、公式、符号、法定计量单位、代号、技术词汇、专业术语。

四、能力训练

(一) 操作条件

(1) 项目施工方案。

(2) 项目施工图纸。

(3)《施工技术交底编制与管理标准》。

(4)《建筑施工组织设计规范》。

(二) 安全及注意事项

(1) 技术交底文件的编写应在施工组织设计或施工方案编制以后进行,将施工组织设计或施工方案中的有关内容纳入施工技术交底的,不能偏离施工组织设计的内容。

(2) 技术交底文件的编写不能完全照搬施工组织设计内容,应根据实施工程的具体特点,综合考虑各种因素,提高质量,保证可行,便于实施。

(3) 本工程或本项目交底中没有或不包括的内容,一律不得照抄规范和规定。

(三) 操作过程

表3 操作过程

序号	步骤	操作方法及说明	质量标准
1	准备技术交底文件资料	1. 根据分项工程明确交底范围。 | 序号	分部工程	子分部工程	分项工程
		无支护土方	土方开挖、土方回填
		有支护土方	排桩、降水、排水、地下连续墙、锚杆、土钉墙、水泥土桩、沉箱与沉箱、钢及混凝土支撑
		地基处理子分部工程	灰土地基、砂和砂石地基、碎砖三合土地基、土工合成材料地基、粉煤灰地基、重锤夯实地基、强夯地基、振冲地基、砂桩地基、预压地基、高压喷射注浆地基、土和灰土挤密桩地基、注浆地基、水泥粉煤灰碎石桩地基、夯实水泥土桩地基		交底范围与分项工程对应。

续 表

序号	步骤	操作方法及说明	质量标准
1	准备技术交底文件资料	2. 找出并整理相对应的依据资料。 资料收集表 	资料名称	是否已收集（已收集打√）	是否有效（有效打√）
---	---	---
合同文件		
施工图纸		
实施性施工组织设计		
单项（分项、分部工程）施工方案		
关键工序		
特殊工序施工方案		
作业指导书		
上一级技术交底文件		
现场实际情况				资料齐全；签章手续完备。
2	填写技术交底项目信息	1. 按项目编号—分部工程编号—分项工程编号—工序编号—工作批次号的顺序填写编号。 | 技术交底记录		编号	
工程名称		交底日期	
施工单位		分项工程名称	
作业班组		分项工程位置	
交底内容：					编号顺序正确。
		2. 填写工程的完整全称。 | 技术交底记录		编号	
工程名称		交底日期	
施工单位		分项工程名称	
作业班组		分项工程位置	
交底内容：					工程名称非简写，与合同名称完全对应。
		3. 填写施工单位的完整全称。 | 技术交底记录		编号	
工程名称		交底日期	
施工单位		分项工程名称	
作业班组		分项工程位置	
交底内容：				 说明：如有总分包应明确填写总包单位与分包单位名称。	施工单位名称非简写，与合同名称完全对应。
		4. 填写作业班组的组别名称。 | 技术交底记录		编号	
工程名称		交底日期	
施工单位		分项工程名称	
作业班组		分项工程位置	
交底内容：					填写完整，无遗漏。

续 表

序号	步 骤	操作方法及说明	质量标准
2	填写技术交底项目信息	5. 填写交底日期。 | 技术交底记录		编号	| |---|---|---|---| | 工程名称 | | 交底日期 | | | 施工单位 | | 分项工程名称 | | | 作业班组 | | 分项工程位置 | | | 交底内容： | | | | 说明：日期具体到年月日。 "年"应用四位数字表示； "月"和"日"应分别用两位数字表示。	时间明确。
		6. 按照规范填写本次交底分项工程名称。 规范的分项工程名称示例。 | 序号	分部工程	子分部工程	分项工程 | |---|---|---|---| | | | 无支护土方 | 土方开挖、土方回填 | | | | 有支护土方 | 排桩、降水、排水、地下连续墙、锚杆、土钉墙、水泥土桩、沉井与沉箱、钢及混凝土支撑 | | | | 地基处理子分部工程 | 灰土地基、砂和砂石地基、碎砖三合土地基、土工合成材料地基、粉煤灰地基、重锤夯实地基、强夯地基、振冲地基、砂桩地基、预压地基、高压喷射注浆地基、土和灰土挤密桩地基、注浆地基、水泥粉煤灰碎石桩地基、夯实水泥土桩地基 |	名称符合规范要求。
		7. 按作业范围、轴线、标高、尺寸等填写分项工程具体施工部位。	具体施工部位与施工方案完全对应。

续　表

序号	步　骤	操作方法及说明	质量标准
3	编制有针对性的技术交底内容	1. 在总交底中，从施工方案中查找总项目概况并填写表格。 技术交底记录　　编号 工程名称　　　　交底日期 施工单位　　　　分项工程名称 作业班组　　　　分项工程位置 交底内容： 一、项目概况 　• 交底作业内容 　• 具体部位 　• 工程量 二、施工准备 三、施工进度要求 四、施工工艺 五、成品保护 六、质量要求 七、其他要求 会签栏：质量　安全　绿色施工　审批人 　　　　时间　时间　时间　　　时间 交底人 受交底人 交底时间	与施工方案完全对应。
		2. 查找合同、上一级施工方案、相关规范及现场实际情况，确定人员、材料、机具需求以及作业条件，汇总到施工准备内容。 技术交底记录　　编号 工程名称　　　　交底日期 施工单位　　　　分项工程名称 作业班组　　　　分项工程位置 交底内容： 一、项目概况 二、施工准备 　• 人员 　　劳动力配置 　　培训 　　特殊工种持证上岗要求 　　…… 　• 材料 　　名称 　　规格 　　型号 　　数量 　• 机具 　　机械设备、主要工具、计量设备的名称型号、数量、性能、使用要求等 　• 作业条件 　　上道工序完成应具备的条件 　　本工序周边环境 　　水、电源、安全设施、辅助设施等应具备的条件 三、施工进度要求 四、施工工艺 五、成品保护 六、质量要求 七、其他要求 会签栏：质量　安全　绿色施工　审批人 　　　　时间　时间　时间　　　时间 交底人 受交底人 交底时间	填写完整； 数字准确； 不偏离上一级施工方案内容； 作业条件与实际情况相符。

续 表

序号	步骤	操作方法及说明	质量标准
3	编制有针对性的技术交底内容	3. 根据上一级施工方案确定施工进度要求,可以用文字描述,也可以用图表格式表达。 技术交底记录（表格：工程名称、交底日期、施工单位、分项工程名称、作业班组、分项工程位置；交底内容：一、项目概况 二、施工准备 三、施工进度要求（本项作业开始和完成时间） 四、施工工艺 五、成品保护 六、质量要求 七、其他要求；会签栏：质量、安全、绿色施工、审批人、时间；交底人、受交底人、交底时间） 说明：有交叉作业,需确定其工艺要求的间歇时间。	时间明确,与上一级施工方案无冲突。
		4.1 查找上一级施工方案、相关施工技术规范,明确施工程序、施工顺序,绘制工艺流程图。 技术交底记录（表格同上；交底内容：一、项目概况 二、施工准备 三、施工进度要求 四、施工工艺 1.工艺流程图 □→□→□→□→□ 2.工艺要点 • 各工序施工要点 • 操作方法 • 措施 五、成品保护 六、质量要求 七、其他要求；会签栏同上）	符合工程实情与技术标准。

续 表

序号	步骤	操作方法及说明	质量标准
3	编制有针对性的技术交底内容	4.2 结合工程实情确定分项工程施工各工序施工要点、操作方法及措施，选择文字、图表等多种形式汇总整理工艺要点。 技术交底记录表（含：工程名称、交底日期、施工单位、分项工程名称、作业班组、分项工程位置；交底内容：一、项目概况；二、施工准备；三、施工进度要求；四、施工工艺：1.工艺流程图；2.工艺要点（各工序施工要点、操作方法、措施）；五、成品保护；六、质量要求；七、其他要求；会签栏：质量、安全、绿色施工、审批人及时间；交底人；受交底人；交底时间） 说明：对容易发生质量问题、安全问题的因素，以及会影响施工工艺的绿色施工因素等，要特别注意列出措施和要求。	符合工程实情与技术标准。
		5. 查找施工方案及相关规范，确认成品保护要求，选择文字、图表等多种形式进行表达。 技术交底记录表（含：工程名称、交底日期、施工单位、分项工程名称、作业班组、分项工程位置；交底内容：一、项目概况；二、施工准备；三、施工进度要求；四、施工工艺；五、成品保护：保护内容（列出保护所用的材料、保护方法、保护要点和要求、保护开始和终止时间……）；六、质量要求；七、其他要求；会签栏：质量、安全、绿色施工、审批人及时间；交底人；受交底人；交底时间）	内容填写完整明确；符合相关技术标准和工艺要求。

续 表

序号	步 骤	操作方法及说明	质量标准
3	编制有针对性的技术交底内容	6. 查找施工方案，列出施工质量要求及保证措施。 技术交底记录 编号 工程名称　　　　交底日期 施工单位　　　　分项工程名称 作业班组　　　　分项工程位置 交底内容： 一、项目概况 二、施工准备 三、施工进度要求 四、施工工艺 五、成品保护 六、质量要求 　• 质量要求 　• 质量标准 　• 填写本分项工程验收评定要求 　• 列出具有针对性的质量保证措施 七、其他要求： 会签栏：质量／安全／绿色施工／审批人　时间 交底人 受交底人 交底时间	内容填写完整明确； 符合现行规范及合同要求； 符合现场实际情况。
		7. 查找施工方案，结合项目特点及合同要求，确认涉及绿色施工、职业健康安全、文明施工等内容并进行汇总。 技术交底记录 编号 工程名称　　　　交底日期 施工单位　　　　分项工程名称 作业班组　　　　分项工程位置 交底内容： 一、项目概况 二、施工准备 三、施工进度要求 四、施工工艺 五、成品保护 六、质量要求 七、其他要求： 　• 绿色施工措施 　　涉及本交底的"四节一保"（节能、节地、节水、节材、环境保护）措施 　• 职业健康安全措施 　　包括作业相关安全防护设施要求，个人防护用品要求，作业人员安全素质要求，接受安全教育要求，项目安全管理规定，特种作业人员执证上岗规定，应急相应要求，相关机具安全使用要求，相关用电安全技术要求，相关危害因素防范措施 　• 文明施工措施 会签栏：质量／安全／绿色施工／审批人　时间 交底人 受交底人 交底时间	填写完整； 对应现场实际情况； 不偏离上一级施工方案内容； 符合现行规范要求。

续 表

序号	步骤	操作方法及说明	质量标准
4	提交审批技术交底文件	8. 将完成的技术交底文件分别交给安全、质量、绿色施工负责人会签后,再交给项目技术负责人审批。 技术交底记录 编号 工程名称 交底日期 施工单位 分项工程名称 作业班组 分项工程位置 交底内容: 一、项目概况 二、施工准备 三、施工进度要求 四、施工工艺 五、成品保护 六、质量要求 七、其他要求 会签栏: 质量 安全 绿色施工 审批人 时间 时间 时间 时间 交底人 受交底人 交底时间	流程正确; 会签完整。

(四)问题情境

问题情境一:

交底文件编写人员编写交底文件过程中,发现施工方案中的技术要求与施工图纸不一致,应该怎么处理?

交底文件编写人员应该向技术负责人进行汇报,由技术负责人协调业主、设计方和相关单位进行相应设计变更或技术核定,对不一致的内容进行澄清处理。

交底文件编写人员根据调整后的设计变更单或技术核定单,编写针对变更部分内容的技术交底文件,并在文件内着重标明。

问题情境二:

采用新技术、新机具、新材料、新工艺时,没有针对性的技术规程或相关施工规范,怎么编写交底文件?

施工单位编制"新技术、新机具、新材料、新工艺"专项工艺评定或施工方案,编制完成后,由业主或总包组织专家评审。评审通过后,由交底文件编写人员根据形成的专项工艺评定或施工方案,汇总编入交底文件。

问题情境三:

因为大体积混凝土水化热过大,影响工程质量,交底文件应该重点注重哪些内容?

大体积混凝土浇筑的分部分项工程,应结合工程部位和施工方案确定技术交底文件的编制内容,重点关注大体积混凝土浇筑施工技术要点,包括混凝土浇筑顺序、混凝土降温措施、混凝土体表温差控制、混凝土添加剂含量及品种、表面裂缝的控制等,并注明特殊工艺要求。

（五）学习结果评价

表4　学习结果评价表

序号	评价内容	评价标准	评价结果(是/否)
1	准备技术交底文件资料	能做到交底范围与分项工程一致对应； 能准备齐全依据资料并保证签章手续完备。	
2	填写技术交底项目信息	能正确编号； 能完整填写项目全称、施工单位名称、作业班组名称； 能按规范要求填写分项工程名称； 能准确填写具体施工部位。	
3	编制有针对性的技术交底内容	能与施工方案对应填写项目概况； 能根据上级施工方案和作业条件，正确编写施工准备情况； 能按照上级施工方案和现场实情，正确填写施工时间进度； 能根据工程实情，按照技术标准与工艺要求，正确填写施工工艺内容； 能按照相关技术标准和工艺要求，正确填写成品保护内容； 能符合现场实情与规范要求，准确编写施工质量要求； 能按照上级施工方案和现场实情，正确填写绿色施工措施、职业健康安全措施及文明施工措施等其他要求。	
4	提交审批技术交底文件	能按照流程完整会签。	

五、课后作业

（1）请根据下表中所给出的分项工程施工特点及技术要求，将相应交底文件记录要点填写在表格中。

表5　交底文件记录要点

名　称	交底文件记录要点
模板工程	
脚手架工程	
砌筑工程	
基坑支护工程	
钢筋工程	

（2）资料连连看：当需要填写技术交底文件的以下内容时，应从哪些资料中寻找对应要求？试用实线连线表达。

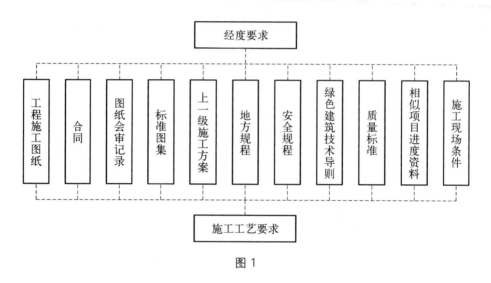

图 1

（3）项目部进行技术交底时，虽然按照现场技术交底制度明确了责任人员和交底内容，但实施作业前仅对分包责任人进行了一次口头交底，没形成签字的书面记录。

请根据本节课内容，分析项目部在实施技术交底时存在哪些问题？

职业教育项目教学设计指导手册

目 录

前　言	**265**
第一章　术语界定	**266**
一、项目	266
二、项目教学	266
三、项目教学设计	266
四、项目-任务匹配模式	266
五、项目类型	272
六、项目序化	272
第二章　设计理念	**273**
一、以"做中学"为理论指导,深入设计项目的学与教活动	273
二、以学生的认知发展为基础,调整实际项目实施过程	273
三、以实践性问题为逻辑纽带,整合实践知识与理论知识	273
第三章　设计原则	**274**
一、思想性原则	274
二、系统性原则	274
三、灵活性原则	274
四、操作性原则	274
第四章　项目教学设计方法	**275**
一、项目整体教学设计方法	275
二、各项目教学设计方法	276

第五章　项目教学设计文本体例　　**314**
　　一、文本格式　　314
　　二、技术规范　　316

附　录　　**318**
　　"建筑装饰现场施工"课程项目教学设计　　318

前 言

教学是一种有目的、有计划、有组织的活动。为了保证教学目的的达成和教学活动的顺利进行,需要提前制定教学计划。教学设计就是制定教学计划的一种工作或活动。可见,教学设计对于教学的重要性是不言而喻的。任何一名教师,都必须具有正确的教学设计观念,掌握综合的教学设计方法,具备较强的教学设计能力。

教学设计是指教师以完成一定的教学任务和优化教学效果为目的,以教学系统及其活动为对象,运用系统方法,分析教学问题和制约条件,选择并确定教学实施方案的活动和过程。通过教学设计,教师制定教学活动据以展开的实施方案,使得教学活动可以有计划、有步骤、有效率地展开,直到达到规定的教学目标。

一份完整的教学设计应该包含教学的方方面面,如对教学内容、教学目标、教学重难点、教学方法、时间分配、教学过程、教师活动、学生活动、各阶段设计意图、课后评价与反思等内容的设计。项目教学设计包括了一般的教学设计要素,还兼具项目教学的特征。

《职业教育项目教学设计指导手册》规定了项目教学设计的思路、技术方法和文本体例,体现了职业教育的特色,适合于广大职业院校教师开展教学设计工作。

第一章 术语界定

一、项目

项目是一种具体的职业活动，体现为具体的产品、服务或决策，如排除一个汽车发动机故障。它不是管理意义上的工程项目、科研项目、经济项目等。它是按照工作任务要求进行操作所获得的结果，具有相对完整性，即至少必须可以作为具有相对独立性的中间产品（或服务）。

二、项目教学

项目教学就是以项目为基本组织单位的教学，其本质是用项目教任务。只有当一门课程确立了用于教学的项目体系，才能深入地进行教学设计。

三、项目教学设计

项目教学设计是为优化项目教学效果而制定实施方案的系统的计划过程。它按照工作过程设计学习过程，并且以典型产品（服务）为载体来设计活动、组织教学。

其最为关键且最能体现项目教学特征的环节为：项目设计，包括项目设计的模式、项目的类型、项目的选取与序化等问题；项目活动设计，这是使项目具有教学功能的关键环节；项目教学过程设计，包括项目中的知识分配、教学步骤设计等问题。

四、项目-任务匹配模式

项目-任务匹配模式是项目与工作模块或工作任务的匹配模式，项目是在教学的时候加上去的。如果一开始就有项目，那就是项目课程。但是对于很多其他课程而言，没有项目，只有普适性的任务，因此进一步深化课程建设就面临着项目如何负载的问题。

这是项目设计中首先要解决的问题，常见模式有循环式、分段式和对应式。

循环式（图1-1）是项目设计的主体模式，围绕该门课程的整体工作任务来设计项目。它采用一个大的项目涵盖整个教学任务，其中需要不同的项目进行循环，每个项目涵盖所有任务，工作过程基本一致，具体内容不会重复（见表1-1、表1-2）。

其核心特征是，课程内容以从简单到复杂或同结构但不同类型的系列典型产品或服务为主线展开，每个项目都包括该门课程全部任务所构成的完整工作过程。但是由于项目不同，具体内容是不会重复的。

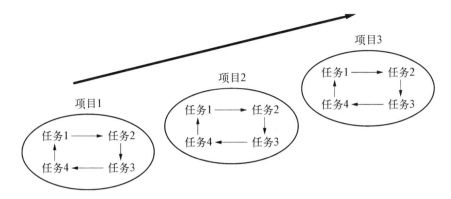

图 1-1 模式一：项目设计的循环式

表 1-1 "建筑材料与资料管理"项目设计"课程项目一览表"参考方案

序号	课 程 项 目	子 项 目	子项目课时	项目课时
1	项目一 "钢筋混凝土框剪结构住宅施工" 商品混凝土材料与资料管理	1. 材料采购计划编制	2	20
		2. 材料采购	6	
		3. 材料进场验收	2	
		4. 材料索赔管理	2	
		5. 材料使用管理	2	
		6. 过程资料收集与管理	2	
		7. 过程资料归档	2	
		8. 竣工资料管理	2	
2	项目二 "钢筋混凝土框剪结构住宅施工" 工程辅助材料与资料管理	1. 材料进场验收	2	20
		2. 材料入库	2	
		3. 现场管理	8	
		4. 过程资料收集与管理	2	
		5. 资料发放管理	2	
		6. 竣工资料管理	4	
3	项目三 "钢筋混凝土框剪结构住宅施工" 钢筋材料与资料管理	1. 材料采购计划编制	2	30
		2. 材料采购	8	
		3. 材料进场验收	2	

续 表

序号	课程项目	子项目	子项目课时	项目课时
3	项目三 "钢筋混凝土框剪结构住宅施工" 钢筋材料与资料管理	4. 材料索赔管理	2	30
		5. 材料入库	2	
		6. 现场管理	6	
		7. 资料管理	8	
合 计			70	

表1-2 "建筑装饰方案设计"项目设计"课程项目一览表"参考方案

序号	课程项目	子项目	子项目课时	项目课时
1	项目一 两房两厅居住空间	1. 概念设计	4	16
		2. 平面方案分析	4	
		3. 方案概念图绘制	4	
		4. 方案图绘制	2	
		5. 方案文本汇报	2	
2	项目二 三房两厅居住空间	1. 概念设计	2	18
		2. 方案概念图绘制	4	
		3. 居住空间施工图识读	6	
		4. 方案图绘制	2	
		5. 效果图绘制	2	
		6. 方案文本汇报	2	
3	项目三 商业公共空间设计	1. 概念设计	2	38
		2. 平面方案分析	4	
		3. 方案概念图绘制	4	
		4. 商业空间施工图识读与绘制	4	
		5. 方案图绘制	2	
		6. 效果图绘制	4	

续表

序号	课程项目	子项目	子项目课时	项目课时
3	项目三 商业公共空间设计	7. 初步材料选择	4	38
		8. 扩初方案设计文件汇总	4	
		9. 设计概算	4	
		10. 方案图设计交底	6	
合　计			72	

分段式(图 1-2)同样是一个大的项目涵盖所有的工作任务,但是这个大的项目要分阶段实施。它根据工作任务界线,把一个大型的、完整的综合项目划分成若干部分(小项目),学生按照工作顺序逐步完成各小项目,最终完成整个项目(见表 1-3)。

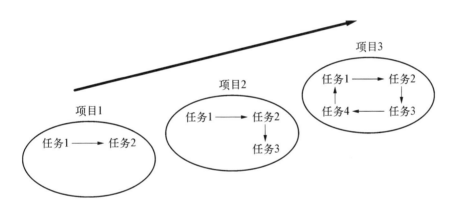

图 1-2　模式二：项目设计的分段式

表 1-3　"计算机动画制作"项目设计"课程项目一览表"参考方案

序号	课程项目	子项目	子项目课时	项目课时
1	项目一 场景建模	1. 建立场景—temple	2	10
		2. 建立飞机模型	2	
		3. 制作卡通人物的床	2	
		4. 制作卡通人物的电脑和桌子	2	
		5. 制作合成卡通人物的房间	2	
2	项目二 角色建模	1. 制作卡通人物的身体模型	4	20
		2. 制作卡通人物的头部模型	4	

续　表

序号	课程项目	子　项　目	子项目课时	项目课时
2	项目二 角色建模	3. 制作卡通人物的手部模型	4	20
		4. 制作卡通人物的服饰模型	4	
		5. 卡通人物细节刻画	4	
3	项目三 动画制作	1. 制作小球跳动的关键帧动画	4	20
		2. 制作飞机沿曲线飞行的路径动画	4	
		3. 制作摄像机动画	4	
		4. 设定卡通角色	4	
		5. 制作女孩走路的非线性动画	4	
4	项目四 动力学模拟	1. 制作粒子特效	4	20
		2. 制作力场特效	4	
		3. 制作刚体约束效果	4	
		4. 制作流体效果	4	
		5. 特效综合练习	4	
5	项目五 房间制作	1. 制作红苹果材质	2	10
		2. 制作卡通人物模型的材质	2	
		3. 制作角色三点光源	2	
		4. 调制室内灯光效果	2	
		5. 渲染动画	2	
共　计				80

对应式(图1-3)是在任务下面设置项目情境,用小的项目进行贯穿,项目在任务之下。各工作任务之间并不存在明显的相互依赖关系,一个任务设计多少项目,依具体情况而定(见表1-4)。

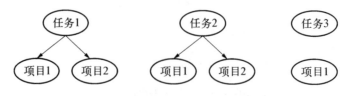

图1-3　模式三：项目设计的对应式

表 1-4 "证券投资分析"项目设计"课程项目一览表"参考方案

序号	课程项目	子项目	子项目课时	项目课时
1	项目一 收集证券信息	1. 查询证券信息	2	10
		2. 查询上市公司基本面	2	
		3. 查询开放式基金概况	2	
		4. 选择股票	4	
2	项目二 进行证券基本分析	1. 宏观因素分析	4	14
		2. 行业分析	4	
		3. 公司分析	6	
3	项目三 评估证券价值	1. 债券价值评估	2	13
		2. 股票价值评估	8	
		3. 基金投资价值评估	3	
4	项目四 分析证券价格走势	1. 趋势分析	3	16
		2. K线分析	3	
		3. 形态分析	4	
		4. 技术指标分析	6	
5	项目五 撰写投资分析报告	1. 撰写股市评论	4	12
		2. 撰写投资策略研究分析报告	4	
		3. 撰写公司研究分析报告	4	
6	项目六 证券投资组合建议	1. 证券组合分析	2	10
		2. 构建证券投资组合	4	
		3. 评估投资组合业绩	4	
7	项目七 开展证券投资咨询	1. 证券行情研讨	2	10
		2. 模拟投资咨询	4	
		3. 模拟投资策略报告	4	
合 计				85

五、项目类型

项目类型是项目的不同种类,包括单项项目与综合项目、封闭项目与开放项目、模拟项目与真实项目。

单项项目,指围绕着局部工作任务所设计的项目,使学生牢固掌握工作过程的各个环节,具备该专业的基本知识与技能。

综合项目,指围绕着完整工作过程所设计的项目,使学生获得综合职业能力。

封闭项目,指有明确目标,需要按照严格的操作程序与要求进行操作,需要相对确定的知识的项目。

开放项目,指需要学生自己确定目标,通过查阅资料或小组讨论,自己设计工作过程的项目。

模拟项目,指为了满足特定课程内容学习的需要,模拟实际项目所设计的学习项目。

真实项目,指直接来源于消费对象的实际加工或服务项目。

六、项目序化

项目序化,指项目编排的逻辑顺序,包括递进式、并列式、车轮式等三种基本模式(见图1-4)。

递进式,即这些项目是按照操作的难易程度由低到高排列的。

并列式,即这些项目之间既不存在复杂程度差别,也不存在明显的相互依存关系,而是按照横向的并列关系排列。

车轮式,即按照项目内容的结构扩充设计项目。

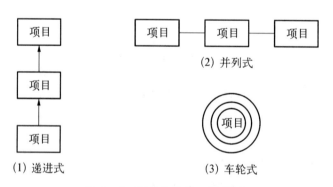

图1-4 项目序化的三种模式

第二章　设　计　理　念

一、以"做中学"为理论指导，深入设计项目的学与教活动

对项目教学来说，做不是目的，学才是目的。"做中学"的"做"也不仅仅是为了训练学生技能，它更是期望通过"做"发展学生具有综合性质的职业能力，包括实际的操作能力，运用资源完成操作任务的能力，对知识的理解与记忆，对工作问题的思考能力，以及相关职业素养。依托项目实施过程的教学活动也不会自动发生，它需要教师进行主动设计。因此在确定项目的基础上，教师要敏锐地意识到项目实施每个步骤可能展开的学习内容，并深入地进行项目的学与教活动设计。

二、以学生的认知发展为基础，调整实际项目实施过程

学习者在项目教学过程中的项目实施过程不能等同于实际项目实施过程，应当根据学习规律对实际项目实施过程进行调整。一方面，学习者尚不具备完成项目的能力，真实工作中的项目实施环节对学习者而言可能是非常困难的，教师要在项目实施的一般程序的基础上，根据学习者项目完成的能力对项目实施过程进行再设计。另一方面，学习者实施项目的目的是学习，因此在实际项目实施步骤的基础上，很可能需要根据学习者的能力特点增加一些教学性步骤。

三、以实践性问题为逻辑纽带，整合实践知识与理论知识

项目是一个载体，其中可包含的学习内容是多种多样的，就知识而言，它会同时包括理论知识与实践知识。避免两类知识机械叠加的关键在于找到两者在工作过程中的结合点。因此，项目教学设计应着重设计那些产生于工作实践中的，需要在工作实践中进行思考的问题，即实践性问题。同时，要能够从这些问题中引申出理论知识，从而真正实现两类知识的整合。

第三章 设 计 原 则

一、思想性原则

项目教学设计要坚持立德树人的教育目标,将立德树人融入并贯穿项目教学全过程。项目教学设计要体现社会主义教学的政治方向,有机融入新时代社会主义核心价值观、中华优秀传统文化,融入有助于让学生坚定理想信念、厚植爱国主义情怀、加强品德修养、增长知识见识、增强综合素质的育人元素。

二、系统性原则

从项目整体设计到各项目教学设计,项目教学设计是一项系统工程。各项目教学设计相对独立,又相互依存,共同组成了项目教学的整体。因此,教学设计要坚持系统性原则,让各项目教学设计在整个教学系统中彼此协调,同时又要合理安排它们之间的联系,确保教学设计的科学性。

三、灵活性原则

项目教学设计是灵活的,针对同样的课程内容,教师往往会设计出不同的项目体系。为了促进项目课程的实施,应当充分发挥教师在项目设计及其教学实施中的创造性。

四、操作性原则

项目教学设计应能指导具体的实践。教师必须对活动过程与成果形态进行详细设计与准确描述,不应把项目活动设计得非常抽象,使其丧失可操作性。

第四章 项目教学设计方法

一、项目整体教学设计方法

规划某本教材整个学期的授课计划,合理划分项目课时,安排教学内容。

(一)设计说明

清楚地说明教学设计的依据和思路,以及项目和课标中的工作任务的对应方式。

表 4-1 设计说明示例

"建筑材料与资料管理"项目教学设计说明
本课程项目教学依据"建筑材料与资料管理"课程标准的思路进行设计,项目载体采用钢筋混凝土框剪结构。在该结构形式中,商品混凝土和钢筋作为结构主材,对工程项目的安全性起着决定性作用,而且也存在大量工程辅材(主要是砂浆、砌块、防水材料、建筑涂料等),可以很好地满足本项目教学需求。 　　本教学设计中项目与任务的匹配模式是循环式。它围绕该门课程的整体任务进行设计,采用"钢筋混凝土框剪结构住宅施工"这个大项目涵盖整个教学任务,其中"商品混凝土材料与资料管理""工程辅助材料与资料管理""钢筋材料与资料管理"三个小项目进行循环,同结构但不同类型,且难易程度由低到高排列。每个项目涵盖所有任务,工作过程基本一致,即采购管理—进场管理—现场管理—过程资料管理—竣工资料管理。但是项目不同,具体内容不会重复。随着项目的推进,学生的职业能力得以不断提升。
"建筑装饰现场施工"项目教学设计说明
本课程项目教学是依据"建筑装饰现场施工"课程标准提供的思路进行设计的,项目载体采用住宅样板间施工。该施工既具有住宅类装饰的全部工作内容,又具备小型公共装饰装修工程的现场管理特点,覆盖面广、可操作性强,可以很好地满足本项目教学需求。 　　本教学设计中项目与任务的匹配模式是分段式。它围绕该门课程的整体任务进行设计,采用"住宅样板间施工"这个大项目涵盖整个教学任务,但是这个大项目要分阶段实施。学生按照工作顺序逐步完成水电隐蔽工程安装、墙面施工、顶棚施工、地面施工、门窗施工这五个小项目,最终完成整个项目。

(二)确定项目一览表

合理划分课程项目,列出每个项目对应的课程任务,及其对应的课时。

(三)注意事项

1. 确定项目设计的模式

(1)对已经以项目为参照点进行工作任务分析的课程而言,其项目设计只须把课程标准中的工作任务移过来就可以,最多做些具体化修改。

(2) 对于不具有项目性质的工作任务,要根据具体专业所对应的职业的性质,确定项目与任务的匹配模式。在具体设计中,循环式、分段式、对应式三种基本模式可能会交叉使用,但是循环式的项目色彩最浓,要尽可能地采用这一模式。

2. 选择项目的类型

根据教学阶段和课程类型选择项目类型,只要能达到人才培养的效果即可,不要一味追求或强调使用某个类型的项目。

3. 项目选取

项目选取要充分考虑以下六个维度:

(1) 与课程目标的定位相适应。

项目选取要紧贴课程目标,不能仅考虑项目的趣味性。尤其要考虑中、高职之间的差距,同样的课程名称在中、高职普遍存在,但是两者的目标定位不同,从而其所选择的项目的难度也应当有显著区分。

(2) 多个项目之间形成一定的逻辑关系。

项目逻辑关系的构建必须紧紧依据相应职业领域的工作逻辑,比如机械加工技术,工人的主要任务是加工各类零件,因此以典型零件为逻辑主线设计项目体系是合适的。

(3) 具有地方经济特色,符合典型性要求。

考虑到项目实施的便捷性,地方特色更有利于采集教学材料,因此,应对当地企业进行深入调研,开发具有"企业真实性"的项目。

(4) 有效地激发学生的学习兴趣。

(5) 具备一定的能力训练价值。

要考虑项目里面是否有一些特殊的技术,学生能够学到一些特殊内容。不能只是简单地列出一些产品加工活动或服务活动,缺乏对项目问题障碍设置等的深入思考。

(6) 在教学中具有可操作性。

应当尽可能设计易于操作、可操作的项目。避免选择看上去好看但不可操作的项目。

4. 项目序化

项目序化主要是针对项目设计的循环式模式而言的。

要根据专业和课程的具体特点进行分析,选择最有利于学生能力培养的项目逻辑。

二、各项目教学设计方法

(一) 项目描述

描述清楚项目要做什么,过程是什么,结果是什么。(1) 对做的内容应描述到可操作的程度,过程要细化;(2) 对最终成果的描述必须非常清晰、准确,最好用"样板"描述,要特别避免概念化。

错误示例：通过本项目的操作，大家要学会辅助生产成本的归集和分配。✗

正确示例：要求根据庆丰工厂供气、运输两个辅助生产车间2008年6月的成本费用（供气车间发生成本8900元，运输车间发生成本13900元）以及供应对象和数量表，将成本用直接分配法、交互分配法、计划成本分配法分配给各受益单位，准确填制"辅助生产成本分配表"，并依此作账务处理和登记入账。✓

表4-2 项目描述示例

项目三 "钢筋混凝土框剪结构住宅施工"钢筋材料与资料管理
项目描述
要求根据"上海××二期"8号楼钢筋混凝土框剪结构（钢筋采用热轧光圆钢筋HPB300和热轧带肋钢筋HRB400），按照项目钢筋使用要求编制钢筋采购计划，据此采购相应的钢筋。材料进场后，按照标准规范对进场钢筋进行验收，对验收不合格的钢筋开展索赔工作，对符合验收要求的钢筋进行入库管理。在施工过程中对钢筋进行现场管理，并对钢筋在该项目实施中形成的过程资料和竣工资料进行管理并存档。
项目一 "钢筋混凝土框架结构住宅施工"砌体施工技术管理
项目描述
要求根据上海Z宿舍施工图纸填充墙砌体部分设计资料，模拟图纸会审流程，将相对应的标准收集起来并填写标准目录。编写填充墙砌体施工方案与一层填充墙砌体施工交底文件，模拟技术交底流程，完成填充墙砌体施工技术总结报告。

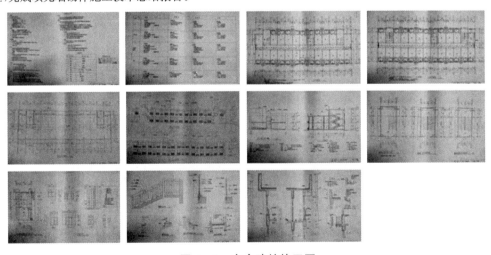

图4-1 宿舍建筑施工图

续 表

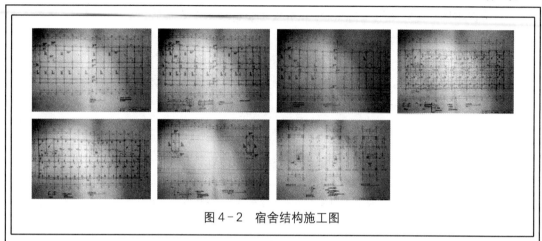

图 4-2 宿舍结构施工图

项目二 "住宅样板间施工项目"墙面施工

项目描述

　　要求根据上海复地住宅样板间墙面施工图纸与施工现场具体情况,对图纸进行优化,包括墙面造型尺寸调整、饰面板(块)材重新排版定位和详图补充。依据国家消耗定额,对墙面施工材料进行初步计量。按施工工艺标准和施工图纸设计,对墙面进行施工放线。编制墙面施工作业指导书,从而协助现场墙面施工管理。

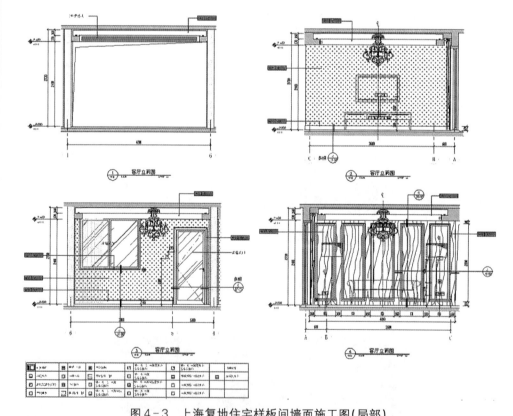

图 4-3 上海复地住宅样板间墙面施工图(局部)

续表

项目一 "建筑装饰方案设计"两房两厅居住空间

项目描述

要求根据某海国际两房两厅居住空间装饰工程图纸及设计资料,确定设计方向,根据平面方案分析进行空间布局设计,对平面布局和界面设计进行初步绘制,根据确定的方案绘制平面和天花布置图,制作最终定稿文本并汇报。最终,学生要做出有两房两厅居住空间的方案设计。

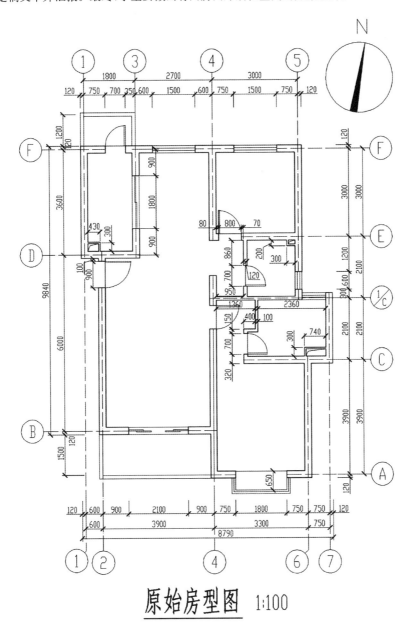

图4-4 某海国际两房两厅居住空间原始房型图

注意事项：

工科类专业的项目成果相对来说比较容易描述，但是服务类专业的项目成果相对来说要较难描述，因为其成果形式较为抽象，在描述这种项目成果时教师要善于运用各种图和表（例如表4-3）。

表4-3 "商品调查与选配畅销商品"项目描述

项目描述		
要求完成 Theme 品牌专卖店的商品调查与选配畅销商品： (1) 调查对象为西城广场 Theme 专卖店； (2) 调查内容包括（见附表1）：品牌风格定位、顾客信息（顾客群年龄、消费习惯）、店铺信息（周围环境、面积、商品陈列）、商品信息（价格体系、商品品类、商品数量、商品结构及商品配置比例）、畅销商品信息，其中以销量排名 TOP10（前10）畅销商品为调研重点，要求在本次调研任务中，单位时间（抽样起止时间）不少于30分钟； (3) 根据调查问卷采集到的数据撰写出调研报告，客观、翔实地整理、分析畅销商品的品名、款式、颜色、面料、单价、折扣率、销售数量、毛利润，以及销售占比等； (4) 根据调查结果，为西城广场 Theme 专卖店选配符合品牌风格定位的 20—30 款畅销商品。		
附表1 商品调查问卷（即商品调查具体内容）		
品牌风格定位	□ 行政 OL　□ 时尚淑女　□ 欧美　□ 民族　□ 田园　□ 其他	
顾客信息	顾客群年龄： □ 18—24 岁　□ 25—30 岁　□ 31—35 岁　□ 36—40 岁　□ 40 岁以上	
	消费习惯（购买服装时考虑的重要因素,可多选）： □ 最近潮流趋势　□ 自身风格与气质　□ 服饰品牌知名度　□ 服装款式 □ 服装色彩　□ 服装质地　□ 购物环境　□ 价格优惠折扣　□ 其他	
店铺信息	周围环境： □ 商圈　□ 社区　□ 超市　□ 其他	
	面积： □ 50 平方米以下　□ 50—70 平方米　□ 70—100 平方米　□ 100 平方米以上	
	商品陈列： □ 橱窗陈列　□ 入口陈列　□ 中岛陈列　□ 板墙陈列　□ 区域陈列	
商品信息	价格体系： □ 100—300 元　□ 300—500 元　□ 500—800 元　□ 800—1000 元　□ 1000 元以上	
	商品品类（可多选）： □ 衬衫　□ 西装　□ 半裙　□ 连衣裙　□ 针织衫　□ 风衣　□ (吊带)背心 □ T恤　□ 长裤　□ 中裤　□ 热裤　□ 包　□ 鞋　□ 丝巾　□ 饰品	
	商品数量（仅营业区）：____ 件	
	商品结构及占商品配置比例：____ □ 时尚款占__%　□ 形象款占__%　□ 核心款占__%　□ 促销款占__%	

续 表

续 表

畅销商品信息	品名	款式（附照片）	颜色	面料	单价	折扣率	销售数量	毛利润	销售占比
TOP1									
TOP2									
TOP3									
TOP4									
TOP5									
TOP6									
TOP7									
TOP8									
TOP9									
TOP10									

（二）子项目描述

对子项目的描述与项目描述的要求相同,要对该子项目的活动过程与成果形态进行详细设计与准确描述(见表4-4)。

表4-4 子项目描述示例

子项目三 材料进场验收

子项目描述

要求做好"上海××二期"8号楼钢筋混凝土框剪结构中进场钢筋的场地、工具、设施等验收准备工作,根据规范要求对进场钢筋的资料、外观、数量进行验收。在完成进场钢筋的抽样后,将其送检并填写钢筋进场验收表。

附表1 钢筋进场验收表

工程名称：xxx　　　　　　　　　　　　　　　　　施工单位：xxx建筑工程有限责任公司

序号	规格牌号	进场数量(T)	生产厂家	合格证编号	使用部位	外观质量检查					进场日期	取样日期	复试报告编号	复试结果	重量(g/m)
						锈蚀（颗粒状、片状）	裂纹	油污	平直	损伤					
1	22HRB400E	27	xx钢铁公司	T-48014	基础筏板	√	√	√	√	√	2018.3.2	2018.3.2	JGC2021-016061	合格	2980
2	22HRB400E	33	xx钢铁公司	T-65256	基础筏板	√	√	√	√	√	2018.3.2	2018.3.2	JGC2021-016062	合格	2984
3	22HRB400E	39	xx钢铁公司	111-530	基础筏板	√	√	√	√	√	2018.3.2	2018.3.2	JGC2021-016063	合格	2980
4	22HRB400E	21	xx钢铁公司	T-58893	基础筏板	√	√	√	√	√	2018.3.2	2018.3.2	JGC2021-016064	合格	2470
5	25HRB400E	12	xx钢铁公司	T11-02002	基础筏板	√	√	√	√	√	2018.3.2	2018.3.2	JGC2021-016065	合格	3852

验收结论：2018年3月2日进场的钢筋经检查验收：合格,同意使用。

质量员：　　　　　材料员：　　　　　项目技术负责：　　　　　监理单位检查人：

续　表

子项目一　图纸会审

子项目描述

要求根据上海 Z 宿舍施工图纸填充墙砌体部分设计资料,在其建筑施工图的设计总说明、平面图、立面图、剖面图和详图中,找出建筑施工图图纸表达的平面尺寸、标高等信息,完成建筑施工图信息表。在其结构施工图结构设计总说明和梁柱板构件图中,找出结构施工图的混凝土标号、钢筋牌号,以及梁、柱、板结构尺寸等信息,完成结构施工图信息表。汇总图纸问题,在图纸会审中与设计方就图纸问题进行技术沟通。

附表 2　建筑施工图信息表

图纸关键信息	信息内容	源图纸编号
设计依据		
前期资料		
建筑功能描述		
绝对标高		
建筑物总高、总长、总宽		
轴线间距		
出入口尺寸		
主出入口朝向		
标准层层高		
楼地面做法		
屋面排水坡度		
楼梯位置		
房间开间进深		
窗户尺寸		
屋面防水材料		
楼梯构造做法		
屋面檐口做法		
屋面防水细部构造		
卫生间楼面防水做法		
厨房楼面防水做法		

续 表

附表3 结构施工图信息表

图纸关键信息	信息内容	源图纸编号
混凝土标号		
构造柱尺寸		
柱主筋和箍筋牌号		
柱钢筋数量和间距		
圈梁尺寸		
梁主筋和箍筋牌号		
梁钢筋数量和间距		
楼板尺寸		
板钢筋牌号		
板钢筋数量和间距		

子项目二 墙面施工材料初步计量

子项目描述

要求根据复地样板间客厅墙面施工图纸,计算出墙面施工分部分项工程量,完成工程量计算书;根据全国消耗定额和施工要求,计算出墙面施工所需的辅材用量。完成主材和辅材的材料用量分析表,并根据计算结果为施工班组编制领料单,辅助现场施工领料管理。

附表4 工程量计算书

项目编号	项目名称	计量单位	应用部位	工程量	备注
1	墙面墙纸裱糊	m²	客厅墙面	5.35	

附表5 材料用量分析表

序号	材料名称	规 格	单位	工程量	材料单位用量(消耗量)	总消耗量	应用部位
例1	墙纸WP01	0.53*10 m	m²	5.35	1.04	5.56	客厅立面2

续 表

附表6 项目施工现场领料单

日期：

项目名称：

施工班组

编号	材料名称	规格型号	单位	实际数量	备注
××	××	×××	××	××××××	
××	××	×××	××	××××××	
××	××	×××	××	××××××	

说明：斜体部分及"×××"部分为学生填写内容。

子项目三 "直接分配法下辅助生产成本的归集和分配"

子项目描述

要求根据庆丰工厂供气、运输两个辅助生产车间2008年6月的成本费用（供气车间发生成本8900元，运输车间发生成本13900元）以及供应对象和数量表，将成本直接分配给辅助生产以外的各受益单位，准确填制"辅助生产成本分配表"，并依此作账务处理和登记入账。

附表7 辅助生产成本表

附表8 辅助生产成本供应对象和数量表

供应对象		供气数量(M3)	运输量(吨千米)
辅助生产车间	供气车间		300
	运输车间	2200	

续 表

续 表

供 应 对 象		供气数量(M3)	运输量(吨千米)
基本生产车间	甲产品	29800	
	一般耗用	1600	2800
企业管理部门		2000	900
合 计		35600	4000

附表9 辅助生产成本分配表
(直接分配法)
年 月

辅助生产车间名称				运输车间	供气车间	合 计
待分配费用						
供应辅助生产车间以外的劳务量						
分配率						
基本生产车间耗用	应借"基本生产成本"账户	甲产品	耗用数量			
			分配金额			
	应借"制造费用"账户	一般耗用	耗用数量			
			分配金额			
	分配金额小计					
企业管理部门	应借"管理费用"账户		耗用数量			
			分配金额			
分配金额合计						

附表10 辅助生产成本明细账

供气车间

2008年		凭证号数	摘要	费用项目							
月	日			材料费	职工薪酬	折旧费	低值易耗品摊销	办公费	水电费	租赁费	其他	合计
6	30		本月合计	2630	3481	950	510	159.40		1169.60		8900

续 表

附表 11　辅助生产成本明细账

运输车间

2008 年		凭证号数	摘要	费用项目								
月	日			材料费	职工薪酬	折旧费	低值易耗品摊销	办公费	水电费	租赁费	其他	合计
～	～	～	～	～	～	～	～	～	～	～	～	～
6	30		本月合计	5050	3860	1500	2014	260.40		1215.60		13900

（三）教学目标设置

依据课程标准中的知识内容要求与技能内容要求进行编写，描述清楚促成目标，即学生达到最终目标之前必须达到的目标，用来帮助指导学生的学习。

例如，"形成与人沟通的能力"这样的表述就是不合适的，因为一个子项目的教学无法达到这样高的目标，而应具体地把它表述为"形成在什么情境下采取什么方式与什么人沟通的能力"。

错误示例 1：✕
- 熟悉数控机床上坐标系相关规则；
- 掌握在数控机床上确立坐标系的方法。

正确示例 1：√
- 能在数控机床上建立笛卡尔坐标概念；
- 能在不同情境中用右手定则对刀具、工件正确定位。

错误示例 2：✕
- 熟悉片剂生产的相关理论知识；
- 掌握片剂生产的相关方法。

正确示例 2：√
- 能熟练操作压片机；
- 能运用理论知识解释操作过程；
- 能解决压片过程中的常见问题；
- 能检验片剂的外观、片重差异、硬度、崩解度和脆碎度；
- 能严格按照 GMP（药品生产质量管理规范）要求规范操作，生产出合格的片剂。

子项目四　方案图绘制教学目标

- 能准确设置 CAD 绘图环境,根据 CAD 制图规范使用 AutoCAD 软件;
- 能运用人体工程学尺寸合理布置平面家具与陈设,绘制平面布置图;
- 能根据灯具布置规律,绘制灯具尺寸定位图;
- 能根据重点区域天花设计手法,绘制天花布置图。

子项目五　效果图绘制教学目标

- 能熟练操作 SketchUp 等三维软件,准确设置软件的空间绘图环境;
- 能根据 CAD 平面空间布置图进行空间建模;
- 能基于空间建模摆放家具陈设模型,并进行材质贴图;
- 能运用 Enscape 等插件布置灯光并渲染效果图。

子项目六　过程资料收集与管理

- 能根据文件资料收集的原则和方法收集过程资料;
- 能规范整理施工过程资料;
- 能准确建立施工过程资料台账;
- 能正确填写施工过程资料台账。

(四) 教学资源选择与开发

根据教学需求选择或开发(1)用于呈现教学内容的教学资源,包括教材、课件、录像与照片等;(2)用于支持教学内容呈现的教学资源,包括案例、历届学生优秀作品、企业资料等;(3)用于引导教学过程进行的教学资源,包括项目教学过程设计案例、项目任务书等;(4)用于学生操作的教学资源,包括任务指导书、仿真操作软件、仿真设备、实际工具设备等。

注意事项:

(1)选择或开发的教学资源应与教学目标、教学活动完全一致,能最大限度地促成教学目标的达成,不能选择那些外表有趣,实质在学习过程中偏离教学目标的教学资源。

(2)必须有意识地积累教学过程设计案例以及相配套的考核设计案例,可以促进教师在项目教学过程设计方面互相借鉴优秀经验,更好地引导教师的教学行为。

(3)项目任务书的呈现可在教学过程设计的"活动引入"这一环节进行,具体描述要求学生完成的任务本身,不能简单移植传统教材中的习题(见表4-5)。

表4-5 项目任务书示例

项目任务书1

项目名称：项目三"钢筋混凝土框剪结构住宅施工"钢筋材料与资料管理
子项目名称：材料进场验收

■ 工作任务

任务一：完成进场钢筋验收准备工作

（1）钢筋进场前，根据用料计划、现场平面布置图、物资保管规程及现场场容管理等要求准备验收场地，确定场地平整、夯实，并根据需要确定是否需要建棚、建库。

（2）根据钢筋材料的计量特点，在钢筋进场前配齐所需计量器具，包括游标卡尺、卷尺、磅秤等。

（3）准备相关钢筋进场验收资料，包括用料计划、采购合同、钢筋质量标准等。

（4）根据钢筋验收标准编制钢筋进场验收表。

附表1 钢筋进场验收表

工程名称：　　　　　　　　　　　　　　　　　　　　　施工单位：

序号	规格牌号	进场数量(T)	生产厂家	合格证编号	使用部位	外观质量检查					进场日期	取样日期	复试报告编号	复试结果	重量(g/m)
						锈蚀(颗粒状、片状)	裂纹	油污	平直	损伤					

验收结论：

质量员：　　　　　材料员：　　　　　项目技术负责：　　　　　监理单位检查人：

任务二：进场钢筋验收

（1）进行进场钢筋凭证核对，确认是否为应收的钢筋，凡无进料凭证和经确认不属于应收的材料不得办理验收；进场钢筋是否有供应商提供的相应质量保证资料并盖有红章；检查进场钢筋资料信息与钢筋上的挂牌信息是否一致。

（2）采用过磅或清点根数的方式，清点进场钢筋数量，并用游标卡尺进行直径或壁厚的检测，对照标准，偏差超过国家规范的作为不合格产品拒绝验收。

（3）按照国家现行建筑材料规范要求检查钢筋外观有无裂纹、结疤、折叠、油污、弯曲、锈蚀等现象。

（4）按照钢筋检验批的划分标准确定进场钢筋检验批。

（5）按照规定的部位、数量和操作要求来进行钢筋取样并粘贴标识。

（6）填写钢筋送检单。

续 表

附表 2 钢筋送检单

钢筋送检单			
委托单位			
工程名称			
单位工程名称			
钢筋种类		牌号	
外形		公称直径	
生产厂家		供货单位	
炉（批）号		质保书编号	
进场日期		代表数量	
取样地点		样品状态	
取样数量（根）	拉伸强度		
	弯曲		
	抗震等级要求		
	重量偏差		
委托参数	屈服强度	拉伸强度	伸长率	弯曲
依据标准			
备注			

（7）根据验收结果填写钢筋进场验收表。

附表 3 钢筋进场验收表（填写）

工程名称：xxx　　　　　　　　　　　　　　　　施工单位：xxx建筑工程有限责任公司

序号	规格牌号	进场数量(T)	生产厂家	合格证编号	使用部位	外观质量检查					进场日期	取样日期	复试报告编号	复试结果	重量(g/m)
						锈蚀（颗粒状、片状）	裂纹	油污	平直	损伤					
1	22HRB400E	27	xxx钢铁公司	T-48014	基础筏板	√	√	√	√	√	2018.3.2	2018.3.2	JGC2021-016061	合格	2980
2	22HRB400E	33	xxx钢铁公司	T-65256	基础筏板	√	√	√	√	√	2018.3.2	2018.3.2	JGC2021-016062	合格	2984
3	22HRB400E	39	xxx钢铁公司	111-530	基础筏板	√	√	√	√	√	2018.3.2	2018.3.2	JGC2021-016063	合格	2980
4	22HRB400E	21	xxx钢铁公司	T-58893	基础筏板	√	√	√	√	√	2018.3.2	2018.3.2	JGC2021-016064	合格	2470
5	25HRB400E	12	xxx钢铁公司	T11-02002	基础筏板	√	√	√	√	√	2018.3.2	2018.3.2	JGC2021-016065	合格	3852

验收结论：2018年3月2日进场的钢筋经检查验收：合格，同意使用。

质量员：　　　　　　材料员：　　　　　　项目技术负责：　　　　　　监理单位检查人：

续 表

项目任务书 2

项目名称:项目一"钢筋混凝土框剪结构住宅施工"商品混凝土材料与资料管理
子项目名称:过程资料收集与管理

■ 工作任务

任务一:商品混凝土施工过程资料收集

(1) 查找《上海市建筑安装工程质量竣工资料目录》中 A 册目录,明确与商品混凝土相关的施工组织设计、质量计划资料。

(2) 查找《上海市建筑安装工程质量竣工资料目录》中 B 册目录,明确与商品混凝土相关的施工质量管理资料。

(3) 查找《上海市建筑安装工程质量竣工资料目录》中 C 册目录,明确与商品混凝土相关的施工质量保证资料。

(4) 查找《上海市建筑安装工程质量竣工资料目录》中 D 册目录,明确与商品混凝土相关的施工质量验收资料。

(5) 查阅《资料管理计划》,明确(1)—(4)步骤中,与商品混凝土相关资料的责任人。

(6) 填写附表 1"商品混凝土相关的资料与责任人统计表"。

附表 1　商品混凝土相关的资料与责任人统计表

分　册	表　号	资 料 名 称	责 任 人
A 册	A-3	混凝土试块制作计划表	试验员
B 册	B-19	混凝土浇灌令	施工员
C 册	C-5	混凝土试块抗压报告汇总表	资料员
	××	××	××
	××	××	××
	××	××	××
	××	××	××
	××	××	××
	××	××	××
	××	××	××
	××	××	××
	××	××	××
	××	××	××
	××	××	××
	××	××	××
	××	××	××

续 表

分　册	表　号	资料名称	责任人
D册	D-11	检验批质量验收记录	质量员
	××	××	××
	××	××	××

注：表中斜体字、"××"为要求学生填写部分。

(7) 结合商品混凝土采购计划表、商品混凝土相关的资料与责任人统计表，分组分角色模拟商品混凝土过程资料收集。

任务二：商品混凝土施工过程资料整理

(1) 资料分册。结合各组收集的商品混凝土过程资料，参考 A、B、C、D 册目录对资料进行分册。
(2) 资料排序。对于同一册内资料，按照资料表号顺序及形成的时间顺序进行排序。
(3) 资料装盒。将分册及排序好的资料装入相应的卷盒内。

任务三：制作、填写综合台账

(1) 制作综合台账。根据教师提供的综合台账应包含的内容信息，用 Excel 分组制作综合台账。
(2) 填写综合台账。根据小组收集到的商品混凝土相关的资料，用 Excel 分组填写综合台账。

附表 2　综合台账

材料名称	规格(品种)	生产企业名称	材料(进场批)供应单位	进场日期	进货单据号	实收数量	生产许可证或备案证明(编号)	备案登记使用现场新证书编号	质保书编号	产品标识(商标标识)	外观质量状况	材料取样日期	复检报告编号	材料检测结果	工程材料签字认可日期	使用部位	审核人员签名 施工	审核人员签名 监理	备注

项目任务书 3

项目名称：项目一"钢筋混凝土框架结构住宅施工"砌体施工技术管理
子项目名称：砌体施工技术交底
■ 工作任务
任务一：编写技术交底文件
根据给定案例施工方案、工程图纸、规范标准，收集技术交底文件编写所需的资料和信息，填写下表。

续 表

附表1 技术交底文件资料

资 料 名 称	是否已收集 (已收集打√)	是否有效 (有效打√)
合同文件		
施工图纸		
实施性施工组织设计		
单项(分项、分部工程)施工方案		
关键工序		
特殊工序施工方案		
作业指导书		
上一级技术交底文件		
现场实际情况		

任务二:砌体施工技术交底文件编制
(1) 查找合同、施工图纸、砌体施工方案、相关规范,填写技术交底项目信息。
(2) 查找合同、砌体施工方案、相关规范及现场实际,确定人员、材料、机具需求,确认作业条件,填写施工准备内容。
(3) 根据砌体施工方案,填写施工进度要求。
(4) 根据砌体施工方案、砌体施工技术规范,编写有针对性的施工工艺内容。
(5) 查找合同、砌体施工方案、相关规范,填写成品保护内容。
(6) 查找合同及相关规范,填写施工质量要求内容。
(7) 查找砌体施工方案及相关规范,填写其他要求内容。

附表2 填充墙砌体的技术交底文件

技术交底记录		编 号	××
工程名称	××	交底日期	××
施工单位	××	分项工程名称	××
作业班组	××	分项工程位置	××
交底内容: 一、施工准备 　　人员: 　　材料: 　　机具: 　　作业条件: 二、施工进度要求 　　××			

续 表

续 表								
三、施工工艺 　　*工艺流程图：* 　　*工艺要点：*									
四、成品保护 　　××									
五、质量要求 　　*验收评定标准：* 　　*质量保证措施：*									
六、其他要求 　　*绿色施工措施：* 　　*职业健康安全措施：* 　　*文明施工措施：*									
会签栏	质量		安全		绿色施工		审批人	
	时间		时间		时间		时间	
交底人									
受交底人									
交底时间									

说明：斜体部分及"××"部分为要求学生填写部分。

任务三：分组模拟进行技术交底流程并落实交底人和被交底人签字
(1) 模拟情景并分组，确定交底人和被交底人的身份和角色。
(2) 模拟情景，进行技术交底。
(3) 落实交底人和被交底人在交底文件上签字。

项目任务书 4

项目名称：项目二"住宅样板间施工项目"墙面施工
子项目名称：墙面施工材料初步计量
■ 工作任务

任务一：客厅区域墙面分部分项工程量计算
(1) 识读客厅墙面施工图纸，并根据图纸进行分部分项工程的列项；
(2) 根据消耗定额的工程量计算规则，计算客厅墙面分部分项工程的工程量；
(3) 填写工程量计算书表格。

附表 1　工程量计算书

项目编号	项 目 名 称	计量单位	应用部位	工程量	备　注
1	墙面墙纸裱糊	m^2	客厅墙面	5.35	
××	××	××	××	××	
××	××	××	××	××	

续 表

> 任务二：客厅区域墙面施工主材和辅材的施工用量分析
> (1) 根据墙面施工构造节点、通用做法等信息来统计材料种类，在"材料用量分析表"中填写材料名称；
> (2) 根据施工构造查找适用的消耗定额，确定定额子目中主材和辅材的单位用量；
> (3) 根据公式：施工材料总用量＝工程量×单位施工用量，计算各类材料的总用量；
> (4) 根据公式：单位施工用量＝净用量＋损耗量＝净用量×(1＋损耗率)，计算定额中未包含的材料总用量；
> (5) 完整填写"材料用量分析表"。
>
> 附表2　材料用量分析表
>
> | 序号 | 材料名称 | 规　格 | 单位 | 工程量 | 材料单位用量(消耗量) | 总消耗量 | 应用部位 |
> |---|---|---|---|---|---|---|---|
> | 例1 | 墙纸 WP01 | 0.53×10 m | m^2 | 5.35 | 1.04 | 5.56 | 客厅立面2 |
> | ×× | ×× | ×× | ×× | ×× | ×× | ×× | ×× |
> | ×× | ×× | ×× | ×× | ×× | ×× | ×× | ×× |
>
> (6) 根据前面任务的计算结果，填写项目施工现场领料单。
>
> 附表3　项目施工现场领料单
>
> 日期：
>
> | 项目名称： | | | | | |
> |---|---|---|---|---|---|
> | 施工班组 | | | | | |
> | 编号 | 材料名称 | 规格型号 | 单位 | 实际数量 | 备　注 |
> | ×× | ×× | ×× | ×× | ×× | |
> | ×× | ×× | ×× | ×× | ×× | |
> | ×× | ×× | ×× | ×× | ×× | |
>
> 说明：斜体部分及"××"部分为要求学生填写部分。

(4) 编制任务指导书，要清晰地表述实践教学环节要学习的内容，有效指导学生的实践操作。

工作任务是以动词开头的简短陈述，它要与课程中所要教的任务相一致。在着手编写之前，应对课程的所有任务进行系统梳理，以免产生重复性工作。

要特别注意的是，任务指导书不是某门课程涵盖的所有内容。

工作任务类型不同，任务指导书的编写模式也不同，要体现不同类型工作任务的特点。

"备注"用于区分学习领域，或特别困难的任务和技能。其中，学习领域区分如下：C代表认知学习领域，A代表情感学习领域，P代表技能学习领域；学习难度区分如下：E代表容易，M代表中等，D代表困难。

具体实例参照表4-6。

表 4-6　任务指导书实例

任务指导书(程序型任务)					
专业名称：建筑装饰技术专业　　　　　　　　　　　　　　　　　　　　　　　　　　　　　　　　　　　　　 课程名称：建筑装饰方案设计　　　　　　　 设计师：＿＿＿＿＿＿＿＿＿＿＿＿					
工作任务：效果图绘制					
注意事项： 1. 效果图要求独立完成，不得抄袭，一经发现取消成绩。 2. 提交的作业需包含效果图 jpg 文件和 skp 原文件。					
序号	步　骤	操作方法与说明	质　量	备注	
1	空间房型建模	A. 将平面布置图的 CAD 文件导入 SketchUp 等三维软件； B. 在平面描摹墙体，并按室内净高尺寸（3 米）拉升墙体； C. 打开门洞窗洞，安放门窗，门洞高 2.1 米，窗台离地高 1 米。	房型建模正确	P-E P-E P-E	
2	地面、天花、立面造型建模	A. 根据地坪布置图进行地面造型建模； B. 根据天花布置图进行吊顶构造建模，管道井最低处 2.65 米； C. 根据界面设计图进行立面造型建模，注意天花与立面造型之间的联系，勿忘绘制踢脚线。	地面、天花、立面造型建模正确	P-E P-D P-D	
3	摆放家具模型	A. 根据空间布局图，挑选合适的家具模型，摆放进模型空间； B. 当没有合适的家具模型时，需根据家具常用尺寸，建模绘制家具。	家具模型摆放正确	P-M C-M	
4	材质贴图	A. 根据设计意向图与设计风格，挑选合适的材质，并在对应位置进行材质贴图； B. 设置材质贴图参数，根据美观需求调整材质贴图大小、颜色、反光、透明度等。	材质贴图美观	P-D	
5	灯光布置	A. 启动 Enscape 等渲染插件，在空间中放置点光源、面光源、线光源； B. 设置光源参数，根据照度需求调整发光强度和光束角度。	灯光布置合理	P-M P-D	
6	渲染出图	A. 创建场景，调整合适的视角，避免"上帝视角"和"蚂蚁视角"； B. 启动 Enscape 等渲染插件，设置渲染参数和出图参数，并渲染出最终效果图。	效果图渲染质量佳	P-E P-M	

续　表

任务指导书（程序型任务）			
专业名称：建筑工程技术 课程名称：建筑材料与资料管理 废除的版本：_____ 分析师：_____			页码：__1__ / __1__ 生效日期：_____ 　 批准人：_____
工作任务：进场钢筋验收工作			
安全及其他注意事项： 1. 操作前需要检查仪器设备,做好工位安全防护； 2. 设备在使用前需按规定标定确认检查； 3. 要保证数据真实有效,不得随意更改数据； 4. 对检测场地进行规范管理,对产生的垃圾或废料进行分类处理； 5. 材料的见证取样需由监理、施工单位和供货商（厂家）共同进行。			
序号	步　骤	操作方法与说明	质　　量	备注
1	资料核对	A. 凭证核对：确认是否为应收的材料,凡无进料凭证和经确认不属于应收的材料不得办理验收。 B. 质量保证资料检查。 ● 进入施工现场的钢筋必须有供应商提供的相应质量保证资料。如：生产许可证（或使用许可证）、产品合格证、质量证明书（或质量试验报告）,且必须盖有生产单位或供货单位的红章并标明出厂日期、生产批号或产品编号； ● 主要检查钢材的生产厂家、商标、生产编号或批号、型号、规格、生产日期与所提供资料是否相符,如有任何一项不符,应要求退货或要求供应商提供相应的资料,标志不清的材料可要求退货（也可进行抽检）。 C. 进口钢材按照国家有关规定进行报关、商检、检疫后,进行相关检验。	核对无误,内容无遗漏	P-E P-E P-E
2	外观质量验收	A. 按照国家现行建筑材料规范对所有进场钢筋外观质量进行验证。 B. 钢筋的主要检验项目包括规格、型号以及有无裂纹、结疤、折叠、油污、弯曲、锈蚀等。	验收准确,无漏项	P-M C-M
3	数量验收	A. 钢筋数量的验收方法有检斤和检尺： ● 检斤：按物资的实际重量验收。供应商在将钢材送到现场前进行过磅。现场验收人员可以去磅房监磅,按实际数量结算。也可现场复磅,一般采用电子秤在现场复磅,二者之间的磅差不超过±3‰,按供应磅单结算,超过±3‰,按现场复磅结算。双方有争议者,可到第三方复磅。 ● 检尺：按理论换算的方式验收。供应商将钢材送到现场后,双方点根数,按实际根数和每米的重量进行计量验收。 B. 配备游标卡尺,进行直径或壁厚的检测,对照标准,偏差超过国家规范的作为不合格产品拒绝验收。	验收准确	C-E P-E

续 表

续 表

序号	步骤	操作方法与说明	质量	备注
4	确定进场钢筋检验批	钢筋应按批进行检查和验收。 ● 组批规则一： 同一牌号、同一炉罐号、同一规格、同一交货状态的钢筋组成一批。每批重量应不大于 60 t。超过 60 t 的部分，每增加 40 t（或不足 40 t 的余数），增加一个拉伸试验试样和一个弯曲试验试样。 ● 组批规则二： 同一牌号、同一冶炼方法、同一浇注方法的不同炉罐号组成混合批。各炉罐号含碳量之差不大于 0.02%，含锰量之差不大于 0.15%。每批重量应不大于 60 t。 ● 组批规则三： 当满足下列条件之一时，每批重量不大于 120 t： (1) 获得认证的钢筋；(2) 同一厂家、同一类型、同一规格的钢筋，连续三批均一次检验合格。	批次划分准确	C-M
5	钢筋取样	A. 必须按照规定的部位、数量和操作要求来进行钢筋取样，确保所抽样品有代表性。 B. 取样要求：共 10 个（牌号带 E 的钢筋还需抽取一根反向弯曲试样）。 ● 力学性能：2 个； ● 弯曲性能：2 个； ● 尺寸及重量偏差：5 个； ● 化学成分：1 个。 在切取试样时，应将钢筋端头的 500 mm 去掉后再切取 500 mm。	取样按规范截取，满足数量、长度要求	P-M C-M
6	取样钢筋性能检验、检测	A. 取样钢筋性能检验、检测结果必须符合有关标准的规定。 B. 钢筋性能要求。 ● 有抗震设防要求的，结构的纵向受力钢筋的性能应满足设计要求； ● 当设计无具体要求时，抗拉强度实测值与屈服强度实测值之比不应小于 1.25，钢筋屈服强度实测值与强度值之比不应大于 1.3，钢筋的最大力下总伸长率不应小于 9%。 C. 当发现钢筋脆断、焊接性能不良或力学性能显著不正常等现象时，应对该批钢筋进行化学成分检验或其他专项检验。	检验、检测数据准确无误	P-D C-M P-D

任务指导书（问题解决型任务）

专业名称：国际贸易			页码：1 / 1	
课程名称：进出口贸易实务			生效日期：	
废除的版本：0				
分析师：刘桂平、陈洁			批准人：	

工作任务：某公司在装运港提交 50 箱冷冻豆荚(100 千克/箱)，要求船公司冷冻运输，取得清洁已装船海运提单，货至目的港后，买方发现货物短少 5 箱，另有 5 箱货物腐烂变质，其余 40 箱货物开箱后发现共计缺少 100 千克。试分析存在的问题以及造成问题的原因，并判断买方该如何做。

安全及其他注意事项：造成损失的原因不同，损失责任人也不同，应注意加以区分；索赔应凭借相应材料。

	问题情境	原 因	行 动	备注
1	货物短少 5 箱。	船公司责任。如在转运过程中遗失等。	凭清洁已装船提单，向船公司索赔。	P-M
		海上风险或外来风险造成。如遭偷窃等。	A. 属保险公司承保范围的，凭保险单向保险公司索赔。 B. 未投保或不属于保险公司承保范围的，买方自行承担。	P-D
2	5 箱货物腐烂变质。	卖方包装时未对豆荚做冷冻处理，或豆荚本身存在质量问题。	凭目的港检验检疫证明，向卖方索赔。	P-E
		船公司责任。如冷冻设施未检修出现问题。	凭目的港检验检疫证明，向船公司索赔。	P-D
3	箱内豆荚短少 100 千克。	卖方少装货物。	凭目的港检验检疫证明，向卖方索赔。	P-E

说明：斜体部分为学生填写内容。

任务指导书（判断、决策分析型任务）

专业名称：国际贸易			页码：1 / 1	
课程名称：进出口贸易实务			生效日期：	
废除的版本：0				
分析师：刘桂平、陈洁			批准人：	

工作任务：买卖双方签订交易合同，约定交货数量为 100 公吨，溢短装 10%，请判定以下几种不同的卖方交货情况属于何种类型，并分析买方应如何处理。

安全及其他注意事项：具体处理须按《公约》规定；注意合同溢短装条款的具体应用。

	如果	以及	那么		备注
			类型判定	处 理	
1	交货数量 >100 公吨	>110 公吨	违约（超过溢短装范围）	1. 买方必须收 110 公吨，超过部分： A. 买方全收 B. 买方收一部分 C. 买方拒收 2. 超过部分，按合同约定计价。	P-D

续 表

续 表

	如 果	以 及	那 么		备 注
			类型判定	处 理	
1	交货数量 >100公吨	≤110公吨	无违约(在溢短装范围内)	1. 买方必须全收; 2. 溢短装部分按合同约定计价。	P-M
2	交货数量 = 100公吨		无违约	买方必须全收。	P-E
3	交货数量 < 100公吨	≥90公吨	无违约(在溢短装范围内)	买方必须全收,且无索赔权利。	P-M
		<90公吨	违约(超过溢短装范围)	1. 买方有权要求卖方在合同规定届满期前补交,且保留索赔权利; 2. 补交的额外费用由卖方承担。	P-D

说明:斜体部分为学生填写内容。

任务指导书1(判断、决策分析型任务)

专业名称: 建筑装饰技术　　　　　　　　　　页码: 1 / 1
课程名称: 建筑装饰现场施工　　　　　　　　生效日期:　　　　
废除的版本:　　　　　　　　　　　　　　
指导教师:　　　　　　　　　　　　　　　　批准人:　　　　

工作任务:复核客厅施工图纸尺寸存在的问题并进行判断(客厅立面图4的墙面总尺寸为4200 mm;客厅立面图2的墙面总尺寸 3600 mm)。

安全及其他注意事项:对施工影响程度的判断,主要依据误差值的大小以及施工内容对尺寸要求的紧密性。影响程度的不同与其对应的处理措施方法也不同。

	如 果	以 及	那 么		备 注
			影响判断	行 动	
1	客厅立面图4的墙面施工现场测量总尺寸为4000 mm	墙面有较复杂的木饰面板造型	较大。 施工图纸尺寸比现场实际施工尺寸大200 mm,按图施工后,木饰面造型会大小不一,施工下料会出错,也影响设计效果。	A. 在不影响整体设计效果的前提下,由施工单位来调整施工图尺寸,以满足现场施工要求及排版质量要求; B. 问题较复杂,向建设或监理单位反映,由设计单位修改变更。	P-M
2	客厅立面图2的墙面施工现场测量总尺寸为3680 mm	墙面为墙纸饰面	无影响。 施工图纸尺寸比现场实际施工尺寸小80 mm,墙面为墙纸饰面,若按施工图进行施工,不会影响设计效果,也不会给施工造成困难。	按图施工	C-E

续 表

如 果	以 及	那 么		备注
		影响判断	行 动	
3 施工图纸尺寸与现场尺寸有极大的误差，≥800 mm		*有影响。不能直接施工，因为同时会影响地面和顶棚内容的施工。*	*向建设或监理单位反映，由设计单位修改变更。*	C-E

说明：斜体部分为学生填写内容。

（五）教学组织

教学组织形式：(1)明确分组规则与人数要求以及小组成员职责；(2)协调好教学场地的使用，在转换教学场地和教学组织形式时，合理地组织学生完成转换过程，以确保过程的顺利及安全；(3)明确课内教学任务与课前、课后学习任务的关系，协调好课内与课外的时间安排，提高课堂教学效率。

注意事项：

项目教学通常要采取小组教学的组织形式，但这也不是绝对的，能够由个体完成的教学活动还是要由个体来完成，这样学生可以得到最大限度的能力训练。

（六）教学过程设计

在项目教学过程设计中，要设计学习状态下项目实施过程；在项目引入—项目实施—项目总结三个教学阶段中，合理设计各阶段项目的"学的活动"与"教的活动"。见表4-7项目教学过程。

表4-7 项目教学过程

阶段	项目教学过程		学生学的活动	教师教的活动	课时
1	项目引入	项目描述	A. 理解项目的整体内容，建立工作场所中关于该项目的实际概念； B. 理解该项目要达到的学习目标。	A. 展示项目范例； B. 描述性讲解项目内容、结果形态与质量要求； C. 解释性讲解该项目要达到的学习目标。	
		知识准备	A. 识记并理解与该项目相关的基本概念与工作程序。	A. 解释性讲解项目实施所涉及的基本概念与整体工作程序。	
		任务定位(可结合"步骤1"进行)	A. 观察并理解尝试任务完成的程序、方法与质量要求； B. 通过尝试完成任务，准确理解自己要完成的项目中的具体任务，并进入工作角色。	A. 展示尝试任务的范例； B. 描述性讲解尝试任务的内容、质量要求与工作方法； C. 示范尝试任务的完成过程与操作方法；	

续 表

阶段	项目教学过程		学生学的活动	教师教的活动	课时
1	项目引入			D. 逐一指导学生完成尝试任务，判断其任务完成质量，严格纠正存在的错误； E. 归纳性讲解尝试任务完成过程中存在的共性问题； F. 确认所有学生均在行动层面理解了任务，并进入了工作者角色。	
2	项目实施	项目实施：步骤1	A. 观察、识记与理解完成该步骤的程序、方法与质量要求； B. 按照任务指导书，运用工具、设备、材料等，按质量要求完成该步骤的任务，获得工作成果，形成操作能力； C. 在任务实施的基础上进一步理解该步骤的操作方法与质量要求； D. 理解与该任务相关的复杂概念与工作原理； E. 结合任务，自觉发展团队合作意识、质量意识、成本意识、效率意识、安全意识等职业素养。	A. 展示该步骤要完成的任务的范例； B. 描述性讲解该任务的内容、工作方法与诀窍； C. 示范该步骤的完成过程与操作方法； D. 逐一指导学生完成任务，判断其质量，严格纠正存在的错误； E. 归纳性讲解任务完成过程中存在的共性问题； F. 在任务完成基础上，规定性讲解要求学生发展的团队合作意识、质量意识、成本意识、效率意识、安全意识等职业素养，通过对任务完成过程的观察，判断学生职业素养的发展状态； G. 在任务完成基础上，解释性讲解与该任务相关的复杂概念与工作原理； H. 展示与评价阶段成果，激发学生进一步完成任务的愿望。	
		项目实施：步骤2			
		……			
		项目实施：步骤N			
3	项目总结	项目展示与总体评价	A. 协助教师完成最终作品展示； B. 通过对他人最终作品的优点与不足的评价，提高对作品质量的理解。	A. 组织学生展示各组或个人的最终作品； B. 组织学生对最终作品进行互评，通过发现他人的问题提高学生对质量的理解。	
		项目学习小结	A. 积极归纳通过该项目所取得的学习成果。	A. 引导学生自我归纳通过该项目获得的新的认识。	

示例 1 "建筑装饰方案设计"子项目四"方案图绘制"教学过程

阶段	项目教学过程		学生学的活动	教师教的活动	课时
1	项目引入	项目描述：方案图绘制	A. 理解方案图绘制的整体内容，建立工作场所中方案图绘制的实际概念； B. 理解方案图绘制要达到的学习目标。	A. 展示 CAD 软件绘图环境、平面布置图、天花布置图范例； B. 描述性讲解方案图绘制的内容与质量要求； C. 解释性讲解方案图绘制要达到的学习目标。	5分钟
		知识准备：CAD软件绘图环境设置、平面布置图与天花布置图绘制的内容与要点	A. 记住 CAD 软件绘图环境设置要求； B. 记住平面布置图的绘制步骤； C. 说出重点区域的天花常用设计手法； D. 记住天花布置图的绘制步骤； E. 通过学习浦东新区港城新苑某住宅项目方案图绘制案例，增强绘图的严谨性和责任意识。	A. 解释性讲解 CAD 软件绘图环境设置、平面布置图绘制、天花布置图绘制的整体工作程序； B. 解释性讲解重点区域的天花常用设计手法； C. 描述性讲解浦东新区港城新苑某住宅项目因方案图绘制内容不严谨、制图不规范，导致现场施工无法顺利进行，多次返工拖沓进度的案例，引导学生准确绘制方案图，降低图纸的差错率，培养精益求精、一丝不苟的职业精神。	15分钟
		任务定位	A. 观察教师给出的 CAD 软件绘图环境设置、平面布置图、天花布置图范例，分析思考，并理解尝试 CAD 软件绘图环境设置、平面布置图绘制、天花布置图绘制的程序、方法与要求； B. 分析思考教师给出的 CAD 软件绘图环境设置、平面布置图、天花布置图范例，准确理解自己的具体任务，并进入工作角色。	A. 确认所有学生均在行动层面理解了任务，并进入了工作者角色。	5分钟
2	项目实施	项目实施：1. CAD 软件绘图环境设置	A. 理解完成 CAD 软件绘图环境设置的内容、方法与要求； B. 按照任务指导书要求完成 CAD 软件绘图环境设置，形成熟练操作 CAD 软件完成绘图环境设置的能力； C. 在 CAD 软件绘图环境设置的基础上进一步理解 CAD 软件制图规范的基础要求；	A. 展示 CAD 软件绘图环境范例； B. 描述性讲解 CAD 软件绘图环境设置的具体内容、要求与工作方法； C. 示范 CAD 软件绘图环境设置的操作方法； D. 逐一指导学生完成 CAD 软件绘图环境设置，判断其	5分钟

续 表

阶段	项目教学过程	学生学的活动	教师教的活动	课时
2	项目实施	D. 通过学习 CAD 软件绘图环境设置范例,理解 CAD 软件绘图环境设置的要求,提高质量意识。	质量,严格纠正存在的错误; E. 归纳性讲解 CAD 软件绘图环境设置完成过程中存在的共性问题; F. 在完成任务的基础上,引导学生理解 CAD 软件绘图环境设置要求,引导学生严格遵照制图规范要求,准确完成绘图环境设置; G. 展示与评价阶段成果,激发学生进一步完成平面布置图绘制的愿望。	5分钟
	项目实施:2.绘制平面布置图	A. 理解完成平面布置图的绘制内容、方法与要求; B. 按照任务指导书要求完成平面家具布置,获得平面布置图,形成熟练操作 CAD 软件绘制平面布置图的能力; C. 在平面布置图绘制的基础上进一步理解 CAD 软件绘制方案图的操作方法与质量要求; D. 通过学习平面布置图范例,理解平面布置图制作要求,提高质量意识。	A. 展示平面布置图范例; B. 描述性讲解平面布置图绘制的具体内容、要求与工作方法; C. 示范绘制平面布置图的绘制过程、家具图例摆放规律、CAD 出图等操作方法; D. 逐一指导学生完成平面布置图的绘制,判断其质量,严格纠正存在的错误; E. 归纳性讲解平面布置图绘制完成过程中存在的共性问题; F. 在完成任务的基础上,引导学生理解平面布置图绘制要求,能遵照制图规范准确完成平面布置图绘制工作,降低图纸的差错率; G. 展示与评价阶段成果,激发学生进一步完成平面布置图绘制的愿望。	25分钟
	项目实施:3.绘制天花布置图	A. 理解完成天花布置图的绘制内容、方法与要求; B. 按照任务指导书要求完成天花造型绘制、布置灯具、绘制灯具表,获得天花布置图,形成熟练操作 CAD 软件绘制天花布置图的能力; C. 在天花布置图绘制的基础上进一步理解 CAD 软件绘制方案图的操作方法与质量要求;	A. 展示天花布置图范例; B. 描述性讲解天花布置图绘制的具体内容、要求与工作方法; C. 示范绘制天花布置图的绘制过程、重点区域的造型设计、灯具尺寸间隔、CAD 出图等操作方法; D. 逐一指导学生完成天花布置图的绘制,判断其质量,严格纠正存在的错误; E. 归纳性讲解天花布置图绘	20分钟

续 表

阶段	项目教学过程	学生学的活动	教师教的活动	课时
2	项目实施	D. 通过学习天花布置图范例，理解天花布置图制作要求，提高质量意识。	制完成过程中存在的共性问题； F. 在完成任务的基础上，引导学生理解天花布置图绘制要求，并能尽量全面地绘制图纸内容，提高天花设计内容的完整性、准确性和可行性，增强学生质量意识； G. 展示与评价阶段成果，激发学生进一步完成天花布置图绘制的愿望。	20分钟
3	项目总结	项目展示与总体评价	A. 完成最终平面布置图、天花布置图作品展示； B. 通过对他人最终作品的优点与不足的评价，提高对作品质量的理解。	A. 组织学生展示最终平面布置图、天花布置图； B. 组织学生对最终作品进行互评，通过发现他人的问题提高学生对质量的理解。	10分钟
		项目学习小结	A. 积极归纳通过方案图绘制所取得的学习成果。	A. 引导学生自我归纳通过方案图绘制所取得的新知识与技能。	5分钟

示例2 "建筑材料与资料管理"子项目六"过程资料收集与管理"教学过程

阶段	项目教学过程		学生学的活动	教师教的活动	课时
1	项目引入	项目描述：商品混凝土资料管理	A. 理解商品混凝土资料管理内容，建立工作场所中关于该项目的实际概念； B. 理解商品混凝土资料管理要达到的学习目标。	A. 展示商品混凝土资料范例； B. 描述性讲解商品混凝土资料内容与质量要求； C. 解释性讲解商品混凝土资料管理要达到的学习目标。	5分钟
		知识准备：文件资料收集的原则、文件资料收集的方法、台账的概念	A. 识记并理解文件资料收集的原则； B. 识记并理解文件资料收集的方法； C. 识记并理解台账的概念； D. 理解习近平同志在浙江工作期间考察浙江省档案局馆时座谈会上的重要讲话精神，理解档案的前身就是文件资料，牢固树立做好资料收集工作的使命感、责任感。	A. 解释性讲解文件资料收集的原则； B. 解释性讲解文件资料收集方法； C. 解释性讲解台账的概念； D. 描述性讲解习近平同志在浙江工作期间考察浙江省档案局馆时座谈会上的讲话。使学生认识到各项事业得以发展，都离不开档案，而档案的前身就是文件资料，做好文件资料的收集工作，对于档案工作有着重要意义。	10分钟

续 表

阶段	项目教学过程		学生学的活动	教师教的活动	课时
1	项目引入	任务定位	A. 观察并理解施工过程资料、台账范例,尝试完成施工过程资料收集、建立施工过程资料台账; B. 通过尝试完成任务,准确理解自己要完成过程资料收集与管理的具体任务,并进入工作角色。	A. 展示施工过程资料、台账的范例; B. 描述性讲解施工过程资料、台账的内容、质量要求与工作方法; C. 示范施工过程资料收集与整理、建立台账的过程; D. 确认所有学生均在行动层面理解了任务,并进入了工作者角色。	5分钟
2	项目实施	项目实施:步骤1 收集过程资料	A. 观察、识记确定商品混凝土相关资料及责任人的程序、方法与质量要求; B. 按照任务指导书,查阅教学资源(规范标准、资料管理计划)等完成商品混凝土相关的资料及责任人的确定,填写"商品混凝土相关的资料与责任人统计表"; C. 按照商品混凝土采购计划表,结合"商品混凝土相关的资料与责任人统计表"中的信息,收集过程资料; D. 理解资料收集应与工程进度同步的原理; E. 结合任务,自觉发展团队合作意识、质量意识、成本意识、效率意识、安全意识等职业素养。	A. 展示该步骤要填写的"商品混凝土相关的资料与责任人统计表"; B. 描述性讲解收集过程资料的内容、质量要求与工作方法; C. 示范在教学资源(规范标准、资料管理计划)中查找商品混凝土相关的资料的过程与操作方法; D. 逐一指导学生完成"商品混凝土相关的资料与责任人统计表"的填写,判断其质量,严格纠正存在的错误; E. 示范过程资料的收集方法; F. 逐一指导学生完成过程资料收集,判断其质量,严格纠正存在的错误; G. 归纳性讲解"商品混凝土相关的资料与责任人统计表"填写、过程资料收集过程中存在的共性问题; H. 在任务完成基础上,规定性讲解要求学生发展的团队合作意识、质量意识、成本意识、效率意识、安全意识等职业素养,通过对任务完成过程的观察,判断学生职业素养的发展状态; I. 在任务完成基础上,解释性讲解资料收集应与工程进度同步的原理; J. 展示与评价阶段成果,激发学生进一步完成任务的愿望。	20分钟

续 表

阶段		项目教学过程	学生学的活动	教师教的活动	课时
2	项目实施	项目实施：步骤2 整理过程资料	A. 观察、识记整理过程资料的程序、方法与质量要求； B. 按照《上海市建筑安装工程质量竣工资料目录》，将收集的过程资料按照A、B、C、D分册； C. 按照《上海市建筑安装工程质量竣工资料目录》中A、B、C、D册目录顺序对各册内资料进行排序，同一种资料按形成的先后时间排序，存放于卷盒内； D. 理解过程资料分册、排序要求； E. 结合任务，自觉发展团队合作意识、质量意识、成本意识、效率意识、安全意识等职业素养。	A. 展示《上海市建筑安装工程质量竣工资料目录》； B. 描述性讲解《上海市建筑安装工程质量竣工资料目录》中A、B、C、D册目录顺序； C. 示范过程资料的整理方法； D. 逐一指导学生整理过程资料，判断其质量，严格纠正存在的错误； E. 归纳性讲解整理施工过程资料中存在的共性问题； F. 在任务完成基础上，规定性讲解要求学生发展的团队合作意识、质量意识、成本意识、效率意识、安全意识等职业素养，通过对任务完成过程的观察，判断学生职业素养的发展状态； G. 在任务完成基础上，进一步强调过程资料整理的要求； H. 展示与评价阶段成果，激发学生进一步完成任务的愿望。	15分钟
		项目实施：步骤3 制作综合台账	A. 观察、识记制作综合台账的程序、方法与质量要求； B. 运用Excel软件，制作综合台账； C. 理解综合台账综合的内容信息； D. 结合制作综合台账任务，自觉发展团队合作意识、质量意识、成本意识、效率意识、安全意识等职业素养。	A. 展示空白的综合台账的范例； B. 描述性讲解制作综合台账的方法； C. 示范制作综合台账的过程与操作方法； D. 逐一指导学生完成综合台账制作，判断其质量，严格纠正存在的错误； E. 归纳性讲解在制作综合台账中存在的共性问题； F. 在任务完成基础上，规定性讲解要求学生发展的团队合作意识、质量意识、成本意识、效率意识、安全意识等职业素养，通过对任务完成过程的观察，判断学生职业素养的发展状态；	15分钟

续　表

阶段	项目教学过程		学生学的活动	教师教的活动	课时
2	项目实施			G. 在任务完成基础上,解释性讲解综合台账综合的内容信息; H. 展示与评价阶段成果,激发学生进一步完成任务的愿望。	15分钟
		项目实施:步骤4　填写综合台账	A. 观察、识记填写综合台账的程序、方法与质量要求; B. 运用Excel软件,填写综合台账; C. 理解综合台账应及时、规范填写; D. 结合填写综合台账任务,自觉发展团队合作意识、质量意识、成本意识、效率意识、安全意识等职业素养。	A. 展示填写的综合台账范例; B. 描述性讲解填写综合台账的方法; C. 示范填写综合台账的过程与操作方法; D. 逐一指导学生填写综合台账,判断其质量,严格纠正存在的错误; E. 归纳性讲解在填写综合台账中存在的共性问题; F. 在填写综合台账的基础上,规定性讲解要求学生发展的团队合作意识、质量意识、成本意识、效率意识、安全意识等职业素养,通过对任务完成过程的观察,判断学生职业素养的发展状态; G. 在任务完成基础上,进一步强调应及时、规范填写综合台账; H. 展示与评价阶段成果,激发学生进一步完成任务的愿望。	10分钟
3	项目总结	项目展示与总体评价	A. 完成施工过程资料收集整理、进行台账展示,分析资料存在的问题; B. 通过对他人资料和台账的优点与不足的评价,提高对过程资料收集与管理的理解。	A. 组织学生展示收集整理的施工过程资料、建立的台账,分析资料存在的问题; B. 组织学生对资料和台账互评,通过发现他人的问题提高学生对资料收集与管理的理解。	10分钟
		项目学习小结	A. 积极归纳学习成果并思考施工资料信息化的必要性。	A. 引导学生自我归纳学习成果,结合本次任务思考施工资料信息化的必要性。	

示例3 "项目技术管理"子项目—"图纸会审"教学过程

阶段	项目教学过程		学生学的活动	教师教的活动	课时
1	项目引入	项目描述：图纸会审的目的和要求	A. 理解图纸会审的目的和必要性； B. 掌握图纸会审的要求和流程。	A. 展示图纸会审记录表； B. 描述图纸会审的目的和要求； C. 解释性讲解图纸会审要达到的学习目标。	5分钟
		知识准备：图纸会审项目内容与要点	A. 识记并理解图纸会审的基本概念与工作程序。	A. 解释性讲解图纸会审所涉及的基本概念与图纸会审的工作程序。	5分钟
		任务定位	A. 识读建筑施工图，通过填写图纸基本信息表，了解自己对建筑施工图的识读能力； B. 识读结构施工图，通过填写图纸基本信息表，了解自己对结构施工图的识读能力； C. 将图纸问题汇总，与设计方进行技术沟通。	A. 展示建筑施工图信息表和结构施工图信息表的范例； B. 描述性讲解建筑施工图和结构施工图识读的要求与工作方法； C. 示范建筑施工图和结构施工图识读的过程； D. 确认所有学生均在行动层面理解了任务，并进入了工作者角色。	10分钟
2	项目实施	项目实施：1. 建筑施工图识读	A. 观察、识记与理解完成建筑施工图识读的程序、方法与质量要求； B. 按照任务指导书，识读建筑施工图中的建筑设计总说明，获取建筑设计的基础信息；识读建筑施工图中的平面图、立面图、剖面图，获取建筑设计的尺寸标高及构造做法等设计信息；填写建筑施工图信息表； C. 在任务实施的基础上进一步理解建筑施工图识读的步骤、方法与质量要求； D. 理解与该任务相关的建筑设计概念； E. 结合图纸识读任务，自觉发展工作一丝不苟、勤勉踏实的职业素养。	A. 展示完成的建筑施工图信息表的范例； B. 描述性讲解建筑施工图的组成、图中各类符号的含义和建筑施工图信息的识读步骤和要点； C. 示范建筑施工图识读过程和填写信息表的步骤与方法； D. 逐一指导学生完成建筑施工图信息表的填写，判断填写质量，严格纠正存在的错误； E. 归纳性讲解在填写建筑施工图信息表时存在的共性问题； F. 结合山东海阳海滨住宅项目，因图纸识读有误造成施工错误从而导致大面积返工的工程案例，强调认真识读建筑施工图的重要性； G. 在完成建筑施工图识读基础上，解释性讲解与本任务相关的建筑设计概念；	25分钟

续 表

阶段	项目教学过程	学生学的活动	教师教的活动	课时
2 项目实施			H. 展示与评价学生完成的建筑施工图信息表,激发学生进一步完成任务的愿望。	25分钟
	项目实施:2.结构施工图识读	A. 观察、识记与理解完成结构施工图识读的程序、方法与质量要求; B. 按照任务指导书,识读结构施工图中的结构设计总说明,获取混凝土钢筋等材料的基本信息;识读结构施工图中的构件图,获取梁板柱的尺寸及钢筋直径间距等基本信息;填写结构施工图信息表; C. 在任务实施的基础上进一步理解结构施工图识读的步骤、方法与质量要求; D. 理解与该任务相关的结构设计概念; E. 结合图纸识读任务,自觉发展注重细节又顾全大局的职业素养。	A. 展示完成的结构施工图信息表的范例; B. 描述性讲解结构施工图的组成和图中各类符号的含义,以及结构施工图信息的识读步骤和要点; C. 示范结构施工图识读过程和填写信息表的步骤与方法; D. 逐一指导学生完成结构施工图信息表的填写,判断填写质量,严格纠正存在的错误; E. 归纳性讲解在结构图纸识读与填写结构施工图信息表时存在的共性问题; F. 结合浙江台州一住宅项目,因结构图纸中钢筋直径识读错误造成结构承载力下降从而导致建筑物存在安全隐患,最后经结构加固方达到安全要求的工程案例,强调认真仔细识读结构施工图的重要性; G. 在完成结构施工图识读基础上,解释性讲解与本任务相关的结构设计概念; H. 展示与评价学生完成的结构施工图信息表,激发学生进一步完成任务的愿望。	20分钟
	项目实施:3.问题汇总与技术沟通	A. 理解与设计方进行技术沟通的方法和要求; B. 通过角色模拟,掌握与设计方沟通的方法; C. 在任务实施的基础上进一步理解技术沟通环节的步骤、方法与质量要求; D. 通过与设计方沟通图纸问题自觉发展与他人有效沟通的职业素养;	A. 展示完成的图纸会审记录单的范例; B. 描述性讲解技术沟通的步骤和要求; C. 示范与设计方进行技术沟通的过程并填写图纸会审记录单; D. 逐一指导学生进入角色模拟、模拟与设计方沟通图纸问题;	15分钟

续 表

阶段	项目教学过程	学生学的活动	教师教的活动	课时
2	项目实施	E. 通过学习浙江省某电力工程项目中因沟通误会导致工程损失的案例,了解沟通的重要性、增强团队合作精神和集体荣誉感。	E. 归纳性讲解在通过角色模拟进行技术沟通中存在的共性问题; F. 描述性讲解浙江省某电力工程项目中因沟通误会导致图纸问题没能得到及时解决从而给工程造成损失的案例,引导学生重视与人有效沟通的重要性,培养学生的团队合作精神; G. 展示与评价同学完成的图纸评审记录单,激发学生进一步完成任务的愿望。	15分钟
3	项目总结	项目展示与总体评价	A. 完成建筑施工图信息表、结构施工图信息表和图纸会审记录单展示; B. 通过对他人最终作品的优点与不足的评价,提高对作品质量的理解。	A. 组织学生展示最终填写的图纸基本信息表和图纸会审记录单; B. 组织学生对最终作品进行互评,通过发现他人的问题提高学生对质量的理解。	5分钟
		项目学习小结	A. 积极归纳通过图纸识读以及与设计人员沟通过程中所取得的学习成果。	A. 引导学生自我归纳通过图纸会审所取得的新知识与技能。	5分钟

注意事项:

(1) 要有意识地体现课程思政的内容,将思政元素有机融入教学过程中。

(2) 必须合理地安排依附于项目实施过程的教学活动的时间,否则就会破坏项目实施过程的统一性,这将导致项目教学效果的全面崩溃。

(3) 项目教学过程中的学习者项目实施过程≠实际项目实施过程,需要根据教学情况,重新设计学习状态下的项目实施过程。

(4) 如果教师已经非常熟练,可以直接设计项目学习活动;但是不太熟练的教师,最好借鉴项目教学中的学习模型,参见图4-5项目教学中的学习分析模型。

① 学习分析模型第一列是项目在真实工作情景中的实施过程。

② 学习分析模型第二列是根据学习规律对实际项目实施过程进行调整,设计出符合学习者的项目实施过程。再设计的内容包括:

a. 改变项目实施的顺序。教学中的项目实施过程可以不必完全与真实工作中的项目实施过程一致,而是可以从关键的或是适合学习者的环节开始,然后依次进行,只要最终能把整个项目完成即可。

b. 增加过渡性项目。如果教师认为即将教授的项目对学生来说过于困难,可以先用一部分课时让学生完成一个较为简单的项目或体现局部环节的项目,然后正式进入计划教授的项目。

c. 细化实施环节。真实工作中的项目实施环节可能对熟练的工作者来说轻而易举,对学习者来说却是非常困难的。如果遇到这种情况,教师就需要根据学习者的实际情况对这些实施环节进行细化,实施小步子教学。

d. 增加一些教学性步骤。比如对项目的整体说明、项目完成后的总结等等。这些步骤可以增加在项目完成程序之前或之后,也可以放在中间,比如有的项目教学进行到中间阶段时,教师可以停止,集中进行一段时间的理论知识学习。

③ 学习分析模型第三列是对每个步骤需要教的知识点进行详细分析。教师要清晰地知道,借助项目实施过程的哪个环节可以进行相关概念与原理的讲解;借助哪个环节可以组织

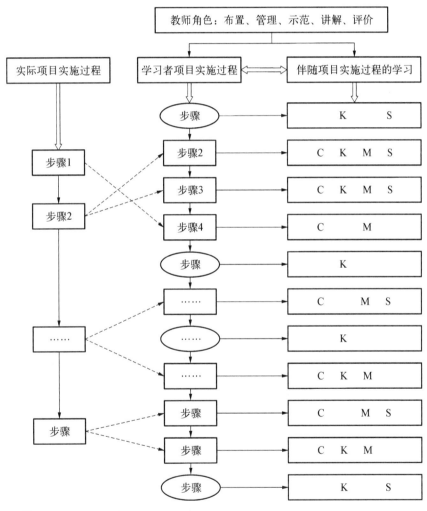

注:
"□"表示根据学习者的能力特点直接从实际项目实施过程分析出来的步骤。
"○"表示根据教学需要添加的步骤。
C 代表职业行动能力,包括操作技能、计划工作的能力、利用资源做事的能力、运用知识解决问题的能力等;K 代表对知识本身的记忆与理解,包括理论知识和实践知识(安全规范、工艺要求、操作方法、设备材料名称等);M 代表对知识的行动意义的理解,即遇到什么情境时可运用什么知识,以及如何运用这些知识;S 代表综合职业素养。

图 4-5 项目教学中的学习分析模型

学生进行讨论,深化学生对知识的内涵及其应用方式的理解;借助哪个环节可以进行相关职业素养的教育等等。

(七) 学习评价

学习评价指对学生学习态度、存在问题、完成的项目作品、知识掌握程度等进行评价,包括过程性评价、结果性评价、诊断性评价、自我评价、小组评价、教师评价等。

注意事项:

(1) 过程性评价可能是诊断性评价,也可能是终结性评价,当学生最终的成绩是由过程性成绩累计而成时,这种过程性评价就是终结性评价;结果性评价通常是终结性评价,但它也可能具有诊断性评价的功能。

(2) 项目教学的终结性评价如果不带有竞争性质,就不必考虑评价的区分度,只需根据教学目标对学生的学习结果做出评价。

(3) 在进行终结性评价时即使采取一部分小组评价,其分值也需要精心设计,否则不会有信度可言,比如教师可以先给出某小组的平均分,然后允许小组长在给每位组员评分时可在平均分范围内有分值的浮动。

表4-8 技能评价示例

"建筑材料与资料管理"子项目三"材料进场验收"技能评价表			
序号	技　能	评判结果	
^^	^^	是	否
1	能充分做好进场钢筋验收的准备工作		
2	能对进场钢筋的资料、外观、数量进行规范的验收		
3	能规范地完成进场钢筋的抽样检验		
4	能完整填写钢筋进场验收表		
"建筑材料与资料管理"子项目六"过程资料收集与管理"技能评价表			
序号	技　能	评判结果	
^^	^^	是	否
1	能完整收集施工过程资料 (评判标准:《上海市建筑安装工程质量竣工资料目录》、资料管理规程、建设工程文件归档规范)		
2	能规范整理施工过程资料 (评判标准:《上海市建筑安装工程质量竣工资料目录》顺序、资料形成日期先后顺序)		
3	能正确制作综合台账 (评判标准:台账设计项目齐全、无遗漏项目)		
4	能规范填写综合台账 (评判标准:台账各项内容填写完整、规范,签字人栏有签字)		

续 表

"项目技术管理"子项目一"图纸会审"技能评价表

序号	技　　能	评判结果	
		是	否
1	能完整提取建筑施工图中的各类信息,准确填写建筑施工图信息表		
2	能完整提取结构施工图中的各类信息,准确填写建筑施工图信息表		
3	能按照图纸会审单格式汇总图纸问题并与设计方进行技术沟通。		

"建筑装饰设计"子项目四"方案图绘制"技能评价表

序号	技　　能	评判结果	
		是	否
1	能正确设置CAD绘图环境		
2	能运用CAD软件准确绘制平面布置图		
3	能运用CAD软件准确绘制天花布置图		

"建筑装饰现场施工"子项目二"墙面施工材料初步计量"技能评价表

序号	技　　能	评判结果	
		是	否
1	能根据墙面施工图进行列项并计算分部分项工程量,完成工程量计算书 (评判标准:项目名称表述准确,无漏项;工程量计算规则运用正确,计算结果误差小)		
2	能根据墙面施工构造节点、通用做法等信息来统计,并在材料用量分析表中列出材料种类 (评判标准:符合施工构造中施工材料要求,考虑全面,辅材种类齐全)		
3	能选择适用的消耗定额来计算主材和部分辅材的用量(评判标准:定额子目套用正确,单位消耗量换算正确,材料总用量计算误差小)		
4	能运用损耗率,计算定额子目中未包含辅材的施工用量 (评判标准:单位消耗量计算合理,材料总用量计算误差小)		
5	能规范地填写施工材料领料单 (评判标准:填写完整,数据与前面任务相关计算结果一致)		

第五章　项目教学设计文本体例

一、文本格式

××课程项目教学设计

一、项目整体教学设计

1. 设计说明

2. 项目一览表

序号	课程项目	子　项　目	子项目课时	项目课时
1	项目一	1.		
		2.		
		3.		
		……		
2	项目二	1.		
		2.		
		……		
3	项目三	1.		
		2.		
		……		
4	项目四	1.		
		2.		
		3		
		……		
5	项目五	1.		
		2.		
		……		

续　表

序号	课程项目	子　项　目	子项目课时	项目课时
6	项目六	1.		
		2.		
		……		
7	……	1.		
		2.		
		……		
	合　计			

二、各项目教学设计

项目一　××

项目描述

子项目一　××

（一）子项目描述

（二）教学目标

（三）教学资源

（四）教学组织

续 表

(五)教学过程

阶段	项目教学过程		学生学的活动	教师教的活动	课时
1	项目引入	项目描述			
		知识准备			
		任务定位（可结合"步骤1"进行）			
2	项目实施	项目实施：步骤1			
		项目实施：步骤2			
		……			
		项目实施：步骤N			
3	项目总结	项目展示与总体评价			
		项目学习小结			

(六)技能评价

序号	技　　能	评判结果	
		是	否
1			
2			
3			
4			
5			

二、技术规范

字体要求：标题为五号"黑体"，内容为五号"宋体"；行距：1.5倍。

(一)项目整体教学设计

1. 设计说明

说明内容包括：依据什么设计、按什么思路设计、项目和课标中的工作任务是如何对应的。

2. 项目一览表

子项目课时建议在2课时以上，课时分配需考虑可实施性。

注意项目、子项目表述的准确、规范，操作型项目、子项目应采用动词短语进行表述。

(二) 各项目教学设计

1. 项目描述

描述内容包括：背景是什么，做什么事情，做出什么结果。

2. 子项目描述

描述内容包括：做什么事情，取得什么结果。

3. 教学目标

从"学习结果"的角度来描述教学目标；写 2—4 条认知目标和技能目标（情感目标融入认知目标和技能目标中）。

4. 教学资源

尽量涉及感知、认识、理解、操作四个层面的资源。

包括文本资源和设备资源。

5. 教学组织

教学组织设计包括：如何分组；如何协调使用教学场地；如何协调课内、课外教学。

如何分组：须明确分组规则与人数要求，及小组各成员的职责。

如何协调使用教学场地：如完成本子项目涉及多个教学场地的使用时，对场地和学生的安排。

如何协调课内、课外教学：明确课内教学任务与课前、课后学习任务的关系。

6. 教学过程

典型学习活动不仅要包括"任务完成"这一基本的操作性学习活动，更是要突出"理解""识记""观察"等认知学习活动。典型教学活动的分类，则要在"展示""指导""纠正""确认""组织"与"评价"等项目教学常规教学活动的基础上，特别突出"讲解"活动，把"讲解"活动细分为"描述性讲解""解释性讲解""归纳性讲解""规定性讲解"等更为具体的讲解活动。

7. 技能评价

技能评价即对学生技能掌握情况进行评价。关注评价多元性，要体现各课程在教学评价上的特殊性。

附 录

"建筑装饰现场施工"课程项目教学设计

一、项目整体教学设计

（一）设计说明

本课程项目教学是依据"建筑装饰现场施工"课程标准提供的思路进行设计的,项目载体采用住宅样板间施工。该施工既具有住宅类装饰的全部工作内容,又具备小型公共装饰装修工程的现场管理特点,覆盖面广、可操作性强,可以很好地满足本项目教学需求。

本教学设计中项目与任务的匹配模式更具有循环式的特征。它围绕该门课程的整体任务进行设计,采用"住宅样板间施工"这个大项目涵盖整个教学任务,其中水电隐蔽工程安装、墙面施工、顶棚施工、地面施工、门窗施工等5个小项目进行循环,同结构但不同类型。项目的序化为并列式,这些项目之间不存在复杂程度差别。每个项目涵盖所有任务,工作过程基本一致,具体内容不会重复。随着项目的推进,学生的职业能力得以不断提升。

（二）项目一览表

序号	课程项目	子项目	子项目课时	项目课时
1	项目一 "住宅样板间施工项目" 水电隐蔽工程安装	1. 给排水布管方案设计及图纸优化	3	8
		2. 强弱电布线方案设计及图纸优化	3	
		3. 水电施工材料用量统计	2	
2	项目二 "住宅样板间施工项目" 墙面施工	1. 墙面施工图纸优化	7	18
		2. 墙面施工放线	3	
		3. 墙面施工材料初步计量	4	
		4. 墙面施工做法制定及作业指导书编制	4	
3	项目三 "住宅样板间施工项目" 顶棚施工	1. 顶棚施工图纸优化	6	15
		2. 顶棚施工放线	2	
		3. 顶棚施工材料初步计量	4	
		4. 顶棚施工做法制定及作业指导书编制	3	

续表

序号	课程项目	子项目	子项目课时	项目课时
4	项目四 "住宅样板间施工项目" 地面施工	1. 地面施工图纸优化	4	14
		2. 地面施工放线	2	
		3. 地面施工材料初步计量	4	
		4. 地面施工做法制定及作业指导书编制	4	
5	项目五 "住宅样板间施工项目" 门窗施工	1. 门窗施工图纸优化和放线	2	7
		2. 门窗施工材料初步计量	2	
		3. 门窗施工做法制定及作业指导书编制	3	
合　计				62

二、各项目教学设计

(一) 项目描述

要求根据上海复地住宅样板间墙面施工图纸与施工现场具体情况，对图纸进行优化，调整墙面造型尺寸，对饰面板(块)材重新排版定位，补充缺少的构造详图。对优化后的施工图纸进行墙面放线。依据国家消耗定额，对墙面施工材料进行初步计量。制定墙面施工做法，编制墙面施工作业指导书，从而协助现场墙面施工管理。

上海复地住宅样板间墙面施工图(局部)：

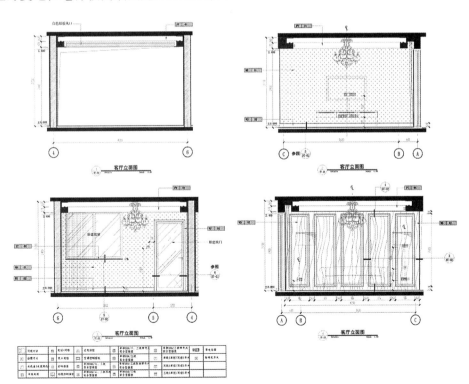

子项目一　墙面施工图纸优化

(二) 子项目描述

要求根据上海复地住宅样板间客厅木饰面施工图,确定墙面面层装饰材料对应面层材料的施工范围和尺寸。通过测量现场墙面尺寸,复核施工图纸尺寸偏差,判断数据偏差对施工的影响,并对墙面木饰面图纸尺寸进行调整,使其满足现场施工要求;同时,根据验收要求,对卫生间墙面块料进行重新排版。

复核图纸构造信息,借助内装修的墙面装饰构造图集,设计合理的收口构造,补充木饰面板与地板的收口构造详图。根据卫生间图纸深化要求,补充三维详图。

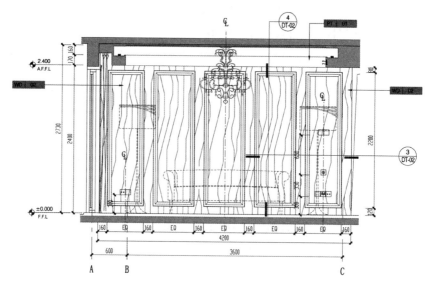

客厅立面图

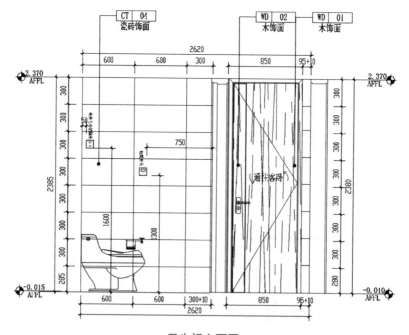

卫生间立面图

(三) 教学目标

（1）能识读客厅平面图、立面图，找出客厅墙面面层装饰材料施工范围和尺寸；

（2）能使用测量工具精确测量施工工位的墙面尺寸并与图纸进行复核；

（3）能根据客厅墙面图纸复核信息，检查出墙面图纸施工要求与现场实际不一致的尺寸并判断数据偏差的影响；

（4）能根据施工要求复核客厅墙面木饰面图纸的构造信息，检查图纸中缺少的施工构造；

（5）能根据现场实际尺寸，调整木饰面板的尺寸；

（6）能利用装饰构造图集进行构造设计，补充墙面木饰面板与地板间的收口构造详图；

（7）能根据质量验收要求，优化卫生间墙面块料排版图；

（8）能根据卫生间图纸深化要求，补充内墙块料深化三维详图。

(四) 教学资源

本项目教学依托如下教学资源，帮助学生理解概念，提升专业技能。

（1）多媒体教学、PPT（含文字资料、图片）。

（2）上海复地住宅样板间施工图纸。

（3）企业参考案例：绿城塘北沁园项目图纸深化。

（4）行业标准图集：内装修—楼地面装修（图集编号 13J502-3）。

（5）学校建筑装饰工程开放实训中心工位场地。

（6）项目任务书、任务指导书。

项目任务书

项目名称：项目二"住宅样板间施工项目"墙面施工
子项目名称：图纸优化
■ 工作任务
任务一：上海复地样板间客厅墙面施工图纸尺寸复核
（1）识读客厅平面图，查看客厅立面数量及立面索引符号。
（2）根据立面索引符号，找到各立面图，查看墙面装饰施工内容及施工尺寸。
（3）踏勘和测绘工位现场墙面的施工实际尺寸。
（4）记录并对比实测值与图纸标注尺寸，进行尺寸复核。
任务二：上海复地样板间客厅墙面施工图纸信息处理
（1）整理并计算墙面实测尺寸与施工图纸尺寸的误差值。
（2）根据误差值再次查看墙面装饰施工内容。
（3）结合误差值和墙面装饰施工内容判断数据偏差的影响。
任务三：上海复地样板间客厅墙面施工图纸深化
（1）根据各立面图中的详图索引符号，查找施工构造详图。
（2）识读各构造详图信息，对应墙面施工内容检查构造图纸是否完整。
（3）根据数据偏差影响分析和调整原则，调整客厅墙面木饰面排版尺寸施工图。
（4）根据构造信息核查情况，补充墙面木饰面板与地板间的收口构造详图。
任务四：上海复地样板间卫生间墙面块料施工图纸深化
（1）识读卫生间内墙块料图纸并找出块料排版问题。
（2）使用绘图软件重新对卫生间墙面块料进行排版。

续　表

(3) 查看绿城塘北沁园项目图纸卫生间墙面深化表达要求。
(4) 按照范例,使用绘图软件补充绘制窗边块料的三维排版详图:

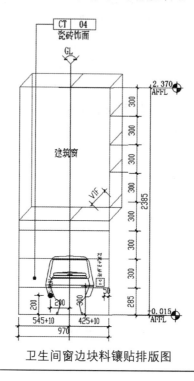

卫生间窗边块料镶贴排版图

任务指导书 1(判断、决策分析型任务)

专业名称:　建筑装饰技术	页码:　1 / 1
课程名称:　建筑装饰现场施工	生效日期:
废除的版本:	
指导教师:	批准人:

工作任务:复核客厅施工图纸尺寸存在的问题并进行判断(客厅立面图 4 的墙面总尺寸为 4200 mm;客厅立面图 2 的墙面总尺寸 3600 mm)。

安全及其他注意事项:对施工影响程度的判断,主要依据误差值的大小以及施工内容对尺寸要求的紧密性。影响程度的不同与其对应的处理措施方法也不同。

	如果	以及	那么		备注
			影响判断	行　动	
1	客厅立面图 4 的墙面施工现场测量总尺寸为 4000 mm	墙面有较复杂的木饰面板造型	较大。施工图纸尺寸比现场实际施工尺寸大 200 mm,按图施工后,木饰面造型会大小不一,施工下料会出错,也影响设计效果。	在不影响整体设计效果的前提下,由施工单位来调整施工图尺寸,以满足现场施工要求及排版质量要求;问题较复杂,向建设或监理单位反映,由设计单位修改变更。	P-M

续表

	如 果	以 及	那 么		备 注
			影响判断	行 动	
2	客厅立面图2的墙面施工现场测量总尺寸为 3680 mm	墙面为墙纸饰面	无影响。施工图纸尺寸比现场实际施工尺寸小 80 mm,墙面为墙纸饰面,若按施工图进行施工,不会影响设计效果,也不会给施工造成困难。	按图施工	C-E
3	施工图纸尺寸与现场尺寸有极大的误差,≥800 mm		有影响。不能直接施工,因为同时会影响地面和顶棚内容的施工	向建设或监理单位反映,由设计单位修改变更。	C-E

说明:斜体部分为学生填写内容。

任务指导书2(程序型任务)

专业名称: 建筑装饰技术	页码: 1 / 2
课程名称: 建筑装饰现场施工	生效日期: _____
废除的版本: _____	
指导教师: _____	批准人: _____

工作任务:客厅墙面施工图纸深化。

安全及其他注意事项:墙面木饰面排版尺寸优化不能影响设计效果;优化时也应同时考虑与墙面、顶面造型的关系。

	任务内容	操作方法与说明	质 量	备 注
1	踏勘、测绘工位现场	A. 踏勘客厅墙面施工的工位情况,记录现场信息: ● 现场地面类型及顶部楼板; ● 顶部结构; ● 施工墙体类型; ● 附属设施。 B. 使用卷尺测量现场工位墙面的总长度尺寸、高度尺寸。	踏勘信息记录完整;测量尺寸准确无遗漏	P-M P-E
2	调整木饰面施工图尺寸	A. 根据尺寸误差影响判断,选择调整施工图尺寸,调整要求: ● 不影响设计效果; ● 尺寸合理,易施工。 B. 使用CAD绘图软件,调整木饰面造型尺寸。 C. 使用CAD绘图软件,调整木饰面造型间距尺寸。	排版合理,相同造型均匀等距,制图规范	C-E P-E P-E

续　表

	任务内容	操作方法与说明	质　　量	备　注
3	补充绘制木饰面板与木地板收口构造节点	A. 查找内装饰—楼地面装修图集中木地板施工做法构造。 B. 根据施工要求,选择实木地板做法构造。 C. 使用CAD绘图软件,绘制实木地板构造节点。 D. 根据现场施工位置,将木饰面构造与实木地板构造进行组合搭接。搭接处按照基层与基层搭接,面层与面层搭接的原则进行。	构造设计合理,制图规范	P-E P-E P-M P-D

任务指导书3(程序型任务)

专业名称：　建筑装饰技术　　　　　　　　　　　　　　页码：　1　/　1　
课程名称：　建筑装饰现场施工　　　　　　　　　　　　生效日期：＿＿＿＿
废除的版本：＿＿＿＿＿＿＿＿＿＿＿＿＿＿＿
指导教师：＿＿＿＿＿＿＿＿＿＿＿＿＿＿＿　　　　　　批准人：＿＿＿＿

工作任务：卫生间墙面块料施工图纸的深化。

安全及其他注意事项：块料排版优化应考虑施工验收规范的要求;优化时应整体考虑四个面的排版关系。

	任务内容	操作方法与说明	质　　量	备　注
1	检查卫生间墙面块料排版	A. 检查墙面块料排版中每面墙中非整砖的数量是否不超过2排。 B. 检查非整砖的宽度是否不小于原砖宽度的1/3。 C. 检查两个相接立面的最后一列砖的标注是否表示了压向关系。 D. 检查立面4块料的非整砖是否排版在进门对角视线处。	问题查找全面	P-E P-E P-E P-E
2	调整卫生间墙面块料排版	A. 先用墙面施工总尺寸除以单块块料的宽度,查看余数: ● 余数比块料规格的1/3大,可以顺排,墙面非整砖设置1排即可; ● 余数比块料规格的1/3小,则此墙面需设置2排非整砖,非整砖均分,分别排在墙面两端。 B. 使用CAD绘图软件,使用直线命令重新绘制块料分隔线。 C. 使用线性标注命令对所有块料尺寸进行标注。 D. 使用线性标注命令标注墙面设备面板边至墙边的定位距离。 E. 转折面处的块料尺寸使用标注编辑命令修改为"实际尺寸+10"来进行压向表示。	排版合理,绘图规范	P-E P-E P-E P-E P-E

续 表

	任务内容	操作方法与说明	质 量	备 注
3	补充绘制窗口三维深化详图	A. 使用CAD绘图软件,使用复制命令绘制窗口所在立面的装饰施工图。 B. 使用直线命令绘制窗口内壁的块料分割线,分割线与水平线呈45°夹角,长度与窗口深度一致。 C. 使用尺寸标注命令对所有窗口侧壁块料进行尺寸标注。	结构绘制正确,图形表达清楚	P-E P-M P-E

（五）教学组织

（1）关于本课程教学场地,选用建筑装饰工程技术开放实训中心,便于测量模拟施工工位与授课教室间零距离场地对接。

（2）对于课程任务,要求每位学生都能独立完成,不采用分组形式,但在测量模拟客厅现场工位时,可以五人一组,共同踏勘和测量,共享测量数据。

（3）针对课程教学活动,充分利用超星学习通平台收集学生学习数据,课前发布任务,要求学生自主学习墙面木饰面安装工艺、内墙砖镶贴工艺、墙纸裱糊三个施工操作视频;课中通过收集的数据了解学生对知识内容掌握情况;课后安排学生修正作业,并做好课程小结。

（六）教学过程

阶段	项目教学过程		学生学的活动	教师教的活动	课时
1	项目引入1	项目描述:墙面施工图纸优化	A. 理解墙面施工图优化的整体内容,建立实际工作中的图纸优化概念; B. 理解墙面施工图优化要达到的学习目标。	A. 展示优化后的墙面施工图范例; B. 描述性讲解墙面施工图优化的要求、方法,质量标准; C. 解释性讲解墙面施工图优化要达到的学习目标。	12分钟
		知识准备:墙面施工图优化的工作方法与要点	A. 识记并理解墙面施工图优化的基本概念与详图构造补充的工作方法。	A. 解释性讲解墙面施工图优化的基本概念和详图构造补充的工作方法。	10分钟
		任务定位	A. 观察并理解尝试任务完成的程序、方法与质量要求; B. 通过学习项目任务书准确理解自己要完成的具体任务,并进入工作角色。	A. 展示尝试任务的范例; B. 描述性讲解尝试任务的内容、质量要求与工作方法; C. 示范尝试任务的完成过程与操作方法; D. 逐一指导学生完成尝试任务,判断其任务完成质量,严格纠正存在的错误; E. 归纳性讲解尝试任务完成过程中存在的共性问题; F. 确认所有学生均在行动层面理解了任务,并进入了工作者角色。	8分钟

续 表

阶段	项目教学过程	学生学的活动	教师教的活动	课时
2 项目实施1	客厅墙面施工图纸尺寸复核	A. 识记、理解客厅墙面木饰面图纸尺寸复核的步骤、方法和质量要求； B. 识读客厅平面图，查看客厅立面数量及立面索引符号； C. 识读立面图，找出客厅面面层材料的施工范围和尺寸； D. 按照任务指导书2，运用测量工具，踏勘和测绘现场可施工的实际尺寸，准确记录测量尺寸并与施工图尺寸进行对比复核； E. 在任务实施的基础上进一步理解施工图尺寸复核的操作方法与质量要求； F. 理解与该任务相关的复杂概念与工作原理； G. 结合任务，自觉发展团队合作意识、规范意识、尺寸精确意识等职业素养。	A. 描述性讲解客厅墙面木饰面图纸尺寸复核任务的步骤、方法和质量要求； B. 引导学生识读客厅平面图和立面图，找出客厅墙面面层材料的施工范围和尺寸； C. 组织学生测量现场工位，并示范测量操作步骤与记录测量数据； D. 逐一指导学生完成尺寸复核任务，判断其质量，严格纠正存在的错误； E. 归纳性讲解任务完成过程中存在的共性问题； F. 在任务完成基础上，规定性讲解要求学生发展团队合作意识、规范意识、尺寸精确意识等职业素养，通过对任务完成过程的观察，判断学生职业素养的发展状态； G. 在任务完成基础上，解释性讲解施工图尺寸复核的工作方法； H. 展示与评价阶段成果，激发学生进一步完成任务的愿望。	35分钟
	客厅墙面施工图纸信息处理	A. 识记与理解图纸信息处理的程序、方法与质量要求； B. 整理并计算墙面实测尺寸与施工图纸尺寸的误差值； C. 按照任务指导书判断数据偏差对施工内容造成的影响； D. 根据影响的大小，按照任务指导书1制定尺寸调整的策略； E. 在任务实施的基础上进一步理解施工图纸信息处理的基本原则； F. 结合任务，自觉发展团队合作意识、规范意识、质量意识、效率意识、安全意识等职业素养。	A. 描述性讲解施工图纸信息处理的内容、工作方法与诀窍； B. 示范施工图纸信息处理完成过程与操作方法； C. 逐一指导学生完成数据偏差影响判断及尺寸调整的策略的制定，判断其质量，严格纠正存在的错误； D. 归纳性讲解图纸信息处理过程中存在的共性问题； E. 在任务完成基础上，规定性讲解要求学生发展的团队合作意识、规范意识、质量意识、效率意识、安全意识等职业素养，通过对任务完成过程的观察，判断学生职业素养的发展状态；	20分钟

续 表

阶段	项目教学过程	学生学的活动	教师教的活动	课时
			F. 展示与评价图纸信息处理的阶段成果,激发学生进一步完成任务的愿望。	20分钟
2	项目实施1	客厅墙面木饰面图纸深化	A. 识记、理解客厅墙面木饰面图纸深化的步骤、方法和质量要求; B. 按照教师要求,识读各构造详图信息,对应墙面施工内容检查出缺少木饰面与木地板收口构造; C. 根据教师示范操作和任务指导书,运用CAD软件调整木饰面排版尺寸,五个造型间距尺寸160 mm保持不变,剩余尺寸均分给5个木饰面造型线; D. 按照任务指导书2的要求,在装饰构造图集中,查找实木地板构造节点,根据交接位置绘制木饰面板与木地板交接构造节点; E. 在任务实施的基础上进一步理解客厅墙面木饰面图纸深化的操作方法与质量要求; F. 理解墙面装饰板类材料的排版尺寸调整与构造节点补充的要求与工作思路; G. 结合任务,体会图纸尺寸精确度对于现场施工的重要性,培养细致、严谨的职业素养,增强团队合作精神。	A. 描述性讲解客厅木饰面图纸深化的要求、步骤和工作方法; B. 讲解复核墙面施工构造信息的要求和方法,找出缺少的构造详图; C. 示范演示CAD软件使用"S"拉伸命令和"L"线命令来调整木饰面板尺寸的操作方法; D. 描述性讲解使用装饰构造图集来查找标准节点并整合绘制木饰面与木地板收口构造的方法; E. 逐一指导学生完成任务,判断其质量,严格纠正存在的错误; F. 归纳性讲解学生任务完成过程中存在的共性问题; G. 在任务完成的基础上,讲解因施工图图纸尺寸与施工现场不符可能会导致厂家成品定制的木饰面板无法安装从而给工程造成损失,引导学生重视现场图纸优化的重要性,培养学生细致、严谨的职业素养; H. 在任务完成基础上,解释性讲解墙面装饰板类材料的排版优化方法与构造节点补充的要求与工作思路; I. 展示与评价部分学生在墙面木饰面图纸优化任务中的成果,激发学生进一步完成任务的愿望。	40分钟
3	项目总结1	项目展示与总体评价	A. 通过对他人优秀作业的鉴赏,给予优点与不足的评价,提高对木饰面图纸优化质量的理解。	A. 组织学生展示个人的墙面排版尺寸优化和节点补充任务完成的成果; B. 组织学生对最终作品进行互评,通过发现他人的问题提高学生对质量的理解。	15分钟

续 表

阶段		项目教学过程	学生学的活动	教师教的活动	课时
3	项目总结1	项目学习小结	A. 积极归纳通过客厅木饰面施工图纸优化任务所取得的学习成果。	A. 引导学生自我归纳在墙面木饰面优化任务所取得的新的认识。	10分钟
4	项目引入2	项目描述：卫生间块料墙面图纸深化	A. 参与回答课前问题，回顾项目1中墙面木饰面图纸深化的内容与工作程序，思考卫生间墙面块料与木饰面板的不同之处和图纸深化问题； B. 理解卫生间墙面块料图纸深化要达到的学习目标。	A. 采用提问方式，引导学生回顾项目1中墙面木饰面图纸深化的工作内容及方法，通过举一反三让学生思考卫生间墙面块料深化内容，导入本项目内容； B. 描述性讲解卫生间墙面块料深化的要求、结果形态与质量要求； C. 解释性讲解卫生间墙面块料图纸深化项目要达到的学习目标。	7分钟
		知识准备：块料排版观感质量要求及瓷砖压向表示方法	A. 识记并理解观感质量要求、瓷砖压向表示方法及工作过程。	A. 解释性讲解观感质量要求、瓷砖压向表示方法及整个工作程序。	5分钟
		任务定位	A. 观察并理解尝试任务（单一卫生间立面深化）完成的程序、方法与质量要求； B. 通过尝试完成任务，准确理解自己要完成的项目中的具体任务，并进入工作角色。	A. 展示尝试任务（单一卫生间立面深化）的范例； B. 描述性讲解尝试任务的内容、质量要求与工作方法； C. 示范尝试任务（单一卫生间立面深化）的完成过程与操作方法； D. 逐一指导学生完成尝试任务，判断其任务完成质量，严格纠正存在的错误； E. 归纳性讲解尝试任务完成过程中存在的共性问题； F. 确认所有学生均在行动层面理解了任务，并进入了工作者角色。	8分钟
5	项目实施2	卫生间图纸墙面块料排版检查、调整与草图制作	A. 识记与理解卫生间墙面块料排版尺寸检查与调整的要求、方法与质量要求； B. 按照任务指导书的要求，检查原图纸块料排版中不符合要求的部分； C. 根据任务指导书3中的处理办法，从立面1与立面4的阴角处开始重新排砖，并在	A. 展示、讲解绿城塘北沁园项目施工图纸卫生间块料排版尺寸范例； B. 描述性讲解卫生间块料排版检查与调整的要求，以及草图的制作方法与诀窍； C. 逐一指导学生完成卫生间块料排版检查和调整草图绘制的任务，判断其质量，	20分钟

续 表

阶段	项目教学过程	学生学的活动	教师教的活动	课时
5	项目实施2	原图上用铅笔绘出草图,卫生间4个立面均需检查调整; D. 在任务实施的基础上进一步理解墙面块料排版调整的方法与质量要求; E. 结合墙面块料排版检查、调整任务,自觉发展团队合作意识、规范意识、质量意识、效率意识等职业素养。	严格纠正存在的错误; D. 归纳性讲解块料排版调整完成过程中存在的共性问题; E. 在完成深化任务的基础上,规定性讲解要求学生发展团队合作意识、规范意识、质量意识、效率意识等职业素养,并判断学生职业素养的发展状态; F. 展示与评价部分学生优化的成果,激发学生进一步完成任务的愿望。	20分钟
6	项目实施2	使用CAD重新绘制卫生间排版	A. 观察与理解使用CAD软件绘制排版的步骤、方法与质量要求; B. 依据排版草图,运用CAD软件,重新调整块料排版的分隔线; C. 根据制图规范要求,重新对各立面图纸进行尺寸标注和文字标注,标注样式及排版与原施工图保持一致,在任务完成的基础上获得工作成果,形成操作能力; D. 在任务实施的基础上进一步理解使用CAD软件调整墙面块料排版的操作方法与质量要求; E. 结合任务,自觉发展绘图规范意识、流程意识、质量意识、绘图效率意识等职业素养。	A. 描述性讲解使用CAD软件绘制排版的步骤、工作方法与诀窍; B. 示范使用CAD软件进行操作的完成过程与操作方法; C. 逐一指导学生完成任务,判断其质量,严格纠正存在的错误; D. 归纳性讲解任务完成过程中存在的共性问题; E. 在任务完成基础上,规定性讲解要求学生发展的绘图规范意识、流程意识、质量意识、绘图效率意识等职业素养,通过对任务完成过程的观察,判断学生职业素养的发展状态; F. 展示与评价阶段成果,激发学生进一步完成任务的愿望。	30分钟
7	项目实施2	卫生间墙面块料三维详图补充	A. 识记与理解卫生间墙面块料补充窗口三维详图方法与质量要求; B. 按照任务指导书的要求,完成卫生间墙面块料窗口三维详图的补充工作; C. 在任务实施的基础上进一步理解墙面块料三维形式详图的绘制方法与质量要求。	A. 展示、讲解绿城塘北沁园项目施工图纸卫生间块料三维深化详图的样式; B. 描述性讲解三维深化详图的绘制方法和要求; C. 逐一指导学生完成三维详图的绘制任务,判断其质量,严格纠正存在的错误; D. 归纳性讲解三维详图绘制过程中存在的共性问题; E. 展示与评价部分学生完成的三维详图成果,激发学生进一步完成任务的愿望。	37分钟

续 表

阶段	项目教学过程	学生学的活动	教师教的活动	课时
8	项目总结2	项目展示与总体评价	A. 积极主动展示完成的卫生间墙面块料施工图的优化成果； B. 通过对他人最终作品的优点与不足的评价，提高对作品质量的理解。	A. 组织学生展示最终墙面块料施工图优化的成果； B. 组织学生对展示作品进行互评，通过发现他人的问题提高学生对墙面施工图优化质量的理解。	15分钟
		项目学习小结	A. 积极归纳通过墙面施工图优化任务的实践所取得的学习成果。	A. 通过安排课后作业的形式，推动学生自我归纳墙面施工图优化的内容及方法。	8分钟

（七）技能评价

序号	技　能	评判结果	
		是	否
1	能识读客厅平面图、立面图，找出客厅墙面面层装饰材料施工范围和尺寸 （评判标准：面层材料施工范围和尺寸查找正确，无偏差和遗漏）		
2	能使用测量工具精确测量施工工位的墙面尺寸并与图纸尺寸进行复核 （评判标准：尺寸测量精确到毫米，复核尺寸记录完整）		
3	能根据客厅墙面图纸复核信息，检查出墙面图纸施工要求与现场实际不一致的尺寸并判断数据偏差的影响 （评判标准：偏差影响分析准确，处理行为合理）		
4	能根据施工要求复核客厅墙面木饰面图纸的构造信息，检查图纸中缺少的施工构造 （评判标准：缺失构造排查齐全，无错漏）		
5	能根据现场实际尺寸，调整木饰面板的尺寸 （评判标准：调整效果保持与原施工图一致，调整尺寸设置合理、分配均匀）		
6	能利用装饰构造图集进行构造设计，补充墙面木饰面板与地板间的收口构造详图 （评判标准：构造设计补充符合施工要求，制图规范）		
7	能根据卫生间图纸深化要求，补充内墙块料深化三维详图 （评判标准：结构尺寸正确，图形表达清楚）		

职业院校案例教学设计指导手册

目录

前 言	335
第一章 术语界定	**336**
一、教学设计	336
二、教学案例	336
三、案例教学	336
四、案例教学设计	337
第二章 案例教学设计理念	**338**
一、以建构主义理论为指导,系统设计案例学与教活动	338
二、以问题为主线,深入分析案例背后的专业理论知识	338
三、以学习者为中心,灵活调整真实情境中的案例实施过程	338
第三章 案例教学设计原则	**339**
一、思想性原则	339
二、系统性原则	339
三、科学性原则	339
四、情境性原则	339
第四章 案例教学设计程序	**340**
一、采取案例教学方法的依据	340
二、案例教学设计的内容	340
三、案例教学设计程序	341

第五章　案例教学设计方法　　343
　　一、教学目标设计　　343
　　二、案例教学设计　　344
　　三、教学策略设计　　349
　　四、教学过程设计　　352
　　五、教学评价设计　　359

第六章　案例教学设计文本体例　　363
　　一、文本格式　　363
　　二、技术规范　　364

附　录　　366
　　附录1　客房服务与管理案例教学设计　　366
　　附录2　工程项目施工招标程序及报价技巧案例教学设计　　373
　　附录3　老年人能力评估课程案例教学设计　　377

前 言

教学是一种有目的、有计划、有组织的活动。为保证教学目的的达成和教学活动的顺利进行,需要提前制订教学计划。教学设计就是为了达到一定的教学目的,对教什么和怎么教进行的设计。教学设计也称为教学系统设计,它是联系教学理论与实践的桥梁,而把学习理论应用于教学实践中,涉及教师教学中具体的教学准备工作。任何一名教师,都必须树立正确的教学设计观念,掌握综合的教学方法,具备较强的教学设计能力,开展教学设计。

案例教学设计既包含一般的教学设计要素,还兼具案例教学的特征。案例教学过程的本质是具体的案例情境中的教师的教与学生的学相结合的双边活动过程,在案例教学过程中,教学目的、任务和内容都围绕着如何培养创新型人才、提高学生创新性能力这个核心,组织安排教学任务和内容,培养学生努力钻研和独立自主发现问题、解决问题的能力。案例教学不仅是一种教学实践方式或教学模式,更是一种学习方式的变革,一场建构教育实践理论的思想革命,它涉及教学内容、教学观念、教学策略及师生交往方式等多个层面。开展案例教学,大大缩短了教学情境与实际生活情境、工作情境之间的差距,有利于促进学习者在实践中内化知识、提升能力,培养创新精神。开展案例教学对教师的能力有很高的要求,有利于实现教师专业发展;开展案例教学需要将理论与实践相结合,有利于丰富和发展教育理论,从而指导教学实践。

《职业院校案例教学设计指导手册》分为六章:第一章为术语界定;第二章为案例教学设计理念;第三章为案例教学设计原则;第四章为案例教学设计程序;第五章为案例教学设计方法;第六章为案例教学设计文本体例。本手册规定了案例教学设计的思路、技术方法和文本体例,体现了职业教育特色,适用于广大职业院校教师开展案例教学设计的工作。

第一章 术语界定

一、教学设计

教学设计作为一个系统计划的过程,是应用系统方法研究、探索教学系统中各个要素(如学习者、教师、教学目标、教学内容、教学媒体、教学组织和教学活动等)之间的本质联系,并通过一套具体的操作程序来协调、配置,使各要素有机结合完成教学系统的功能。

二、教学案例

教学案例就是为了一定的教学目标,围绕选定的问题,以事实为素材,编写成的对某一特定情境的描述。案例可以几节课(一个课程模块)使用一个案例,也可以就某一节课使用一个案例。相比于一般案例,教学案例具有如下特点:一是案例必须典型,能够涵盖一个课程模块或一节课的教学内容。二是案例要具有实践性,案例设计要与实际工作情境相结合。三是案例要有针对性,能够符合大多数学生的学习需要。四是案例间的连贯性,力求整个教学过程中用到的大部分案例之间有一定的联系,前后连贯,由易到难。

关于教学案例的分类:

(1)专业知识型案例。来源于真实工作场景,为了培养学习者对理论知识、专业知识的掌握。

(2)生活知识型案例。来源于生活的案例,为了培养学习者自主思考的能力。

(3)图表比较型案例。来源于真实工作场景或生活案例,为了培养学习者解决问题的能力和掌握一定的技能。

三、案例教学

案例教学是教师基于特定的教学目标,以案例为媒介,创设真实的案例情境引导学习者开展讨论,并自主提出解决问题的方案,从而促进学习者获得知识、提升能力、培养素质的一种教学方法。它不仅强调教师的"教"(引导),更强调学生的"学"(谈论),要求教师和学生的角色都要有相当大程度的转变,因此,在本手册中,不用学生的概念,而是用了学习者的概念,强调学生学的重要性,强调在案例教学过程中学生角色的转变。

案例教学的特点:

(1)案例教学的材料具有独特性。案例教学的本质特征是要运用"案例"这一独特的教学材料作为教学内容,它的来源、性质、编排体例不同于其他教学内容,案例教学正是以其教学材料的独特性区别于其他一切教学方式。

（2）案例教学具有高度的实践性。在案例教学中所使用的案例，一般都是对在真实的生活情境或工作情境中所发生的事件的记录。"从实践中来，在实践中练，到实践中用。"

（3）案例教学具有高度互动性。案例教学的实质就是开放性、参与性和师生的高度互动性，甚至可以说，师生的互动程度可以作为案例教学成功与失败的重要衡量标准。

（4）案例教学的结论具有多元性。案例教学与其他教学方式不同，教师虽然组织学生积极讨论"案例"，但是也许并不能得出一个统一的结论。其实，案例教学的本质就是不提倡得出统一的结论。

注意区分案例教学与举例子。首先，二者概念不同，案例教学是一种利用案例进行教学的教学模式，而举例子是举出一个例子来证明论点，不是教学模式，而是教学方式中的一个手段。其次，二者在教学中的地位不同，案例教学是用案例诠释理论，使学习者掌握理论、提升能力，培养学习者的创新能力。而举例子只是让学习者在学习知识的过程中加深对知识的认识或理解难点知识。再次，运用的目的也不同，案例教学是通过真实事件的模拟再现，让学习者进入案例情境中，分析案例中反映的问题并提出解决的方法，使学习者掌握某种知识、原理和概念，提高学习者的能力。而举例子的作用只是佐证一个观点，简化一个理论。最后，例子一般是指已经发生的某种事件及前人处理某种问题时的经验教训，多半是已经解决的问题，而案例多半是问题待解决的情景，甚至是一种"两难型"矛盾处境。

四、案例教学设计

案例教学设计是为优化案例教学效果而系统地有计划地制定实施方案的过程。它按照教学目的选择教学案例，开发教学内容，并且以解决案例中存在的问题为核心目标来组织教学。案例教学设计具有知识传递功能、技能形成功能、创新培养功能、人格发展功能。

案例教学设计具有如下特点：一是案例教学设计强调运用系统方法；二是案例教学设计以学习者为出发点；三是案例教学设计是一个问题解决的过程；四是案例教学设计突出实践性，让学生接触并学习到大量的社会实际问题和工作实际情景，对知识的运用是从理论到实践的转化。

最为关键且最能体现案例教学特征的环节为：

（1）案例教学方法的选择，即哪些课程适合实施案例教学方法，这是实施案例教学的前提和基础。

（2）案例的开发，包括案例类型的确立、案例的编制及案例问题的设置等，使案例具有教学功能。可以由教师选择案例，也可以由教师编制案例，并注重行业企业在案例编写中的作用，案例重在编，难在选。

（3）对案例的分析与讨论，主要指以学习者为中心，基于案例中存在的问题开展师生互动，促进学习者进行深入思考、讨论，这也是案例教学过程的关键环节。对案例的讨论在于分析问题，并让学习者提出解决问题的方法和途径，促进学习者进行思考，获得相应的知识和技能。

第二章　案例教学设计理念

一、以建构主义理论为指导，系统设计案例学与教活动

案例教学是一个学习者主动构建知识的过程。对于案例教学来说，教不是目的，学才是目的。建构主义主要强调学习者的学习是一个主动建构的过程，案例教学设计以这一理论为基础，依托案例开展教学活动。在选定案例的基础上，教师要对学习者在案例教学活动中可能产生的疑问进行预测、引导，并系统地进行案例的学与教的活动设计。在教学过程中，教师要引入真实案例创设问题情境，引导学习者进行小组讨论，并对问题进行分析，发表对案例分析的意见和建议，最终完成意义建构。

二、以问题为主线，深入分析案例背后的专业理论知识

案例教学是以问题为基础的学习。案例教学在选择案例的同时，结合课程目标，设计案例教学的问题，这是使案例具有教学功能的关键。基于问题，在教师的引导下，学习者围绕问题进行深入讨论，融入案例当中，主动思考、探索问题，分析案例背后的原理、概念，实现知识建构的目的。同时，案例分析过程还强化学习者能力培养，兼顾学习者自主学习、创新能力、团队协作、语言沟通和文字表达等职业通用技能的培养。

三、以学习者为中心，灵活调整真实情境中的案例实施过程

案例教学要求在真实情境中促进学习者发展。一方面，案例教学中的案例不能等同于实际案例，教师要结合课程目标，以学习者认知发展为基础对案例进行选择和描述。另一方面，教师需要根据学习者认知发展水平、能力特点，增加一些教学性步骤，调整真实情境中的案例教学过程，对学习者进行引导，促进学习者开展讨论、提出问题和对策，实现学习者知识、能力发展。

第三章　案例教学设计原则

一、思想性原则

案例教学设计要坚持立德树人根本任务，将立德树人根本任务融入案例教学全过程。要体现社会主义办学方向，有机融入新时代社会主义核心价值观、中华优秀传统文化、革命传统文化，融入有助于让学习者坚定理想信念、厚植爱国主义情怀、加强品德修养、增长知识见识、增强综合素质的育人元素。

二、系统性原则

首先，要基于课程选择合适的案例，确保案例教学设计的适宜性。其次，要系统性分解案例教学设计的各要素，包括受教育者、教师、教学目标、教学内容、教学评价等多项教学要素。最后，应关注各要素之间的相互作用、协调联系。学生是学习的主体，教师基于教学目标选择案例、设计问题、组织教学以及开展教学评价。

三、科学性原则

为了使案例教学取得更好的效果，应从整个专业角度出发，结合学习需求，进行案例教学设计。一方面，案例教学设计要基于一定的逻辑，例如工作过程逻辑、问题解决逻辑等，确保案例教学设计的科学性；另一方面，基于学习者需求和课程目标设计案例教学问题，随着学习者知识背景的丰富和处理问题能力的增强，案例问题的设计也应该由浅入深，由涉及短小单一知识点、简单技能的问题，逐步过渡到涉及相对复杂知识点、综合职业能力。

四、情境性原则

案例教学的本质特征是以案例这一独特的教学材料为教学内容。案例教学设计要基于生活、工作中的真实案例，促进学习者形成身临其境的亲切真实感，激发学习者的学习兴趣，调动其参与讨论的积极性，缩短教学过程中理论学习与实践活动的距离，为学习者准备参加专业性和实践性工作提供间接经验。

第四章 案例教学设计程序

一、采取案例教学方法的依据

不是所有的课程都适合使用案例教学方法，而应基于对课程标准、学习者和教学内容的特点的深入系统分析，确定一门课程是否采用案例教学设计。

（一）基于对课程标准的分析

课程本质上关注解释现实生活的经验或者工作过程的原理，这样的课程可以开展案例教学。对于公共基础课，一般情况下，教师会根据不同的学科知识体系选择不同的案例组织教学，促进系统知识的掌握及相关概念、原理的运用，如政治、历史等课程。对于专业课，教师会根据不同的工作原理或专业知识体系选择不同的案例，将一个完整的案例贯穿课程的始终，围绕案例设计的问题展开教师的教和学习者的学，促进学习者掌握知识、能力和素养。因此，案例教学可用于法律、医学、工商管理等涉及复杂原理解释或者理论分析，并与实际生活和工作过程密切相关的公共课程或者专业课程。

（二）基于对学习者的分析

案例教学需要学习者具有一定的知识积累，同时，对于学习者自主学习能力、探究能力和创新思维等素养也有一定的要求，这是开展案例教学的前提和基础。一般而言，具有一定知识、能力基础的高年级的学习者更适应案例教学。

（三）基于一定的问题情境

案例来源于真实的生活实际或者工作实践，案例教学基于问题进行设计，教师围绕问题开展教学，学习者围绕问题进行思考、讨论。因此，开展案例教学的课程一定要基于一定的问题情境或者生活情境，围绕急需解决的问题，这是开展案例教学的关键。

基于上述分析，综合考虑一门课程或者一堂课是否适合采取案例教学方法，这是进行案例教学的前提。

二、案例教学设计的内容

案例教学设计要回答如下三个问题。第一，我们要到哪里去？（教学目标是什么）第二，我们如何到达那里？（基于什么样的教学内容，采用什么样的教学策略和教学媒介）第三，我们怎样知道已经到达了哪里？（我们如何评价教学材料）或者说，案例教学设计涉及三个问题：第一是确立目标，第二是导向目标，第三是评估目标。首先这是一个按顺序进行的过程，即必须先确立目标，才能想方法导向目标，然后才能判断目标是否达成。其次这是一个循环过程,要根据判断的结果反思目标确立得是否合适,导向的途径是否合理。

基于此,案例教学设计可以分为五个方面,一是"确立目标",了解学习者的基础、学习条件等"前提",这是目标实现的可能性。二是要了解学习者需求,这是提出目标的必要性。三是要了解"哪些目标",例如职业岗位的需求、学生的需求等,然后才能以教学理论为指导,设计合适的教学目标。四是主要涉及"导向目标",例如对学习过程的认识、知识的类别、教学的模式等,但与教学实践最为密切相关的,还是教学方法及教学媒体的选用。五是主要涉及"评估目标",除了评估目标是否达成,还包括对前面的过程进行反思、调整。

三、案例教学设计程序

案例教学设计程序是指按照功能和设计流程,对案例教学过程进行设计,可以分为三大模块六大环节(见图4-1)。三大模块分别为分析模块、设计模块、评价模块,六个环节分别为学习需求分析、教学目标设计、教学内容设计、教学策略设计、教学过程设计、教学评价设计。

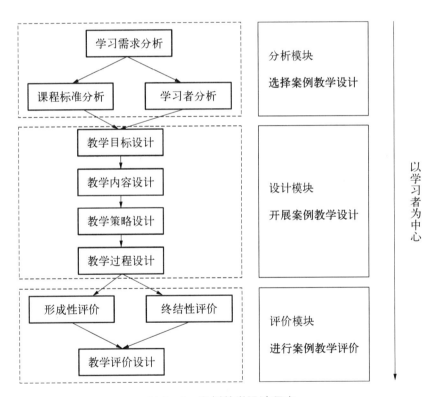

图4-1 案例教学设计程序

(一) 分析模块

分析模块聚焦于开展学习需求分析,包含课程标准分析、学习者分析。这里学习是一个特定的概念,是指学习者当前的状况与被期望达到的状况之间的距离。学习者分析包括了解学习者已经掌握的专业知识、专业技能等情况,以确定学习者当前的学习状况。课程标准分析即对课程目标、课程内容等进行分析,对期望学习者达到的学习水平进行分析。学习需求分析建立在学习者与课程标准分析的基础上,据此选择案例教学设计方法,同时,学习需求分析的结果构成课堂的教学目标。该分析模块,用来解决案例教学过程中教师"教什么"和学习者"学什么"的问题。

(二) 设计模块

设计模块包括教学目标设计、教学内容设计、教学策略设计和教学过程设计。其中,教学目标设计是指清晰地陈述目标,目标可以分为多个层次,应尽可能地从学习者的角度出发,明确学习者的学习结果,尽可能地编写成行为目标。在完成教学目标设计之后,进行教学内容设计,即选择、编制教学案例,设计案例教学的问题,开发教学资源,确定案例教学的主要内容。在此基础上,进行教学策略设计、组织教学,是实现教学目标的重要手段,对案例教学的方法、媒体、组织形式和时空安排进行设计。教材策略设计需要考虑多因素,创造性地开展教学设计工作,灵活地安排教学活动,巧妙地设计各个环节,合理地安排各种因素,使之形成一个优化的结构,以发挥整体功能,求得最大效益。最后是教学过程设计,即用流程图或者表格的形式,简明扼要、直观地表示教学过程每个环节各要素之间的相互关系,给教师提供一个可参考的教学步骤。本模块是解决案例教学过程中教师怎样教、学生怎样学的问题。

(三) 评价模块

评价以教学目标为依据,按照科学的标准,运用一切有效的技术手段,对教学过程和结果进行评价,作出价值判断。现阶段,可借助信息技术提高评价的效率。案例教学评价包括学生的评价、教师的评价以及教学过程的评价,常用的方法包括诊断性评价、形成性评价和总结性评价三种类型。教学评价是检测案例教学效果的重要一环,以便于促进案例教学的改进,提高案例教学效果。本模块旨在保障案例教学质量,兼顾解决案例教学过程中"教得怎样"和"学得怎样"的问题。

第五章 案例教学设计方法

在案例教学过程设计中,不同案例之间可以相互衔接,也可以相互独立;一门课程分为不同的课程模块,课程模块又分为不同的课程,不同的课程模块或者课程对应不同的案例。在本手册中,选取一个案例对应一个课程模块或者某一节课进行深入分析,以清楚地说明案例教学设计的依据和思路,以及案例和课标中的知识、能力、素养的对应方式。

一、教学目标设计

教学目标设计是指教师结合学习者已有的知识、技能和素养,依据课程标准中课程目标、知识内容要求、技能要求和素养要求进行编写,并清楚描述教学目标。

(一) 学习需要分析

了解学生是进行教学目标设计的起点。学习需要在教学设计中是一个特定概念,是指对学习者学习需要进行分析,学习需要是指学习者目前的状况与所期望达到的状况之间的差距,也就是学习者目前水平与课程目标期望达到的能力素质之间的差距。分析学习需要的核心是了解问题以及解决问题的必要性和可能性,分析学习需要的重点是研究学习者的学习状况,而不是教师教的情况。这包括学习者需要学习哪些知识和技能,达到什么程度;培养哪种能力和素养,使其身心获得怎样的发展。

(二) 教学目标编制

教学目标是从学习者的角度来考察的,是学习目标的同义词,即通过本次教学要达到的目标、评价方法及条件。

1. 教学目标的表述要求

(1) 教学目标陈述的是学生学习结果。案例教学以学生为中心,案例教学反映的是学生学习结果,而不是教师应该做什么,因此要从学生的角度来陈述教学目标。

(2) 教学目标的陈述力求明确、具体。教学目标要可以观测和测量,应尽量避免用含糊的不切实际的语言陈述目标,也就是说,它应当用特定的术语描述在教学后学生应该能做到的以前不能做的事情。如果教学目标含糊不清,不便理解、把握,就会影响导向目标的确定以及教学评价。

(3) 教学目标的陈述应反映学习结构的层次性。教学目标包括知识、技能和素养三个层次,通过对问题的分析和讨论,发现问题背后的专业理论知识和概念是案例教学目标的重点。

2. 教学目标编制过程

(1) 选择。对教学目标进行选择,一般需要考虑这样一些因素:学习者在教学开始前能够做些什么,学习者在教学过程中能够做些什么,学习者在教学完成以后又能够做些什么;选择教学目标还要考虑可以使用的教学资源以及教师处理教材的能力等。

(2) 分类。将教学目标按照一定的标准进行分类,如学习者习得某种专业知识、掌握某种能力、提升某方面的素养等。

(3) 分析。选定目标并作分类以后,教师应当从事行为分析,需要考虑:学习者做出反应所需要的重要刺激;所做出的重要反应会有哪些以及测定反应成功的标准。

(4) 表述。教学目标主要是从学习者的角度来考察。在这里,教学目标必须明确、具体,可以监测。它是包括知识、技能和素养三方面内容的一句话描述,比如,可描述为在什么样的情境下,获得什么样的专业知识、技能和素质。

表5-1 案例教学目标表述词汇

模糊的、不能直接观察的词汇	操作性易观察的词汇
1. 学习者具有……知识 2. 学习者领会…… 3. 学习者批判性思考有关…… 4. 学习者理解…… 5. 学习者对……表示欣赏 6. 学习者对……感兴趣 7. 学习者完全欣赏…… 8. 学习者掌握……的意义 9. 学习者能够记忆…… 10. 学习者学会…… 11. 学习者重视…… 12. 学习者开阔视野 13. 学习者有效地工作 14. 给学习者以深刻印象 15. 学习者正确地表达…… 16. 学习者形成某种技能	1. 陈述……之间的关系 2. 区分…… 3. 把……搭配起来 4. 用自己的话来…… 5. 对……作出评价 6. 回答…… 7. 说出……名字 8. 列举出……的后果 9. 把……分类 10. 把原理应用于新的情景 11. 辨认…… 12. 构造…… 13. 把……整理、安排好 14. 对……进行解释 15. 对……提出问题 16. 完成某项任务/会做

3. 教学目标编制的注意事项

在教学目标编制过程中,一是注重职业教育案例教学目标的类型属性,教师在编制教学目标过程中,要注重行业内企业的参与,这是由职业教育的类型属性决定的;二是要注重职业教育案例教学的特点,职业教育案例教学目标要与普通教育案例教学目标相区分,注重职业教育案例教学过程中可操作的目标,关注学习者技能的获得与能力的提升;三是注重职业教育案例教学目标的层次性,不同于普通教育案例教学目标的层次性,要在完成某项工作所需要的一系列技能及多种能力的基础上,系统设计案例教学目标。

二、案例教学设计

案例教学设计是指教师基于教学目标,结合教学内容,选择或编制相应的案例,设计案例教学问题,使案例具有教学功能。案例教学设计包括两部分:一是案例的编制,案例的选择要基于真实生活、工作情景,对选择的案例进行系统描述,案例的编制要系统、科学。二是案例问题的设计,问题的设计要促进理论与实践相结合,使案例具有教学功能。一个精彩的案例设计,不亚于一项教学理论的研究,而且只有奋战在一线的教师自己才最适合做这种研究,同时行业企业领域人才的参与也是不可或缺的。

(一)案例的来源

1. 案例的来源

案例教学设计最大的特点就是基于案例开展教学设计,案例的选择是开展案例教学的重要环节。案例必须要有其实际的来源这样一个事实,案例可以有多种来源途径,可以来源于真实生活或者企业工作实际,也可以来源于网上、报纸等渠道的素材。可以精选权威主流媒体和书籍报刊内容,需要注意的是,案例需标明出处以避免版权问题。有条件的省份、职业院校可以建立学校案例教学资源库,供教师开展案例教学。

2. 案例教学资源库

(1)案例教学资源库的内涵及构成。相对而言,我国职业教育案例教学资源库的建设比较薄弱,其实不光职业教育领域,整个案例教学在我国尚处于起步阶段。本研究中的案例教学资源库主要是指校本案例教学资源库,希望各职业院校在国家案例教学资源库的基础上,结合学校特点和需求,建立适合本校的案例教学资源库。

建设完备的案例教学资源库是有效开展案例教学的前提,要在充分理解课程目标的基础上,组织教研团队自行收集、整理、编制案例库,以求案例素材与教学任务相契合。教学案例的案例分为经典案例、精选案例和备用案例,其中经典案例满足了高职学习者的普遍性以对接课程育人要义,精选案例突出时政性和实效性以对接课程的时代需求,备选案例契合高职学习者专业行业背景以对接职业育人的针对性。同时,应基于案例教学资源库,根据教学目标、教学内容及课时安排,合理制订整本教材的授课计划。

(2)构建案例教学资源库的原则及途径。省级范围和学校范围都可以建立案例教学资源库,以更好地推进教学。此处重点介绍学校构建案例教学资源库的原则及途径。

学校案例教学资源库建设的原则:

一是全员参与的原则。学校要想构建案例教学资源库,就要把它作为学校的一项任务来抓,对学校所有教师进行指导,同时,利用行业企业资源,通过建立相关体制、机制,将这一工作长久健康地发展下去。

二是收编结合的原则。只有拥有广泛的案例资源才能构建高质量的案例教学资源库。为了扩大案例的来源,在案例教学资源库建设初期,主要以收集案例为主,由教师从生活中、行业企业中,以及相关书籍、报纸、杂志等资料中收集多种多样的案例教学资源。这些案例教学资源经过改造可以纳入案例教学资源库,为扩大库存丰富案例资源作出贡献。而案例资源建设后期,应采用选编结合的原则,由教师、行业企业人员联合编写开发。

学校案例教学资源库建设的途径:

一是广泛收集案例教学资源。学校案例教学资源库的资源不可能全部来自本校教师的教学实践,外来案例教学资源对教师水平的提高和在教学中的运用同样非常重要。外来案例在案例教学资源库中占有相当大的比例,包括来自其他职业院校和行业企业的教学资源。

二是撰写教学反思日记。教学反思日记是指教师在课堂教学后对自己或学员的教学或学习行为所做的反思性记录。教师可以每天记录教学中发生的那些使自己兴奋的、发怒的、震惊的关键事件。这些事件从某一角度反映了自己的教学假定,揭示了自己在现实中所依附的价值观。

三是教师直接编写教学案例。可以分为两个层次,一是个人层次的案例编写,主要是教师或教学管理人员,在行业企业人员的帮助下,将典型事件作为研究对象记录、收集起来进行编写;二是学校层次的案例编写,主要是指学校将教师、管理人员及行业企业人员在教学与管理中的典型事件收集起来,系统汇编成册,进行研究。

(二) 案例的编制

1. 案例的编制

案例的编制是指教师在进行案例选择的基础上,在行业企业专家的指导下,对案例进行描述,坚持明确目标、突出主题的原则,在尊重事实的基础上,对案例进行适当的加工。在加工的过程中,应注意筛选细节、信息适量。

2. 案例编制的原则

(1) 真实性与时效性相统一。真实性是案例的基本属性,所谓真实性是指案例源于生活情境或工作过程,反映客观现实而非任意捏造和杜撰。所谓时效性是指案例必须是与时俱进的、紧跟形势的最新事件,不断地推陈出新,能够反映社会高度关注的热点问题。

(2) 典型性与实用性相统一。典型性就是案例的代表性,指案例是最能够反映出问题的同类事件中的代表,学习者能够通过一个案例的学习获得举一反三的效果。所谓实用性是指选取的案例一定是可操作性强、有效性强的事件,能够将从案例中学到的知识或理论应用于社会实践,对我们解决实际问题和走向工作岗位有所帮助。

(3) 统一性与差异性相统一。案例的选取要紧密贴合课程目标,体现案例选取的统一性;同时,兼顾中等职业教育和高等职业教育案例选取的差异性和延续性,难度也要有一定的区分。

(4) 适应性与多样性相统一。教学案例要适应学习者现有的知识结构、专业水平等;教学案例应该有激烈的利益冲突,没有处理办法和结论,让学生去决策、处理,而且不同的办法会产生不同的结果。从这个意义上讲,案例的结果越多样性,就越有价值。

3. 案例结构的安排与处理

案例编写应当遵循一定的格式,但格式并不是僵死的教条。不管怎样安排案例素材、案例写作结构框架,都应该为着这样一个总目的:通过你的案例描述,能够使案例读者进入"角色",产生"现场"的身临其境感,知道所面临的主要"问题"是什么,明确解决这些问题需要了解的相关"信息"。一般情况下,案例包括标题、正文、提出问题三部分,它们共同构成了一个完整的案例。

从案例的内容安排和叙述角度来说，案例的结构安排需要遵循两大原则：一是按照时间原则安排结构，即实录式案例，将发生的事情按照事情的发生、发展顺序记录下来，在最后提出要讨论的问题；二是按照逻辑原则安排结构，即条例式案例，按照事物各部分内在性质的同异和横向关联的疏密来划分不同的类别，把案例所涉及的材料按照背景、问题、情景、解决的方法、评论等类别排列出来，形成一个完整的案例。选择不同的结构安排，案例撰写的要求也会不同，相比较来说，后一种格式的案例的编制，更为困难。现在着重介绍条例式案例的基本模式。

条例式案例的基本模式如图5-1所示。

条例式案例不同部分的撰写要求：

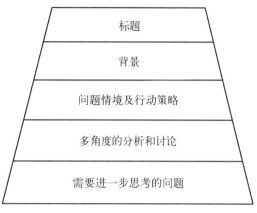

图5-1 条例式案例

（1）标题。基于教学目标和案例内容，确定案例的标题，案例标题要简洁、明了，突出案例教学的主题。

（2）背景。背景的描述一般涉及事件发生的地点、组织结构、时代背景、案例相关人员生平背景等。一般情况下，在职业教育案例教学过程中，案例背景的容量比较小，但也是不可或缺的，因为这些背景信息与这件事情的发生有必然的联系，是深入了解案例中关键事件、关键行动及有关决策时所需要的信息。

（3）问题情境及行动策略。这部分是正文，也是案例的主体，需要人们花费较大的心思。表达的时候要处理好几个结构关系，即时间结构、叙述结构、说明结构和情境结构。要善于抓住矛盾冲突，力求详细描述关键环节与关键问题，采取了哪些行动策略来具体处理问题，产生了什么样的结构，有没有达到理想目标等。

（4）多角度的分析和讨论。这里的分析和讨论可以由教师完成，也可以请行业企业专家一起完成。分析和讨论可以为同一个论题提供多种不同的视角；分析和讨论可以与工作场景、工作实际相联系；分析和讨论可以产生不同的行动策略。

（5）需要进一步思考的问题。这是使案例具有教学功能的关键，是案例与教学目标、教学内容产生联系的桥梁，下面会进行详细论述。

（三）案例问题设计

1. 案例问题设计

教学案例的应用场景决定了教与学交互是必要的，也是必然的。为了使教与学聚焦，我们需要将案例与要传递的观点进行连接，而这个连接点便是问题。在选择案例的基础上，深入分析教学目标、教学内容与案例问题情境之间的关联，设计问题。问题设计成功与否直接关系到教学实施的效果。案例教学问题是教师教学的重要依据，也是学习者进行思考、开展讨论的重点。问题是案例与观点的桥梁，发挥着承前启后、承上启下的作用。

2. 问题设计的原则

（1）与教学目标、教学内容高度相关。问题的设计要围绕教学目标、反映教学内容，是教学目标、教学内容的具体化。

（2）基于一定的教学情境。问题不仅来源于案例，也服务于案例。来源于案例是指在设计问题时至少能够在案例中找到出处，服务于案例是指问题能够触发案例。因此，问题的设计要基于真实的生活情境或者工作过程，这样的问题才是真问题。

（3）具有一定的层次性。案例的问题涉及案例背后的知识和原理，应该是层层深入，具有一定的层次性和系统性。

（4）引导学生进行深入思考。问题是案例教学开展的主线，问题的设计要能引起学生的兴趣，在教师的引导下，学生进行积极讨论和深入思考。

3. 问题的分类

问题可以是案例中客观的、理性的事实性问题，也可以是主观、感性的感受性问题；可以是关于案例的思考和启发性问题，也可以是接下来的行动性问题。而这种结构化的问题使得案例、问题和观点浑然一体。

（1）客观性问题，即从感官上获得的客观问题，如：看到了什么？发生了什么？有哪些信息？

（2）反映性问题，即引导学员阐述，帮助学员建立起与主题的关系，尤其是情感连接，如：这让你联想到什么？让你有什么感受？什么让你感到惊讶/高兴？

（3）诠释性问题，即深层次探讨，获得主题的意义、重要性、价值等，如：为什么会发生？为什么重要？可以从中学到什么？

（4）决定性问题，即探讨新的方向、行动、计划与承诺，形成下一步的行动决定，如：我们可以做什么？

4. 问题的结构

案例问题的结构应该是"洋葱型"。基于教学目标和案例内容，先确定有几个问题，每个问题都是值得思考的，然后对问题的难度进行排序，由易到难、由浅入深，层层深入，问题之间相互关联。通过问题反映知识、原理及相关概念，从而促进学生完成知识建构，达到指导学生行为、提升学生素养的深层次目标。

（四）案例设计需要注意的问题

1. 关于案例的长短

关于案例长短，需要具体情况具体处理。一些简单的案例，涉及一堂课的案例，可以简单明了；一些复杂的案例，涉及一个课程模块的案例，可能会比较复杂，由案例的编制者酌情处理。案例的长短主要考虑以下几个法则：考虑参与者的经验、问题解决的难易程度、案例的使用对象及其知识经验、案例写作和构造的清晰度、课程背景与教学目标。

2. 关于"客观描述"与"适当加工"的问题

虽然案例编制讲究"客观描述"，讲究"高度拟真"，但这并不是说案例编制不可以进行适当加工。因此,只要不违背常理,确实合乎逻辑,在案例的情节处理上,是允许做适当的删减调整加工的,使案例具有较好的教学功能。

3. 关于提供案例信息的技巧处理

案例信息提供需要从三个维度去思考:其一,本案例的主题及涉及的关键问题是什么?其二,案例的决策者必须掌握的情况有哪些?其三,作为一个局外人,案例的读者要掌握的情况有哪些?关于案例编制信息处理问题,还有一个纯技术性的问题,那就是关于信息掩饰的问题。比如在案例编制中涉及的一些比较敏感的信息,企业具体名称、人物姓名等都可以"改头换面"。在做敏感信息的掩饰处理时,仍然需要考虑如何尽量增加案例的真实性和可信度的问题。

4. 关于时态和文风等问题

一般来说,在具体编制案例时使用过去时态,这在一定程度上是为了保护案例所涉及的有关学校和教师,因为已经发生过的事情总是比正在发生的事情更少招致"非议"或更不容易引起不必要的"感情波澜"。关于案例的文风,编制者应把主要精力放在如何打开学生的"思考阀门"、找准学生思考的兴奋点,引导学生进行深入思考。

三、教学策略设计

教学策略规定了案例教学活动的总体风格和特征。教学策略连续统一体的两个端点分别是"发现策略"和"接受策略",教学策略作为教学方案的总的抽象描述,是教师与学生、学生与学生间的互动方案。教学策略设计又可以分为教学组织设计和教学媒介设计。

(一) 教学组织设计

教学组织是指教师和学习者基于什么样的方式开展教学活动,是教学实施的重要组成部分。在案例教学中,宜采用多种方式组织教学。

1. 教学组织的形式

案例教学提倡自主、探究和合作,案例教学可以采用小组讨论、角色扮演等多种教学组织形式,确保学生围绕案例及问题进行深入思考和分析。案例教学通常要采取小组学习的组织形式,但这也不是绝对的,还可以多种教学组织形式相结合,因为能够个体完成的教学活动还是要个体来完成,这样学生可以得到最大限度的能力训练。

(1) 小组讨论。案例教学可采用小组讨论方式组织教学,将一个班级分成若干个小组,在教师的引导下,各小组独立完成学习任务,聚焦案例进行讨论和深入分析,并得出结论。这里的小组讨论是一个广义的概念,并不是单指某一种教学组织形式,而是侧重指一种教学组织方法,比如,在角色扮演中也可以用到小组讨论。

(2) 角色扮演。角色扮演具有两层含义,在对案例进行讨论分析之后,学生通常已经明确了自己在案例讨论中所要扮演的角色,其一是指在课堂上学生和教师在地位上的角色转变,在案例教学法的课堂上,教师一改往日"独裁者"的角色,转变为"辅助者"或"主持人"的角色,主要负责把控课堂上的气氛以及讨论的进度,而学生由原来的"被动接受者"转变为"主动探究者",积极参加小组讨论并进行科学探究。其二是指学生在进行案例讨论时,因其自身知识水平和性格特点的不同,在小组中通常会扮演不同的角色。例如一些思维敏捷,善于分析,能将案例中所涉及的精深的知识进行精准剖析的同学,可扮演"聪明的专家"这一角色;再如,一些同学比较善于发现问题,通过不断提问,推动着整个讨论的进行,可扮演"善于提问的人",除此之外还有很多的角色,并且,同一个学生在讨论的不同阶段也可能会扮演不同的角色。在讨论的过程中,教师可以根据学生的特点,引导他们去扮演自己合适的角色,从而推动讨论的进行。

除此之外,也可以采用其他教学组织形式,或者采用多种教学组织形式相结合的方式。下文着重介绍小组讨论。

2. 开展小组讨论的要求

(1) 明确分组规则与人数要求以及小组成员职责。各小组可由学生自由组合,也可由教师根据需要指定。每组学习者不宜太多,尽量控制在 3—8 人,这样能够确保学习者有充足的讨论和发言时间。

(2) 协调好教学场地的使用。在转换教学场地和教学组织形式时,合理地组织学习者完成转换过程,以确保过程的顺利及安全。

(3) 明确课内教学任务与课前、课后学习任务的关系。协调好课内与课外的时间安排,提高教学效率。

3. 小组讨论的主要形式

主要有嗡嗡声组、声音圈组、"独立思考—结对合作—相互交流"组、头脑风暴组、拼图游戏组五种。在以上五种讨论形式中,第一种嗡嗡声组,最为常见,可以保证每个学习者都能够发表自己的意见,但是讨论不受规则约束,容易导致讨论比较混乱,偏离案例主题,意见表述不完整,效率不高。第二种声音圈组,在交流途中,每个学习者都可以发表自己的意见,其他同学只聆听、不打断、不评论,这能够保证每个学习者都能完整地说出自己的见解,不必担心自己的见解遭到别人反驳或者被打断。第三种"独立思考—结对合作—相互交流"组,小组成员准备好发言内容,进行两两讨论,交换意见,能够节约讨论时间,尤其是性格内向的同学只需要将自己的意见向一位同学阐述,避免了在全班同学面前发言的尴尬。第四种头脑风暴组,能够尽可能多地收集不同的意见和方案设想,充分发掘了学习者的思考能力,其中教师需要维持讨论的秩序,记录不同的意见。第五种拼图游戏组,教师将案例任务分解为若干子任务,使每个小组的讨论方向更加精准,降低了任务难度;解散小组成员再进行重组,学习者之间能够充分交流意见,最终拼凑完成案例任务,提高讨论效率。

4. 课桌椅的排列

小组讨论对课桌椅的排列提出了较高的要求,课桌椅需要满足以下原则:一是满足听与看的条件,即学员可以在任何位置上听到教师和学习者的发言;二是保证教师不受限制,可以走到每一个学习者的位置进行对话和指导;三是每个学习者可以很便利地离开座位走到讲台或者其他学习者的面前,进行面向全班的交流和学员之间的交流;四是根据学习者数量的多少,扩大或缩小课堂的沟通半径。根据上述原则,教师适当变换课桌椅的排列。

如果教师不能清楚地看到和听到学习者的反应,或者学习者与学习者之间不能面对面进行交流,这将影响学习者的有效参与。15人以内可采取课桌椅圆周式排列(见图5-2),15人以上可采取条桌与座椅的布置等方式(见图5-3)。

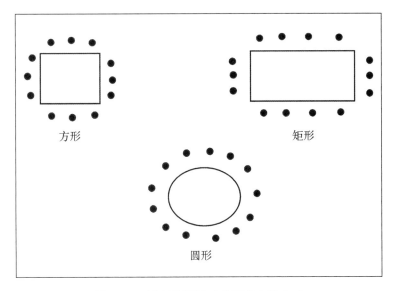

图5-2 课桌椅圆周式排列的几种变式

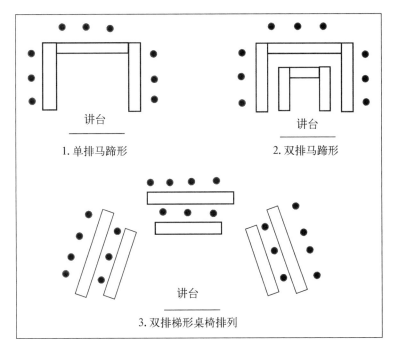

图5-3 条桌与座椅的布置等方式

(二) 教学媒介设计

为了更好地呈现案例,让学习者感受真实的情景,案例的展现形式不仅有文字,还包括图片、音频、视频等更能够吸引学习者的注意力的形式,同时丰富多彩的展现形式能够表现真实的情境,让学习者更加有代入感,有利于激发学习者的思考能力。现在可供选择的教学媒介多种多样,具体包括:用于支持教学内容呈现的教学资源,包括案例、历届学习者优秀作品、企业资料等;用于学习者操作的教学资源,包括项目任务书、仿真操作软件、仿真设备、实际工具设备等。其中最重要的教学媒介就是教材,教材是教师备课的基本依据、是联系教师与学生的最基本的媒介,教师的教和学生学的内容都体现在教材中。

应根据学习内容的需要、学习者的特征、教学目标的要求、教学策略的安排等选择最恰当的教学媒介。案例教学媒介应当具有实用性,对提高案例教学质量、完成任务或提升效果产生积极的证明作用;还应当能够保证教学内容的正确性,即教学媒体本身的科学性,要考虑这种教学媒介传递信息的真实性程度;最后还要保证教学内容展示上的美感。

此外,案例教学可适当结合最新的信息技术手段,可以和计算机模拟、网络技术等结合运用。让学习者体验真实的案例情景,熟悉真实的工作流程,这样可以使学习者置身于一个动态的真实环境中,便于学习者将理论与实践相结合。

四、教学过程设计

教学过程设计指的是基于一个完整的案例对课程模块或者一堂课进行设计,包括对应的案例情景及学时(见表5-2)。每节课具体包括教学准备阶段、教学实施阶段、教学巩固阶段共三个阶段,应合理设计各阶段的"学的活动"与"教的活动",实现教师的教与学习者学的互动(见表5-3)。

表5-2 案例整体教学过程设计

序号	课程	一个完整案例	整体案例教学过程	学时
1	课程模块一	案例情景一	案例教学过程设计	
2	课程模块二	案例情景二	案例教学过程设计	
3	……	……	……	
合计				

表5-3 案例教学过程设计

阶段	案例教学过程		学习者学的活动	教师教的活动	时间
教学准备阶段	案例准备	案例实践教学效果如何,很大程度上取决于案例	1. 认真阅读案例; 2. 做好个人分析; 3. 组建学习小组,积极参与讨论。	1. 选择案例; 2. 精通案例材料; 3. 精心设计教学,包括预测学习者对案例的反应,想象理想的案例讨论如何进行; 4. 物质准备。	课前阶段

续 表

阶段	案例教学过程		学习者学的活动	教师教的活动	时 间
教学实施阶段	介绍案例及问题	激发学习者兴趣	学习者阅读分析案例,认真思考。	教师介绍案例,告诉学习者本次案例教学的目标、教学组织、具体安排等,激发学习者学习兴趣。	5—10分钟
	案例讨论	案例教学实施的重要形式,是确保案例教学成功的关键环节	1. 开展小组讨论。学习者围绕问题进行讨论,问题包括:这一情景中主要问题有哪些;解决问题应该采取的办法有哪些;应当怎样制定实施,结果如何;你从案例中学到了什么。 2. 开展班级讨论。班级讨论是案例教学的高潮阶段,此时每个小组的代表进行课堂发言,小组的其他成员可以进行补充,请其他小组的成员进行判断发言,集体交流。	1. 引导各小组围绕案例及提出的问题进行讨论; 2. 引导集体围绕案例进行讨论,可以通过提出问题等方式引导班级讨论的方向。 讨论的基本方式: 1. 从某个单独的事件出发; 2. 从一般的对策出发; 3. 从某个提前准备好的书面材料出发; 4. 按逻辑顺序出发。	25—30分钟
	案例总结		学习者在案例讨论结束后,结合相关理论、概念、原理、方法,将讨论结果加以物化,深化巩固案例讨论结果,进一步理清思路,由学员独立完成。即在讨论的基础上,通过判断、选择来深入分析案例,提出自己的方案,并做出决策。	教师在总结的过程中,要对全体同学的分析与讨论表现做出一个总体评价;同时,对案例教学实施情况进行总体评价:成果经验、经验反思和深化认识。将案例教学提升到理论层次,分析案例背后呈现的专业知识、技能。	5—10分钟
教学巩固阶段	形成案例分析报告	课后作品成果的展示	1. 学习者根据教师的总结和评价,做好记录,进行思考,分析自身方案的不足之处并改进; 2. 学习者基于讨论和教师布置的任务总结进行思考,形成案例分析报告。	教师布置适当的任务请学习者课后完成,并提出新的问题引发学习者进一步思考。	课后进行

(一)教学准备阶段

在开展案例教学前,也就是在案例实施前,教师和学习者要充分做好准备工作,为案例教学实施做好充分的准备,教学准备阶段一般在课前进行,不占用上课时间。

1. 教师准备

一是教师要选择好案例。案例准备是实施案例教学的基础,由教师实施案例准备。案例教学的效果与案例的选择有很大关系：一是选择那些具有真实性和典型性的案例。因为只有发生在实际生活场景、工作场所中的真实事件,才能引起学习者的共鸣,同时,有利于学习者接受。总之,选择那些既具有真实性,又具有典型性的案例,对于促进学习者的实践经验与理论知识相结合,提高学习者知识和能力均具有重要意义。二是选择那些答案潜隐而又难易适度的案例。一般来说选择的案例多是"问题情境"比较复杂的案例,特别是那些典型的事例或者两难问题,给学习者提供更多选择、思考和想象的余地；三是选择那些信息含量丰富的案例。一般来说,优秀的案例能够引起学习者进行批判性和分析性的思考,以便对问题及潜在的解决方式进行评估。因此,案例应用包含足够的、能够赖以进行深入分析的相关信息。紧密结合案例教学特点和学习者认知水平、能力结构选取典型案例；确定教学的重点、难点；拟定针对性问题,提前分发给学习者阅读。

二是教师精通案例材料。教师在选择好案例的基础上,对案例中包含的事件有一个完整的掌握；了解可能需要的背景信息；理解案例的主题、关键事件与主要角色。"教师对案例事件和数据越熟悉,在教学中就越主动。"

三是教师精心设计教学,包括预测学习者对案例的反应,学习者如何看待案例中提出的问题,案例是简单还是颇具挑战性。想象理想的案例讨论如何进行。制定案例讨论计划,怎样开始讨论,怎样进行以及怎样结束。

四是物质准备。物质设施的准备安排,也是案例教学准备的一个重要环节,但是这个环节很容易受到忽视。案例教学的物质准备涵盖的因素比较多,包括场所的选择、课桌椅的排列、教室辅助设施布置、现代信息技术装备。

2. 学习者准备

一是学习者要认真阅读案例。上课一周前教师将案例及案例问题发给学习者,学习者取得案例后,事先阅读,了解案例,并发现问题或了解教师提出的问题,结合案例进行分析和思考。

二是学习者要做好个人分析。学习者在进行学习之前,全面了解个人已有知识及能力。个人分析案例的过程,同时也是个人创造性学习的过程,可以从以下几个观点切入：案例的主要观点是什么,主要观点明确吗？谁是主要参与者,他们充当了什么角色？这些参与者是如何与其他人互相影响的,在案例中这种影响重要吗？如何描绘参与者的行为,激发这些行为的动机是什么？在相似的情境下,我会做出什么行动,依据是什么？这一案例能够给我们什么样的启示？

三是学习者要组建学习小组,积极参与讨论。在正式开展课堂教学之前,学习者可以组建学习小组,以学习小组的形式开展案例的学习准备活动,这是案例教学中不可或缺的一环。通过小组学习的形式,学习者之间可以相互启发、补充,集中大家的智慧,共同解决案例难题,同时,小组学习能够让学习者提高合作能力,这是一个优秀教师的重要素质。学习者可以自发建立学习小组,也可以按照教师的分配建立学习小组,一般每组3—8人,最好不要超过10人。小组讨论的时间也不一定要很长,一般在3—5人的小组中,15—30分钟讨论就可以了,当然,这是建立在学员认真研读案例、做好个人分析的基础上的小组学习建议。

(二)教学实施阶段

案例教学虽然是一种开放的、崭新的教学形式,但是就课堂教学实施这一环节来说,还是相对封闭的。要处理好具体案例教学过程与系统理论知识学习的关系,因为案例教学把整体的课程体系、工作过程分解成各个部分,并融合于具体案例中,呈现在学习者的面前。案例教学要注意以具体反映整体、以特殊体现一般,以少见多,避免就事论事、以偏概全,确保案例教学的理论性和整体水平,使案例融入完整的课程体系、专业理论、工作过程中,将对具体案例的钻研与课程体系、专业理论、工作过程合二为一。

1. 教学实施的主要原则

(1)创设问题情境的原则。在具体的案例教学中,教师要善于将这种纸上的问题情境转化为现实课堂中的问题情境,以生动的实例的形式向学员提供若干特定的情境,引导学习者运用已有的知识、理论和能力,解决分析模拟情境中的问题。

(2)坚持学习者主体的原则。在案例教学过程中,教师一定要转变角色,注重学习者自主学习的过程,充分发挥每个学习者的长处,使学习者成为课堂的主人、案例教学的主人。

(3)激励共同参与的原则。高度的参与性是案例教学的一个重要特点,学习者参与的程度,是案例教学成功与否的重要标志,有两个突出问题需要教师解决,即淡化差别、弥合不同。教师应对不同的学习者进行引导,善于创设一个民主融洽的课堂氛围,激励所有的学习者参与课堂讨论。

(4)拓展探索空间的原则。案例教学特别强调学习者通过自己的分析和思考,得出解决问题的最佳途径,以此培养学习者解决教育教学实际问题的能力。案例教学的具体内容、形式和结论一般不具有唯一性,教师要有意给予一定的模糊度,拓展学习者思考的空间,让学习者利用自己的生活经验和已有的知识,对当前遇到的关键问题进行分析、推理、判断。

2. 案例实施的重要环节:案例讨论

组织案例讨论是充分调动学习者的积极性、主动性,提高案例教学质量的关键环节。

有效开展案例讨论的三要素:

(1)班组成为学习共同体。整个班级形成学习共同体,能够对学习者个体的思想和观点进行有效整合,从而让学习者获得一种个体很少能够独立形成的新的理解,案例讨论就是在这样的集体中走向深入的。

(2)高水平的学习者参与。有效的案例讨论,主要依赖于高水平的学习者参与。高水平的学习者参与也是一项高回报的工作,它可以帮助学习者尽快地学到教育教学实践所需要的相关技能。在讨论内容方面,主要看学习者在参与讨论时,能否把案例中的事实和观点区分开来;是否能够简明扼要地陈述案例事实;是否能够准确把握案例中的关键事件和关键角色;是否掌握了较为丰富的相关信息并能对案例做出有意义的分析;是否提供了他人没有谈到的解决问题的举措或方法;是否对案例进行批判性的定量分析并确定案例中所包含的合理假设;是否制定出有条理的行动计划。

(3)高效能的教师引导。在案例课堂讨论中,高效能的案例教师总是善于巧妙引导学习者进行讨论,而不是控制支配案例讨论。这需要教师能够预测学习者可能做出的反应,明确自己在案例讨论中的职责和角色,确定自己介入案例讨论的时机等。

开展案例讨论的主要方式:

一是从案例讨论中教师与学习者两个维度出发,可以分为以下三种形式。

(1) 教师—学习者模式。这种形式的案例讨论主要发生在教师和学习者之间。教师可以通过一系列的询问,对学习者的观点与建议进行审查,揭示学习者的思考过程,检验学习者的讨论是否合理。

(2) 学习者—学习者模式。这种案例讨论主要是在学习者之间展开,学习者根据自己对案例的理解与推理,或基于别人所没有的视角,对某位学习者的观点提出异议或者质疑。教师也可以指定不同的学习者扮演不同的角色,然后使他们的观点彼此交锋。

(3) 教师—小组模式。考虑到案例讨论大多发生在小组内,教师为了避免等待时间内的尴尬,可以参与小组讨论,成为小组的一员,发挥积极的作用,从而形成教师—小组模式。当然教师并不一定从头到尾参与一个小组的讨论,可以根据具体情况,多参加几个小组的讨论,以便尽量多地掌握学习者案例讨论的信息,更好地发挥教师的引导作用。

二是根据教师与学习者、学习者与学习者之间案例讨论深入开展的具体情况,可以细分为四种形式:

(1) 交互询问型(教师—学习者)。发生在教师和个别学习者之间,由教师对个别学习者提出一系列问题。

(2) 官方反对派(教师—学习者)。发生在教师和个别学习者之间,但是全班每个学习者都参与进来,教师坚持某一观点,要求学习者从对立的角度去反驳。

(3) 假说型(教师—学习者)。发生在教师和学习者之间,教师既不向学习者质疑,也不充当反面角色,而是提出一种假定性情景。这种假定性情景是某位学习者的观点或建议的一种极端的变态状况或后果,要求学习者用自己的观点或建议来评价。

(4) 对抗合作型(学习者—学习者)。发生在学习者和学习者之间,有的学习者根据推理或考虑到别人所见的情况,对某位学习者的观点提出异议或者质疑,而被质疑者或者他人则用另外一些不同的见解与分析去反驳或辩论。

(5) 角色扮演型(学习者—学习者)。教师指定一些学习者扮演不同的角色,然后让他们的观点彼此交锋。

(三) 教学巩固阶段

案例课堂教学的结束,并不意味着案例教学实施就完全结束了。其实完整的案例教学实施过程,还包括案例教学课后巩固阶段,学习者的主要任务有撰写个人反思日记、整理课堂笔记、续写案例、进一步收集相关案例信息、完成教师布置的其他作业等。每次课后,学习者如果能花上几分钟的时间重温案例,反思自己的课堂学习经历,就会对自己有很大的帮助。这样做可以对自己的思想再一次整理、补充,使之更加具体化、条理化和结构化,对改进学习者日后的学习方式,强化学习者在个人准备、小组讨论和班级交流发言中初步形成的技能很有帮助。案例教学成果最终以一份简明的书面形式表达出来,形成一份案例分析报告。

撰写案例分析是案例教学实施的一个重要环节,是学习者结束课堂讨论之后,深化巩固案例讨论结果,进一步理清思路,提高个人分析问题、解决问题能力的重要手段。报告应当能够概括案例讨论的主要成果和精华,这是报告的主题。报告的其他部分主要是用来说明三个内容,即为什么要选中这一点作为主题;没有选中的其他方案是什么及其没有选中的理由是什么;能够支持你的发现及所提建议方案的证据有哪些。

关于撰写案例分析报告的几条建议:

(1) 确定案例分析撰写的基本角度。案例分析的撰写者必须进入角色,站在案例主要角色的立场去观察和思考,设身处地去体验。

(2) 了解评价案例分析的一般标准。案例分析是教师评价学习者案例学习成效的重要载体。一般来说,案例分析的评价主要有以下几点:其一关键问题把握能力;其二分析能力,主要看分析的深刻性和精准性;其三决策能力,主要看提出解决方案的依据是否有说服力;其四创新能力,主要看在案例分析中提出的见解、观点或方案是否精辟独到。

(3) 明确案例分析的基本结构。基本结构的风格不是一成不变的,但是主要涉及以下几方面。其一是主要问题的表述;其二是问题分析;其三是具体案例的分析;其四是对备选方案的分析;其五是提出行动建议及实施计划。

(4) 遵循案例分析撰写的思维过程。撰写案例分析要有一个基本的思维过程,其一需要确定该案例在整个课程教学中的地位与相应理论、技能之间的关系,也就是要确定案例主题;其二要找到案例的关键问题;其三是选用适当的方案进行分析;其四是要提出支持决策的相关依据,即分析依据;其五是筛选制定决策方案,即得出结论。

(5) 掌握案例分析撰写基本步骤。其一确定关键问题;其二找出与关键问题相关的其他重要问题;其三选择案例分析的具体方案;其四明确分析的主次关系;其五确定要采取的分析类型;其六进行撰写。

教师提高案例教学实施效果的策略:

(1) 变换呈现方式。案例的呈现方式是教师根据案例教学目标,在案例教学设计时需要着重考虑的问题,教师通过变换案例呈现方式,引起学习者的关注和兴趣。其一,最简单的一种方式,是教师把事先印制的案例以文字材料的形式发给学习者,请学习者做好准备。其二,有的教师根据案例本身的特点和案例教学的需要,采用当堂叙述案例,让学习者记录的方式呈现案例,然后教师提出案例教学的要求。其三,有的教师为了进一步发挥学习者的主体作用,在事先把案例材料印发给学习者之后,在案例课堂教学开始时,请一个或几个学习者向大家讲述案例。其四,在学习者代表介绍案例的基础上,还可以以学习小组为单位,请学员在课堂上预演案例。在预演案例的时候,不仅需要注意案例展现的内容,还要注意展现案例文字内容背后的一些"隐藏信息"。其五,教师可以利用多媒体设备,播放案例,提高视听效果。其六,教师还可以对案例进行改编,故意呈现不完整的案例,引发学习者的创造想象。

(2) 教学过程中的师生关系。教学过程中的师生关系包括两部分,其一是案例教学过程中的师生地位,其二是案例教学过程中教师的教与学生的学的关系。在案例教学过程中的师生地位,首先,学生是教学的对象,也是学习的主体,这就决定了学生作为案例教学过程中的主体必须要具有灵活性,即使教师不对学生进行教学,学生也可以通过自学获得相应的知识和技能。其次,学生在教学过程中具有能动性是学生作为学习主体最重要的特征,但是在教学过程中,学生尽管具有主动性,教师的教学活动也是必要的,因为如果缺乏教师的指导,学生的主动学习活动就会脱离教学目标,不受专业教学标准和教材的约束,学生将不能获得系统的知识和技能。最后,在案例教学过程中,作为教学组织者的教师应当起主导作用,引导学生主动学习,发现案例中的问题,主动解决问题。基于此,案例教学中的师生地位是分阶段关系。

在案例教学过程中教与学的关系,首先,案例教学过程中教与学的关系是相互依赖、相互作用的双向关系,还存在着相互作用的关系。其次,案例教学过程中的教与学关系是主导与主动的关系,以教为主导、学要主动为着眼点。

一是教师的角色转换。在案例教学中,教师应该改变传统的角色观念,扮演案例讨论的引导者和案例分析的组织者角色。案例讨论的引导者,即积极引导学习者分析问题,进行讨论,提高学习者对案例的深入分析。在案例讨论过程中,应重述或回述学习者的观点,将个别学习者的言论改为全班共享的语言,而不是下结论,或对学习者观点进行评价。案例分析的组织者,即案例教学需要教师有较强的课堂组织能力,在案例分析时间的把握、案例分析形式的多元化等方面都需要教师注意。有的案例可以随堂讨论,而有的案例具有一定的争议性,可以进行辩论,不一定都采用既定的形式,可以进行适当的变换。如果教师已经非常熟练,可以直接设计案例学习活动;但是对于不太熟练的教师,最好借鉴案例教学中的教学设计案例。

二是对学生提出了较高要求。在案例教学过程中,要始终牢记学习者处于案例教学的中心地位,所有的教学活动都要围绕学习者进行,学习者的角色也由倾听者变成了参与者,积极参与案例讨论、案例分析及教学评价过程。这对学习者的要求比较高,案例教学一定要在理论学习的基础上进行,因此要求学习者拥有坚实的知识基础。

(3) 及时调节心理。案例教学所采用的案例一般都来自生动的教育教学实践,因此案例本身是有情节、有细节的情景,比一般的知识更能吸引学习者的探究心理,激发学习者浓厚的学习兴趣。但是这些特点是来自案例和案例教学形式本身,主要是靠案例及案例教学的独特方式引发学员产生一种心理感受,可能在案例教学初期还比较有效。随着案例教学的深入进行,对学员的要求会不断提高。学员要认真研读案例、提前做好个人分析准备、认真倾听、积极发言等,这很容易使学员处于一种紧张的状态,从而产生压力,诱发部分学习者对案例教学的疲倦心理。这种心态在追求高分的优秀学习者的身上尤其明显,如果案例教学教师没有意识到这一点,不及时对学习者心理进行调节,案例教学的效果会大打折扣。

(4) 有效把握节奏。案例教学前后延伸的时间较长,经历的环节较多,整个进程处于一种开放式的状态。具体来说,调整教学进度,有效把握教学节奏,需要适当考虑采用以下一些方法和技能。

一是给予适当的等待时间。加强时间管理。必须合理地安排依附于案例实施过程的教学活动的时间,否则就会破坏案例实施过程的统一性。加强内容管理。确保小组讨论充分涉及与教学目标密切相关的实际问题。案例教学的重要环节有个人分析、小组讨论等,这里有教师等待的问题;围绕一些中心问题请全体学习者思考问题,也涉及教师的等待问题,这就是案例教学中著名的难题"教师如何介入和教师何时介入"。等待时间过长,会造成学习者拖沓松散、心不在焉,思维游离于案例教学的情景之外;等待时间过短,学习者思考不充分,难以触及案例的本质问题。这个需要教师去体会和思考,例如,学习者已经表现出跃跃欲试的神情、个人思考的评价已经打破,纷纷"交头接耳"的现象已经出现、小组讨论的声音逐渐微弱等。当然教师在等待的时候,也不是完全被动的,教师也可以参与,与学习者共同思考。特别是学习者或小组提出一些重要问题的时候,教师可以转换角色,融入课题,把自己当成一名普通的学习者,与学习者一起思考。

二是加强案例实施的内容管理和过程管理。加强过程管理。教师深入了解学习者的知识与技能的掌握水平,根据不同的教学任务来分析学习者的学情,根据不同的教学目标来组织好教学,建立工作机制,强化目标管理和时间管理,合理安排好时间,根据不同的时间段来组织教学过程,根据不同的课程来组织好教学的资源,分析不同教学方法的作用与重要内容,分析不同课程的工作任务,充分利用教学资源库的作用,强化知识目标的管理力度,做好教学工作,完成教学工作任务。确保小组讨论的内容对于学习者来说真正称得上有吸引力且具有激发性。

五、教学评价设计

评价主体包括教师和学生,评价的方式包括过程性评价、结果性评价和诊断性评价。教师作为案例教学的引导者,主导案例教学过程,因此对教师进行评价;学习者是案例教学的主体,案例教学的成功与否最终取决于学习者的收获,因此对学习者学习态度、存在问题、完成的项目作品、知识掌握程度等进行评价。

(一) 教师评价

1. 评价学习者课堂参与情况

如果学习者成为教学的旁观者,那么他们就不能真正把握和领会案例教学的要义。案例教学对学习者的个人参与和行为提出了一些要求。除了参与量(以时间来衡量)外,还要注意学习者参与的质量和实效。一般来说,教师可以根据下表列出的14个项目评价学习者的参与是否有意义。

表5-4 评价学习者的项目

序号	项目	是	否
1	案例分析较为全面、深刻,对理解问题是有帮助、有意义的		
2	指出案例中需要进一步明确的某些方面		
3	能够有意识地把学到的理论与案例整合起来		
4	理论与案例的整合符合认知的逻辑结构,得出的结论较为合理		
5	能够对别人的观点(包括教师的观点)提出挑战		

续　表

序　号	项　　目	是	否
6	对案例蕴涵的情景有独特的认识		
7	提出的问题解决方案具有创新性		
8	确定了案例中的关键性假设		
9	提出了行动或实施计划的建设性意义		
10	能够用图表等直观形式反映出案例中涉及的数据或内容		
11	陈述条理清晰，观点持之有据		
12	对他人观点表现出较为得体的尊重		
13	运用定性分析，坦率地表达自己的观点		
14	做出有意义的总结		

2. 评价学习者案例分析的表现

一种是平时性评价，即教师平日在课堂上根据学习者案例分析的表现做出评分记录；另一种是阶段性的评价，即教师结合学习者案例分析报告内容的质量和学习者反思水平的提高与否，对学习者的进步、表现情况作出评价；最后一种是终结性评价，即在正式的期中或期末考试的测试中，教师根据学习者对案例分析的表现情况作出评价。在实际案例教学评价中，教师也可以根据三者所赋予的分支权重进行量化评价，把三种评价方法有机结合起来。

3. 教师的自我评价

教师可以从以下问题进行思考，为自我评价提供线索。如果有80%以上的回答是肯定的，可以大体说明案例教学是非常成功的。

表5-5　教师的自我评价

序　号	项　　目	是	否
1	教师在教学过程中注意激发学习者的学习动机		
2	学习者在学习过程中受到教师的充分关注与尊重		
3	教师上课准备充分		
4	案例真实，且对预定的课程设计和教学目标的达成至关重要		
5	教学氛围轻松自由		
6	教学的种种努力使得课堂趣味盎然		

续表

序号	项目	是	否
7	学习者积极参与,认真思考		
8	教师观点鲜明,对学习者有启发意义和参考价值		
9	教师态度从容,不盛气凌人		
10	学习者对案例中的问题有自己独到的认识和判断		

(二) 学习者评价

1. 学习者互评

学习者基于自身认定的评价标准和准则,对其他的学习者进行评价,对其他学习者案例教学参与情况及案例报告撰写情况形成认识和判断。在评价的过程中,也有利于发现自身的缺点和不足。在学习者进行自我评价前,教师对学习者的互评提出指导意见,提醒学习者除了进行纵向的比较以外,还不能忘记进行横向的比较。

2. 学习者对教师的评价

学习者是案例教学的直接参与者,最有资格对教师进行评价,学习者对教师的评价除了涉及教师个人师德水准、知识水平、教学态度外,更多地集中于案例教学中教师表现出来的组织能力、教学机智、教师对案例教学内容的选择、教师的个人阅历及教师完成案例教学课程的质量等。

表 5-6 学习者对教师的评价

内容	选项				
教师在多大范围上使得该案例课程总体目标清晰	A	B	C	D	E
每节课的教学目标教师标注得有多清晰	A	B	C	D	E
教师表述的教学目标在多大范围内得到了实现	A	B	C	D	E
案例在多大范围内有助于你的学习经历	A	B	C	D	E
行业企业在案例教学过程中的参与度如何	A	B	C	D	E
课堂讨论在多大程度上有助于促进你的学习	A	B	C	D	E
教师在多大范围内在课外给你提供了帮助	A	B	C	D	E
案例报告在多大范围内有助于增进你的学习	A	B	C	D	E
教师组织案例讨论的整体水平如何	A	B	C	D	E

续 表

内　　容	选　　项				
教师的观点在多大程度上你认为是有价值的	A	B	C	D	E
你从该案例中的收获如何	A	B	C	D	E
你对该案例教学的总体评价如何	A	B	C	D	E
你对教师的评价如何	A	B	C	D	E

3. 学习者的自我评价

自我评价是学习者基于原有的自我认识，依据自身认定的评价指标和准则，对自身整体或某方面能力发展形成的认识和判断。学习者自我评价有利于提高学习者对案例教学的重视程度。在学习者进行自我评价前，教师对学习者的自我评价提出指导意见，提醒学习者除了进行纵向的比较以外，还不能忘记与其他学习者进行横向比较，反思和发现自己在学习态度和实际学习成效方面的差距，认清自己的不足，调整下一步学习机会，从而争取在以后的学习中加以弥补和改进。

在学习者进行自我评价之前，教师可以对学习者的自我评价提出指导意见。教师评价与自我评价相互为用、相互补充、相得益彰，但教师评价只有为学员接受并最终转化为学员的自我评价，才能真正促进学习者的发展。

第六章 案例教学设计文本体例

一、文本格式

××课程案例教学设计

（一）设计说明

（二）教学目标

（三）案例设计

（四）教学组织

（五）教学媒体

（六）教学过程设计
1. 整体案例教学过程设计

序号	课　程	一个完整案例	整体案例教学过程	学　时
1	课程模块一	案例情景一	案例教学过程一	
2	课程模块二	案例情景二	案例教学过程二	

续 表

序号	课　程	一个完整案例	整体案例教学过程	学　时
3	……	……	……	
合计				

2. 案例教学过程设计

序号	阶　段	案例教学过程	学习者学的活动	教师教的活动	时　间
1	准备阶段				
2	实施阶段				
3	巩固阶段				

（七）教学评价

1. 教师评价：

2. 学习者互评：

3. 学习者自评：

二、技术规范

（一）设计说明

对基于整体课程开展完整案例教学设计和基于不同模块课程开展案例教学设计进行说明。

（二）教学目标

从"学习结果"的角度来描述教学目标；写 2—4 条目标，包括认知目标、技能目标和素质目标（情感目标融入认知目标、技能目标和素质目标中）。

（三）案例设计

教师可以在案例教学资源库中选择案例，有条件的教师和学校可以进行案例设计。案例的设计包括：案例的选择和案例问题设计，包括案例的标题、背景、问题情境及行动策略、多角度的分析和讨论。可根据实际情况建立案例教学资源库。

（四）教学组织

教学组织设计包括：如何分组；如何协调使用教学场地；如何协调课内、课外教学。

（1）如何分组：须明确分组规则与人数要求或者由学习者自主进行分组，明确小组各成员职责。

（2）如何协调使用教学场地：包括开展教学活动的场地，也包括对课桌椅和学习者的安排。

（3）如何协调课内、课外教学：明确课内教学与课前、课后学习任务的关系，明确课内、课前学习与课后学习任务是一个整体。

（五）教学媒介

教学媒介包括纸质和数字教学媒介，可适当结合信息技术手段，将教学和计算机模拟、网络技术等结合运用。让学习者体验真实的案例情境，熟悉真实的生活情境和工作流程，这样可以使学习者置身于一个动态的真实环境中，便于学习者将理论与实践相结合。

（六）教学过程设计

对一个课程模块或者一节课进行教学过程设计，分别从案例教学准备、案例教学实施、案例教学巩固三个部分展开。其中，案例教学实施是案例教学设计的重点。典型学习活动不仅要包括"任务完成"这一基本的操作性学习活动，更是要突出"理解""识记""观察"等认知学习活动，"展示"等技能学习活动及"完成某项任务"的能力提升，使学习者实现内在素养的提升。

（七）教学评价

由教师的评价和学习者的评价构成。关注评价的多元性，包括终结性评价、过程性评价、结果性评价，同时，体现各案例在教学评价上的特殊性。

附　录

附录1　客房服务与管理案例教学设计

一、整体案例教学过程设计

（一）设计说明

本课程案例教学是依据"客房服务与管理"课程标准提供的思路进行设计的。案例的选取依托杭州市西湖区某五星级酒店的客房部门运营工作展开，由房间清扫、物品消毒、对客服务、制服清洁、棉织品和客衣洗涤、公共区域清洁、设备维护保养、服务质量控制、人员管理等案例构成。该案例贴近酒店行业实际工作，既涵盖酒店客房部的日常清洁和保养工作，又考虑到对客人提供个性化服务以及服务质量的控制，知识覆盖面广，遵循做学一体原则。

（二）案例一览表

序号	课　程	一个完整案例	整体案例教学过程	学　时
1	课程模块一： 楼层清扫与服务	案例情景： 某酒店客房部楼层客房的日常清扫和对客服务	案例教学过程一： 1. 分发"客房服务员清扫日报表"学习任务书，学生明确学习目标、要求。 2. 教师分析案例，通过对房态的介绍和分析，确定客房清扫的顺序、不同房态清扫流程、各服务项目流程，讲解清扫的标准、物品消毒的要求和对客服务的标准。 3. 学生分小组讨论不同客情条件下客房的清扫顺序，以及特定场景下的对客服务应答和处理；讨论不同房态清扫流程的差异和原因；通过观看标准操作视频和客房清扫实训，完成客房清扫和物品消毒。 4. 每个学生独立完成客房清扫，并进行交叉检查，同学间进行互评，教师点评并查漏补缺。 5. 教师对课堂任务完成情况进行评价，总结专业知识与技能。	
2	课程模块二： 洗衣房管理	案例情景： 某酒店客衣洗涤服务	案例教学过程二： 1. 分发"客衣洗涤服务流程"学习任务书，学生明确学习目标、要求。 2. 教师分析案例，通过讲解客衣服务中的收取、检查、送洗、洗涤、熨烫、送回的流程，介绍服务流程和标准。	

续 表

序号	课　程	一个完整案例	整体案例教学过程	学　时
2	课程模块二：洗衣房管理	案例情景：某酒店客衣洗涤服务	3. 学生分小组讨论在客衣洗涤服务过程中的面料、污渍、折叠、快洗等可能出现的问题，通过案例学习，完成客衣洗涤服务，拟定客衣洗涤服务标准和操作流程。 4. 每个小组派代表解说客衣服务标准，同学间进行互评，教师点评并查漏补缺。 5. 教师对课堂任务完成情况进行评价，总结专业知识与技能。	
3	课程模块三：公共区域清洁保养	案例情景：某酒店公共区域的清洁保养	案例教学过程三： 1. 分发"酒店公共区域清洁保养"学习任务书，学生明确学习目标、要求。 2. 教师分析案例，通过介绍公共区域不同区域、不同材质的清洁保养要领，分析清洁保养的方法和技巧。 3. 学生分小组讨论大理石、花岗岩、木质地面、地毯等的成分、特性、污渍、清洁保养要求，并在实训室完成不同地面、墙面的清洁、去渍、石材翻新等工作。 4. 每个小组派代表解说不同材质墙地面的清洁和污渍处理、清扫频率、检查标准等，同学间进行互评，教师点评并查漏补缺。 5. 教师对课堂任务完成情况进行评价，总结专业知识与技能。	
4	课程模块四：部门管理	案例情景：某酒店客房部员工管理：人员核定、排班、工作检查、评估和考核	案例教学过程四： 1. 分发"某酒店客房部基本情况"学习任务书，学生明确学习目标、要求。 2. 教师分析案例，通过客房部房间数、出租率等核定人员数，根据客情进行排班，对员工工作表现进行检查、考核和评估。 3. 学生分小组讨论客房部岗位和人员核定、排班方案、清扫检查、对客服务质量评估等，最终形成员工评估考核表。 4. 每个小组派代表解说员工定岗定人的标准和方法、排班技巧、员工工作表现评估和激励的方法等，同学间进行互评，教师点评并查漏补缺。 5. 教师对课堂任务完成情况进行评价，总结专业知识与技能。	
合计				

二、案例教学过程设计

案例情景一：某酒店客房部客房清扫

某五星级酒店客房部有 240 间客房，分布在 12 个楼层。学生作为客房服务员，上班后在客房部办公室接受本人的客房楼层清扫日报表，如下：

房号	1201	1202	1203	1204	1205	1206	1207	1208	1209	1210	1211	1212
房态	V	O	O	V	O	VD	VD	VIP	ED	DND	S/O	OOO

要求：按照表格上所列的房态，根据今日客情，确定清扫顺序，明确服务要求和清扫方法，完成客房清扫服务。

（一）教学目标

（1）能说出不同房态的清扫顺序；
（2）能描述不同房态的清扫方法和标准；
（3）能根据不同房态进行不同的处理，进行汇报、报修、记录；
（4）能按标准完成客房清扫；
（5）能针对客情进行个性化服务。

（二）案例设计

本次课程案例选用酒店客房部日常工作的一天这一场景。员工上班后，接受工作指令和要求，在班前会上明确注意事项和特殊情况，按照标准完成日常清扫工作。案例设计中，融合了不同房态如空房 V、住客房 O、退房 VD 的清扫标准和方法的差异，以及对 VIP 房的服务要求，对客房请勿打扰 DND、外宿房 S/O、预退房 ED、维修房 OOO 的处理。课程将以学生为主体、教师为主导，引导学生自主讨论，并根据客房清扫标准和操作视频，确定清扫顺序和标准，并为 VIP 提供服务。学生根据该客情要求，完成一天的清扫和服务工作，并进行成果汇报。

（三）教学组织

（1）教学分组：根据班级人数，由学生自主进行分组，平均每组 4—5 名成员，各小组推选 1 名组长，并明确小组各成员职责。各小组独立完成学习任务。
（2）角色扮演：学生扮演"员工"角色，完成日常客房清扫和服务。当汇报成果时，除汇报方案小组成员外，其余学生均扮演部门"督导"角色进行互评。教师仅作为教学辅助者把控、引导教学进度。
（3）教学场地：在多媒体教室、客房操作实训室、校园酒店客房部真实场景中开展教学活动。
（4）教学实施：
课前：在平台发布预习任务和微课教学视频，学生提前预习客房清扫知识。
课中：教师通过分析案例引入课程，集体讲授剖析知识点，然后学生讨论，并集中在客房操作实训室、校园酒店客房进行现场实操，完成日常清扫，填写客房清扫日报表。在后续课程中汇报展示成果、修改成果。
课后：提高客房清扫质量和速度，并对教学过程和成果进行评价。

(四) 教学媒体

(1) 教学任务书;
(2) 智慧职教平台、多媒体教学 PPT、微课教学视频、企业资料;
(3) 每小组一套客房清扫用品和清扫日报表一份。

(五) 案例教学过程设计

序号	阶段	案例教学过程	学习者学的活动	教师教的活动	时间
1	准备阶段	案例准备、任务书准备	1. 组建学习小组。学生自主进行分组,平均每组 4—5 名成员,各小组推选 1 名组长,并明确小组各成员职责。 2. 认真阅读案例。上课前教师将"某酒店客房部客房清扫"案例及任务书发给学习者,学习者取得案例后,事先阅读,了解案例,并发现工作需求。 3. 做好个人分析。学习者在进行学习之前,全面了解个人已有知识及能力。	1. 教师根据学习者认知水平、能力结构选取典型案例;确定教学的重点、难点;拟定任务书并分发给学生。 2. 预测学习者对案例的反应:学习者如何看待案例中的任务,案例是简单还是颇具挑战性。 3. 想象理想的案例如何进行。制定案例讨论和调研计划。 4. 物资准备。布置实训室,准备网络平台设置。联系校园酒店,确定操作场地。	课前阶段
2	实施阶段	介绍案例及任务,激发学习者兴趣	学习者阅读分析"某酒店客房部客房清扫"案例,认真思考。	教师介绍"某酒店客房部客房清扫"案例,告诉学习者本次案例教学的目标、教学组织、具体安排等,激发学习者学习兴趣。	
		案例讨论及任务实施	1. 开展小组讨论。学习者围绕客房清扫顺序、流程、标准等问题进行讨论,也包括特殊客房的处理。 2. 开展小组调研。学习者前往校园酒店,听取客房管理人员的意见和建议,进行现场操作,并完成工作日报表和工作日志,进行记录。 3. 开展班级讨论。每小组派代表扮演服务员进行课堂发言,汇报客房清扫顺序和清扫标准区别,小组的其他成员可以进行补充。其他小组的成员扮演督导进行评论和提问,展开集体交流。	1. 引导各小组围绕案例及任务要求进行讨论。 2. 引导各小组前往校园酒店进行调研。 3. 引导集体围绕案例和任务进行讨论,引导班级讨论的方向。 讨论的基本方式: (1) 每小组派代表扮演客房服务员进行汇报。 (2) 其他小组的成员扮演部门督导进行评论和提问。 (3) 教师总结评论。	

续 表

序号	阶段	案例教学过程	学习者学的活动	教师教的活动	时间
3	总结阶段	案例总结	学习者在互评讨论结束后,结合相关理论、概念、原理、方法,深化巩固选材方案结果,进一步理清思路,由学员独立完成客房清扫。在原有理论的基础上,通过判断、选择来深入分析案例,做出自己的方案。	教师总结课程,对全体同学的讨论表现与工作方法和内容做出总体评价;同时,对案例教学实施情况进行总体评价:成果经验、经验反思和深化认识。将案例教学提升到理论层次,分析案例背后呈现的专业知识、技能。	
4	巩固阶段	课后作业	1. 学习者根据教师的总结和评价,做好记录,进行思考,分析自身方案的不足之处并改进。 2. 学习者基于讨论和教师布置的任务总结进行思考,形成案例分析报告。	教师布置课后作业:提高客房清扫的质量和效率,并提出新的问题,如在客房清扫中发现客房有异常情况如何处理等,引发学习者进一步思考。	课后进行

(六) 教学评价

1. 教师评价

(1) 评价学习者课堂参与情况。

序号	项目	是	否
1	案例分析较为全面、深刻,对理解问题是有帮助、有意义的		
2	指出案例中需要进一步明确的某些方面		
3	能够有意识地把学到的理论与案例整合起来		
4	理论与案例的整合符合认知的逻辑结构,得出的结论较为合理		
5	能够对别人的观点(包括教师的观点)提出挑战		
6	对案例蕴涵的情景有独特的认识		
7	提出的问题解决方案具有创新性		
8	确定了案例中的关键性假设		
9	提出了行动或实施计划的建设性意义		
10	能够用图表等直观形式反映出案例中涉及的数据或内容		
11	陈述条理清晰,观点持之有据		
12	对他人观点表现出较为得体的尊重		

续　表

序　号	项　　　目	是	否
13	运用定性分析,坦率地表达自己的观点		
14	做出有意义的总结		

(2) 评价学习者案例分析的表现。

在实际案例教学评价中,教师可以根据三者所赋予的分支权重进行量化评价,把三种评价方法有机结合起来。

(3) 教师的自我评价。

序　号	项　　　目	是	否
1	教师在教学过程中注意激发学习者的学习动机		
2	学习者在学习过程中受到教师的充分关注与尊重		
3	教师上课准备充分		
4	案例真实,且对预定的课程设计和教学目标的达成至关重要		
5	教学氛围轻松自由		
6	教学的种种努力使得课堂趣味盎然		
7	学习者积极参与,认真思考		
8	教师观点鲜明,对学习者有启发意义和参考价值		
9	教师态度从容,不盛气凌人		
10	学习者对案例中的问题有自己独到的认识和判断		

2. 学习者评价

(1) 学习者互评。

学习者互评即学习者基于自身认定的评价标准和准则,对本组其他的学习者在本次课程中的整体表现、参与情况和合作情况做出判断,并在职教云平台上填写评价表。

(2) 学习者对教师的评价。

内　　　容	选　项				
教师在多大范围上使得该案例课程总体目标清晰	A	B	C	D	E
每节课的教学目标教师标注得有多清晰	A	B	C	D	E

续 表

内　容	选　项				
教师表述的教学目标在多大范围内得到了实现	A	B	C	D	E
案例在多大范围内有助于你的学习经历	A	B	C	D	E
行业企业在案例教学过程中的参与度如何	A	B	C	D	E
课堂讨论在多大程度上促进了你的学习	A	B	C	D	E
教师在多大范围内在课外给你提供了帮助	A	B	C	D	E
案例报告在多大范围内有助于你的学习	A	B	C	D	E
教师组织案例讨论的整体水平如何	A	B	C	D	E
你认为教师的观点在多大程度上是有价值的	A	B	C	D	E
你从该案例中的收获如何	A	B	C	D	E
你对该案例教学的总体评价如何	A	B	C	D	E
你对教师的评价如何	A	B	C	D	E

（3）学习者的自我评价。

学习者的自我评价即学习者基于原有的自我认识，依据自身认定的评价指标和准则，对自身在本次课程中的整体表现和能力发展做出判断，并在职教云平台上填写评价表。

序　号	项　目	是	否
1	案例分析较为全面、深刻，对理解问题是有帮助、有意义的		
2	指出案例中需要进一步明确的某些方面		
3	能够有意识地把学到的理论与案例整合起来		
4	理论与案例的整合符合认知的逻辑结构，得出的结论较为合理		
5	能够对别人的观点（包括教师的观点）提出挑战		
6	对案例蕴涵的情景有独特的认识		
7	提出的问题解决方案具有创新性、实用性		
8	表达条理清晰，观点持之有据		
9	提出了行动或实施计划的建设性意义		
10	对他人观点表现出较为得体的尊重		

续 表

序 号	项 目	是	否
11	提出更多的假设问题		
12	做出有意义的总结		
13	运用定性分析,坦率地表达自己的观点		

附录 2　工程项目施工招标程序及报价技巧案例教学设计

一、教学目标

(一) 学习需求分析

"工程招标与合同管理"是建筑工程技术专业的专业课程,"工程项目施工招标程序及报价技巧"是其中的学习项目之一,涉及较多理论知识,学生的学习难度较大。学习对象为某高职院校 2019 级建设工程管理专业 2 班 36 名学生,学生具备了学习该课程的知识基础和技能基础。

(二) 明确教学目标

掌握工程项目施工招标程序及各阶段工作内容,掌握工程投标报价技巧。

(1) 知识目标：使学生掌握工程项目施工招标程序和各阶段工作内容；掌握报价技巧(主要是多方案报价法、增加建议方案法、突然降价法、不平衡报价法)。

(2) 能力目标：使学生能够表述投标程序,能够选择和运用多种报价技巧。

(3) 素养目标：使学生具有质量意识、工匠精神、创新思维。

二、案例开发

(一) 背景

某市道路建设工程项目招标,前期招标文件已经公布,某市新建水泥道路,预算金额为 700 万元(人民币),计划工期：150 日历天,有 20 家承包商参与资格预审,有 15 家承包商通过了资格预审。

(二) 问题情境及行动策略

某承包商通过资格预审后,对招标文件进行了仔细分析,发现业主所提出的工期要求过于苛刻,且合同条款中规定每拖延 1 天工期罚合同价的 1%。若要保证实现该工期要求,必须采取特殊措施,从而大大增加成本；还发现原设计结构方案采用框架剪力墙体系过于保守。因此,该承包商在投标文件中说明业主的工期要求难以实现,因而按自己认为的合理工期(比业主要求的工期增加 6 个月)编制施工进度计划并据此报价；还建议将框架剪力墙体系改为框架体系,并对这两种结构体系进行了技术经济分析和比较,证明框架体系不仅能保证工程结构的可靠性和安全性、增加使用面积、提高空间利用的灵活性,而且可降低造价约 3%。该承包商将技术标和商务标分别封装,在封口处加盖本单位公章和项目经理签字后,在投标截止日期前一天上午将投标文件报送业主。次日(即投标截止日当天)下午,在规定的开标时间前 1 小时,该承包商又递交了一份补充材料,承包商经过核算,认为可以进一步降低造价，在补充材料中声明将原报价降低 4%。但是，招标单位的有关工作人员认为，根据国际上"一标一投"的惯例，一个承包商不得递交两份投标文件，因而以此为由拒收承包商的补充材料。

开标会由市招投标办的工作人员主持，市公证处有关人员到会，各投标单位代表均到场。开标前，市公证处人员对各投标单位的资质进行审查，并对所有投标文件进行审查，确认所有投标文件均有效后，正式开标。主持人宣读投标单位名称、投标价格、投标工期和有关投标文件的重要说明。

问题：（1）该承包商运用了哪几种报价技巧？其运用是否得当？请逐一加以说明。

（2）从所介绍的背景资料来看，在该项目招标程序中存在哪些问题？请分别作简单说明。

（三）多角度的分析和讨论

1. 本案例主要考核承包商报价技巧的运用

本案例涉及多方案报价法、增加建议方案法和突然降价法。多方案报价法和增加建议方案法都是针对业主的，是承包商发挥自己技术优势、取得业主信任和好感的有效方法。运用这两种报价技巧的前提均是必须对原招标文件中的有关内容和规定报价，否则，即被认为对招标文件未做出"实质性响应"，而被视为废标。突然降价法是针对竞争对手的，其运用的关键在于突然性，且需保证降价幅度在自己的承受能力范围之内。

该承包商运用了三种报价技巧，即多方案报价法、增加建议方案法和突然降价法。其中，多方案报价法运用不当，因为运用该报价技巧时，必须对原方案（本案例指业主的工期要求）报价，而该承包商在投标时仅说明了该工期要求难以实现，却并未报出相应的投标价。增加建议方案法运用得当，通过对两个结构体系方案的技术经济分析和比较（这意味着对两个方案均报了价），论证了建议方案（框架体系）的技术可行性和经济合理性，对业主有很强的说服力。突然降价法也运用得当，原投标文件的递交时间比规定的投标截止时间仅提前一天多，这既符合常理，又为竞争对手调整、确定最终报价留有一定的时间，起到了迷惑竞争对手的作用。若提前时间太多，会引起竞争对手的怀疑，而在开标前一小时突然递交一份补充文件，这时竞争对手已不可能再调整报价了。

2. 本案例涉及招标程序

本案例关于招标程序的问题仅涉及资格审查的时间、投标文件的有效性和合法性、开标会的主持、公证处人员在开标时的作用。这些问题都应按照《中华人民共和国招标投标法》和有关法规的规定回答。

一是招标单位的有关工作人员不应拒收承包商的补充文件，因为承包商在投标截止时间之前所递交的任何正式书面文件都是有效文件，都是投标文件的有效组成部分，也就是说，补充文件与原投标文件共同构成一份投标文件，而不是两份相互独立的投标文件。

二是根据《中华人民共和国招标投标法》，应由招标人（招标单位）主持开标会，并宣读投标单位名称、投标价格等内容，而不应由市招投标办工作人员主持和宣读。

三是资格审查应在投标之前进行（背景资料说明了承包商已通过资格预审），公证处人员无权对承包商资格进行审查，其到场的作用在于确认开标的公正性和合法性（包括投标文件的合法性)。

四是公证处人员确认所有投标文件均为有效标书是错误的,因为该承包商的投标文件仅有单位公章和项目经理的签字,而无法定代表人或其代理人的印鉴,应作为废标处理。即使该承包商的法定代表人赋予该项目经理合同签字权,且有正式的委托书,该投标文件仍应作废标处理。

(四) 需要进一步思考的问题

(1) 讨论并明确工程项目施工招标程序及各阶段工作内容。

(2) 思考如何撰写标书和编制底标。

三、教学组织

开展小组学习,课前请同学们自主分为 6 个小组,每个小组推选出一名组长,教师在课前发放案例及问题给小组长,由小组长组织讨论;可以在校内工程招标实训室开展教学实施;课后学生们结合教师提出的建议进一步思考问题,形成案例分析报告,由教师组织开展评价。

四、教学媒介

(一) 教学设施

校内工程招标实训室应配备计算机、打印机、复印机、投影仪、办公软件、计量计价软件、标准招标文件、大椭圆桌、排椅、工作标牌、剪刀、计算器、发包人和投标人法人公章若干枚、发包人和投标人法定代表人印章若干枚、白板等,用于编制资格预审文件和招标、编制和封装投标文件、模拟开标等教学与实训。

(二) 教学资源

教材、图书文献及数字资源。选用的教材:《工程项目招投标与合同管理》,由冯剑梅、李文倩主编,中国地质大学出版社出版;专业类图书文献:学生可在课前去校图书馆查阅有关建设工程管理技术、方法、思维以及实务操作类图书,建设工程相关标准、规程、规范、图集和手册等工具书。例如:《建筑工程招投标与合同管理》,程超胜著,北京大学出版社出版;《建设工程招投标与合同管理》,宋春岩、付庆向著,北京大学出版社出版;《中华人民共和国招标投标法》等相关法律资料。数字教学资源:基于虚拟仿真软件,让学生接触真实的招投标程序;播放教学案例相关视频,让学生在文字感知的基础上,能够体会真实的工作情景。

五、教学过程

阶段	案例教学过程	学生学的活动	教师教的活动	时间分配
准备阶段	案例准备	1. 各组领取"工程项目施工招标程序及报价技巧"案例,明确教学目标,熟悉案例及问题,各组围绕案例进行讨论和思考,发现问题。 2. 各组成员对之前所学知识点和技能进行回忆。	1. 教师基于教学目标选择合适的案例,进行设计开发,形成"工程项目施工招标程序及报价技巧"案例。 2. 教师在课前将案例及问题发给学生,并发送相关学习资源,包括课件、视频等各种类型的资源。	课前

续　表

阶段	案例教学过程	学生学的活动	教师教的活动	时间分配
准备阶段	案例准备		3. 对学生学习案例后可能产生的问题和疑问,预先进行判断和思考。 4. 布置教室桌椅,便于开展小组讨论。	课前
实施阶段	介绍案例	学生按照分组开展学习,基于教师的介绍认真阅读、思考"工程项目施工招标程序及报价技巧"案例。	教师介绍案例,告诉学生此次案例教学的目标:掌握工程项目施工招标程序及各阶段工作内容,掌握工程投标报价技巧;提出要思考的问题,激发学生学习的兴趣。	5—10分钟
实施阶段	案例讨论	1. 各小组成员围绕案例进行讨论交流,发现案例中的投标技巧,分析案例中投标技巧使用得正确与否;讨论工程项目施工招标的程序,判断案例中招标程序是否存在问题,各小组达成共识。 2. 由每个小组组长发言,发表每个小组的结论。请其他小组成员进行判断发言,集体交流。	1. 教师负责给学生布置具体工作任务和提出要求。教师可以设置相应的情景,按照编制招标文件、购买招标文件、编制投标文件、递交投标文件等一系列流程的规定设计情景,让学生通过身临其境的体验更好地掌握教学知识点,有时教师也可以在容易出错的环节有意识地设计一些错误的流程,让学生识别,从而加深其对该知识点的印象。 2. 教师根据组长发言,提出案例分析的建议,引导学生围绕案例进行深入讨论。 3. 教师做好时间管理工作。	25—35分钟
实施阶段	案例总结	每个小组在讨论的基础上,在教师的引导下,自己对案例进行判断、选择,深入分析案例,做出决策。	教师与学生进行互动,引导学生自主分析和思考;并对全体学生的分析和讨论进行总体评价,同时,指出本次案例讨论的重点、难点,引导学生进一步思考。	5—10分钟
巩固阶段	形成案例分析报告	1. 根据教师的总结和评价,做好记录,进行思考,分析自身方案的不足之处并改进。 2. 每个学生对于案例学习进行总结,形成案例分析报告。	教师布置适当的任务,请学生课后完成:投标后,如何开展评标,请学生课后进行思考。	课后

六、教学评价
(一) 教师评价

序号	项目	是	否
1	案例分析较为全面、深刻,对理解问题是有帮助、有意义的		
2	指出案例中需要进一步明确的某些方面		
3	能够有意识地把学到的理论与案例整合起来		
4	理论与案例的整合符合认知的逻辑结构,得出的结论较为合理		
5	能够对别人的观点(包括教师的观点)提出挑战		
6	对案例蕴涵的情景有独特的认识		
7	提出的问题解决方案具有创新性		
8	确定了案例中的关键性假设		
9	提出了行动或实施计划的建设性意义		
10	能够用图表等直观形式反映出案例中涉及的数据或内容		
11	陈述条理清晰,观点持之有据		
12	对他人观点表现出较为得体的尊重		
13	运用定性分析,坦率地表达自己的观点		
14	做出有意义的总结		

(二) 学生互评

让小组内学生两两互评,对课前案例预习情况、课上围绕"工程项目施工招标程序及报价技巧"讨论情况、案例分析报告撰写情况进行评价。

(三) 学生自评

学生在课后对自己本节课的学习情况进行评价,包括能发现案例中工程项目施工招标程序存在的问题,能找出案例中的报价技巧并对报价技巧使用情况进行评价,自己可以熟练运用报价技巧进行报价,具有质量意识、创新思维等。

附录3 老年人能力评估课程案例教学设计
一、设计说明

本教学设计为"老年人能力评估"课程模块一老年人能力评估任务四精神状态评估子任务一认知功能评估的案例教学系统设计。基于课标教学目标,开发教学案例,设置案例问题,以案例为媒介,创设真实的案例情境,引导学生开展讨论,自主解决问题,达成素质、能力、知识培养目标。

二、教学目标

（一）素质目标

(1) 具备理解尊重老人,爱心细心为老年人服务的意识;
(2) 具备科学严谨的老年人能力评估工作作风。

（二）能力目标

(1) 能根据老年人具体情况选择合适的评估工具;
(2) 能运用有效的沟通和正确的评估方法为老年人进行认知功能评估;
(3) 能在认知功能评估中对老年人的认知程度做出准确判断。

（三）知识目标

(1) 列举老年人认知功能评估工具;
(2) 陈述老年人认知功能评估方法;
(3) 解释老年人认知功能评估评分标准。

三、案例设计

（一）案例来源

案例来源于合作养老机构真实老人工作实际情况,基于教学目标和学生的认知发展水平和能力特点,对案例进行优化调整,使之适合教学。

（二）案例描述

杨奶奶认知功能评估

杨奶奶,76岁,有高血压病史20余年,一年前发生脑梗意外,经医院治疗病情缓解后在养老机构休养。目前左侧肢体活动不灵,右侧肢体可活动但无力,言语表达能力下降,主要由护理员照顾。护理员称,老人自入住养老机构以来,有明显的记忆力减退,总是忘记刚发生的事情,有时候会搞错自己的房间。

（三）案例问题

(1) 杨奶奶需要做认知功能评估吗?
(2) 杨奶奶为什么要做认知功能评估?
(3) 你会为杨奶奶选择什么工具进行认知功能评估?
(4) 为杨奶奶评估的时候在沟通方面要注意什么?
(5) 请以小组为单位进行角色扮演,为杨奶奶进行认知功能评估。

四、教学组织

（一）小组讨论

全班共40人,按照5人一组进行,全班共分为8组。

（二）教学场地

由教师组织学生在老年人能力评估实训室开展教学。

（三）小组讨论形式

小组讨论采用声音圈组。

(四)课桌椅排列

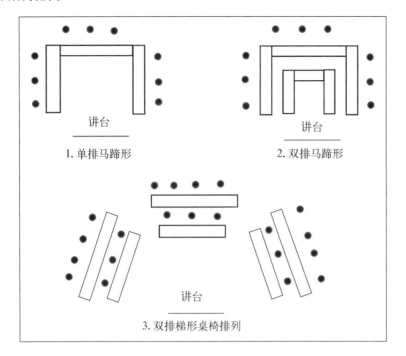

1. 单排马蹄形
2. 双排马蹄形
3. 双排梯形桌椅排列

五、教学媒体

案例以文字描述和视频的形式展示。

六、教学过程设计

1. 整体案例教学过程设计

整体案例教学过程设计表

序号	课程模块	整体案例教学过程	学时
1	模块一老年人能力评估任务四精神状态评估子任务一认知功能评估	导入案例—小组讨论—解决问题展示—学生评价—教师点评—知识能力点分析—总结	2

2. 案例教学过程设计

案例教学过程设计过程表

阶段	案例教学过程	学习者学的活动	教师教的活动	时间
准备阶段	案例准备：与校企合作养老机构合作建立案例教学资源库。从资源库中筛选适合本次教学内容、教学目标和学情的案例,并进行优化调整。	1. 组建学习小组。按照教师的分配建立学习小组,5人一组。 2. 认真阅读案例。上课一周前教师将案例及问题发给学习者,学习者取得	1. 教师紧密结合案例教学特点和学习者认知水平、能力结构选取典型案例;确定教学的重点、难点;拟定针对性问题,提前分发给学习者阅读。 2. 预测学习者对案例的反应。	课前阶段

续 表

阶段	案例教学过程	学习者学的活动	教师教的活动	时间
准备阶段		案例后,事先阅读,了解案例,并发现问题或了解教师提出的问题。 3. 做好个人分析。学习者在进行学习之前,全面分析个人已有知识及能力。	学习者如何看待案例中提出的问题,案例是简单还是颇具挑战性。 3. 想象理想的案例讨论如何进行。制定案例讨论计划,怎样开始讨论,怎样进行以及怎样结束。 4. 物质准备。包括场所的选择、课桌椅的排列、教室辅助设施布置、现代信息技术装备。	
实施阶段	介绍案例及问题	学习者阅读分析案例,认真思考。	教师介绍案例,告诉学习者本次案例教学的目标、教学组织、具体安排等,激发学习者学习兴趣。	5分钟
	案例讨论	1. 开展小组讨论。学习者围绕问题进行讨论。 2. 开展班级讨论。每个小组的代表进行课堂发言,小组的其他成员可以进行补充,请其他小组的成员进行判断发言,集体交流。	1. 引导各小组围绕案例及提出的问题进行讨论。 2. 引导集体围绕案例进行讨论,可以通过提出问题等方式引导班级讨论的方向。	25分钟
	案例总结	学习者在案例讨论结束后,结合相关理论、概念、原理、方法,将讨论结果加以物化,巩固案例讨论结果,进一步理清思路,由学员独立完成。即在讨论的基础上,通过判断、选择来深入分析案例,提出自己的方案,并做出决策。	教师在总结的过程中,要对全体同学的分析与讨论表现作总体评价;同时,对案例教学实施情况进行总体评价:成果经验、经验反思和深化认识。将案例教学提升到理论层次,分析案例背后呈现的专业知识、技能。	15分钟
	工作任务实施操作	1. 各组同学进行工作任务实施操作训练。 2. 一组同学进行工作任务的实施角色扮演,其他组同学观看并找问题,进行互评。	1. 巡视各组同学操作训练情况,并对疑惑进行解答。 2. 完成抽查工作任务并进行点评。	45分钟
巩固阶段		学习者根据教师的总结和评价,做好记录,进行思考,分析自身方案的不足之处并改进。	布置适当的任务请学习者课后完成,并提出新的问题引发学习者进一步思考。	

七、教学评价
(一) 教师评价
1. 评价学习者课堂参与情况

序号	项目	是	否
1	案例分析较为全面、深刻,对理解问题是有帮助、有意义的		
2	指出案例中需要进一步明确的某些方面		
3	能够有意识地把学到的理论与案例整合起来		
4	理论与案例的整合符合认知的逻辑结构,得出的结论较为合理		
5	能够对别人的观点(包括教师的观点)提出挑战		
6	对案例蕴涵的情景有独特的认识		
7	提出的问题解决方案具有创新性		
8	确定了案例中的关键性假设		
9	提出了行动或实施计划的建设性意义		
10	能够用图表等直观形式反映出案例中涉及的数据或内容		
11	陈述条理清晰,观点持之有据		
12	对他人观点表现出较为得体的尊重		
13	运用定性分析,坦率地表达自己的观点		
14	做出有意义的总结		

2. 评价学习者案例分析的表现

在实际案例教学评价中,教师可以根据三者所赋予的分支权重进行量化评价,把三种评价方法有机结合起来。

3. 教师的自我评价

序号	项目	是	否
1	教师在教学过程中注意激发学习者的学习动机		
2	学习者在学习过程中受到教师的充分关注与尊重		
3	教师上课准备充分		
4	案例真实,且对预定的课程设计和教学目标的达成意义重大		

续 表

序 号	项 目	是	否
5	教学氛围轻松自由		
6	教学的种种努力使得课堂趣味盎然		
7	学习者积极参与,认真思考		
8	教师观点鲜明,对学习者有启发意义和参考价值		
9	教师态度从容,不盛气凌人		
10	学习者对案例中的问题有自己独到的认识和判断		

(二) 学习者评价

1. 学习者互评

学习者互评:学习者基于自身认定的评价标准和准则,对本组其他学习者在本次课程中的整体表现、参与情况和合作情况做出判断,并在职教云平台上填写评价表。

2. 学习者对教师的评价

内 容	选 项				
教师在多大范围上使得该案例课程总体目标清晰	A	B	C	D	E
教师对每节课的教学目标标注得有多清晰	A	B	C	D	E
教师表述的教学目标在多大范围内得到了实现	A	B	C	D	E
案例在多大范围内有助于你的学习经历	A	B	C	D	E
行业企业在案例教学过程中的参与度如何	A	B	C	D	E
课堂讨论在多大程度上有助于你的学习	A	B	C	D	E
教师在多大范围内在课外给你提供了帮助	A	B	C	D	E
案例报告在多大范围内有助于你的学习	A	B	C	D	E
教师组织案例讨论的整体水平如何	A	B	C	D	E
你认为教师的观点在多大程度上是有价值的	A	B	C	D	E
你在该案例学习中的收获如何	A	B	C	D	E
你对该案例教学的总体评价如何	A	B	C	D	E
你对教师的评价如何	A	B	C	D	E

3. 学习者的自我评价

序号	项目	是	否
1	案例分析较为全面、深刻,对理解问题是有帮助、有意义的		
2	指出案例中需要进一步明确的某些方面		
3	能够有意识地把学到的理论与案例整合起来		
4	理论与案例的整合符合认知的逻辑结构,得出的结论较为合理		
5	能够对别人的观点(包括教师的观点)提出挑战		
6	对案例蕴涵的情景有独特的认识		
7	提出的问题解决方案具有创新性、实用性		
8	表达条理清晰,观点持之有据		
9	提出了行动或实施计划的建设性意义		
10	对他人观点表现出较为得体的尊重		
11	提出更多的假设问题		
12	做出有意义的总结		
13	运用定性分析,坦率地表达自己的观点		

职业教育教师教学能力评价指导手册

目 录

前　言　　　　　　　　　　　　　　　　　　　　　　389

第一章　术语界定　　　　　　　　　　　　　　　　　390

第二章　职业教育教师教学能力评价指标　　　　　　391
  一、一级指标的设计与内涵　　　　　　　　　　391
  二、二级指标的设计与内涵　　　　　　　　　　391

第三章　职业教育教师教学能力评价标准和等级　　　393

第四章　职业教育教师教学能力评价量表　　　　　　395

第五章　评价注意事项　　　　　　　　　　　　　　398

前 言

提高职业教育课堂教学质量的核心在于提升教师的教学能力。需要采取多种办法来提升职业教育教师的教学能力,其中关键举措是设计科学合理的教师教学能力评价指导手册,为评价、提升职业教育教师教学能力提供依据和抓手。

《职业教育教师教学能力评价指导手册》是评价职业教育教师教学能力的工具,为了让本手册充分发挥提升职业教育教师教学能力的作用,本手册的核心设计理念是让教师的教学回归内容本身、回归学生的学习,而不是仅仅关注教师教学的手段和方法,因为方法是为内容学习服务的,切不可本末倒置。在使用本手册对教师的教学能力进行评价时,需要始终坚持教学手段以及工具是为教学内容服务的准则。在此基础上,再从信息化手段的使用、方法的创新等其他方面考察与评价教师的教学能力。

本手册分为五部分,分别是术语界定、职业教育教师教学能力评价指标、职业教育教师教学能力评价标准和等级、职业教育教师教学能力评价量表、评价注意事项。

第一章 术语界定

职业教育教师教学能力评价是指职业教育课程专家、任课教师等对职业教育教师课堂教学的整体教学情况、教学目标达成情况、教学效果等方面进行总的分析与判断,并按照一定的标准对职业教育教师的课堂教学能力给予相应的等级划分和赋分的教育实践活动。

职业教育教师教学能力评价的功能在于对教师的课堂教学进行调节、诊断、激励,最终引导教师不断提升自身的课堂教学能力,以促进职业教育学生的课堂学习。

科学、有效的教师教学能力评价也有助于教师发现自己在课堂教学中存在的问题,帮助教师不断提升自己的课堂教学能力,使得课堂教学更加科学化与专业化,实现促进教师专业成长的目标。

第二章　职业教育教师教学能力评价指标

一、一级指标的设计与内涵

对教师教学能力进行评价的一级指标有四个：教学本体过程、教学的社会过程、教学时间的有效利用、学习结果评价与应用。对教师进行教学能力评价时，需要把握好上述指标的内涵，以对教师教学能力作出精确的评价。具体内涵如下。

（1）教学的本体过程，主要评价教师在知识、技能、思维、素养等方面的教学能力，以及是否引导学生深入地进行了钻研，并有意识地帮助学生建构知识之间的联系等，它是评价教师课堂教学能力的核心内容。

（2）教学的社会过程，主要评价融洽师生关系的构建、教师对学生的激励、班级公平环境的营造、班级秩序的构建与管理等；它是教学评价中不可忽视的重要内容，因为教学并不是一个独立的教与学的问题，有效教学必定发生在一个积极的社会环境中。

（3）教学时间的有效利用，主要评价对教学进程的合理把握，指教师的教学要有一定的浓缩度，且内容含量要达到一定程度；非教学时间最小化，指课堂信息化手段的使用、发作业等非教学时间的控制；教学时间的合理分配，指教学的重点需要放在课堂最重要的时段，且要占据较多的时间；等等。

（4）学习结果评价与运用，主要评价教师在教学过程中对学生学习状态的持续观察和检查，并根据掌握的信息调整教学方法与进程，将关注点真正放在学生学习上。

二、二级指标的设计与内涵

教学本体过程和教学社会过程指标下还有二级指标。二级指标是对一级指标的细化，有利于评价者更加深入、细致地对教师的教学能力进行评价，也为教师提升自身的教学能力提供了更加具体的努力方向，因此评价者也需要把握好二级指标的内容和内涵。教学本体过程的具体二级指标分别是：

（1）学生研究与运用。这方面需要注意评价教师对学生的学习习惯、已有基础、学习能力的洞察能力与深入研究分析能力，评价教师能否深入把握学生的学习特点。一位优秀的教师能够准确洞察学生对每一知识点学习的障碍和可能遇到的问题，并采取相应手段予以关注和解决。与此相反，有些教师个性较强，以自我为中心，教学内容都是围绕教师展开，"眼中没有学生"，因此在评价过程中，需要对这一现象进行纠正。

（2）教学目标设计与运用。这方面评价的是教师对教学目标的把控能力，评价教师对教学目标是否设计得精准与清晰,这是观察与评价一堂课非常重要的方面。教师对教学目标的理解程度会影响他对教学过程的把握,只有提高对教学目标的理解程度,才能不断改善教学过程。比如,"坐标系在数控机床上的确立"这一教学案例,所设计的教学目标①"熟悉数控机床坐标系相关规则;掌握在数控机床上确立坐标系的方法"就不如教学目标②"能够在数控机床上建立笛卡尔坐标概念,并能在不同情境中用右手定则对刀具、工件正确定位"清晰和精确,而且教学目标②更易于教师在教学实践中具体参照,可操作性更强。

(3) 教学内容的处理与传递。这一方面评价的是教师运用专业知识,把教学内容转化成学习内容的能力,这一点很重要,也很难,是教师教学能力的核心部分。不对教学内容进行处理的课就变成了照本宣科,是"无教学的"。教师对教学内容的处理主要包括:① 系统化处理,指处理知识之间的前后联系,与其他课程的联系,以使知识形成一张知识网。教师教的是知识体系,而不仅仅是知识点。② 结构化处理,指的是一堂课需要清晰的结构,知识内容的呈现与分段,以及知识之间的关系需要形成结构化的内容,而不是平铺直叙,这一点评价的是教师对教材内容的提取与加工等结构化处理能力。③ 学习化处理,指的是教师教学需要讲得清楚明白,比如教授不容易理解的知识时会提供案例支撑,教授容易混淆的知识则会提供知识对比等,教师的讲解要深入浅出,能让学生接受。④ 教育化处理,指的是教师在专业知识教学中需要对学生进行一定的思想政治以及思维训练的教育。需要明确的是,教师是用知识来教学,但教学不仅仅是教知识,也有思想教育和思维训练。教师教学也不能脱离知识谈素养教育,教师要在知识传授的基础上,对思想和思维内容进行相应处理与传授。

(4) 教学支持系统设计与运用。这一方面评价的是教师对各种教学材料、教学方法、教学手段、教学工具等方面的设计与运用能力,不仅评价这些教学支持系统本身,还要评价教师使用的教学支持系统与教学目标和内容是否一致。比如,英语课上讲解虚拟语气,教师将一个句子写在一张纸上,然后剪成很多纸片,让不同小组去拼接,看哪个组速度最快。这教会了学生的拼图能力还是语言能力?而且这种"为方法而方法"的做法不一定就能教会学生相应的语言能力。这样的教学方法实质上是对教学目标的背离。

教学社会过程这方面评价的是教师对课堂社会过程方面把控与调节的能力,内涵较多,其中最为重要的具体二级指标分别是学生激励和公平学习环境营造。

(1) 学生激励这一方面评价的是教师在教学过程中是否鼓励学生,帮助学生树立信心,引导学生积极看待自己的人生和学习,等等。

(2) 公平学习环境营造这方面评价的是教师在上课的过程中是否只关注一个角落,是否及时与学生进行眼神交流和互动,等等。

第三章 职业教育教师教学能力评价标准和等级

评价的指标解决的是对教师教学能力的评价从哪些方面入手的问题,而评价的标准则是指评价的尺度,对教师的教学能力需要参照具体的评价标准并给予等级划分,达到某一标准便给予相应的等级认定。具体的评价标准和等级如表 3-1 所示。

表 3-1 职业教育教师教学能力评价标准和等级

指标		等级		
		1	2	3
教学本体过程	学生	有描述无价值	运用效果不明显	分析独到、运用充分
	目标	针对性不强	发挥中心作用	显著提升水平
	内容	缺乏深度处理	清晰、透彻	体现核心素养
	支持	作用一般	有效支持	效果显著
教学社会过程	激励	无或形式化	显性激励	人格激励
	公平	无或形式化	形式上的公平	事实上的公平
教学时间有效利用		效率不高	效率高	信息化手段,学习时间开发
学习结果评价与运用		评价与教学脱节	掌握学习	深度评价

职业教育教师教学能力共划分为 1、2、3 三个等级。三等级划分的依据是教师教学能力的发展机制,这一发展机制的过程是教师教学的关注点从教师到课程再到学生。处于不同发展水平的教师的关注点不一样。初任教师往往最关注自己能不能上好课,以及能不能完成任务;骨干教师则关注课程,处于这一发展阶段的教师有清晰的教学内容和课程意识,其不足在于他们的学生意识还不是很强,往往只是机械地要求学生完成课程任务,没有基于学生的发展来设计自身的教学。最高发展水平的教师则真正开始关注学生,明确意识到课程设计也是服务学生学习。教师专业发展的阶段理论,支撑了教师教学能力水平的三级划分,在对教师教学能力进行评价与等级划分时,需要掌握教师专业发展的阶段理论,以便更好地

开展更加精准的教师教学能力评价活动。教师专业化水平与关注点的三级变化示意图如图 3-1 所示。

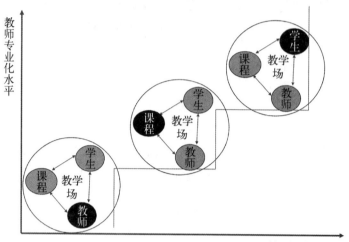

图 3-1 教师专业化水平与关注点的三级变化

第四章　职业教育教师教学能力评价量表

职业教育课堂教学评价量表是课程专家以及教师在进行课堂教学评价工作时所直接使用的评价工具,利用评价量表可以直接对教师的课堂教学行为与效果进行评价和赋分,是课堂教学评价设计的成品。职业院校的不同学校和专业可以根据自身实际,按照职业教育课堂教学评价设计的基本要求进行课堂教学评价量表的开发,这里提供一份评价量表以供参考。需要明确两点:1.评价指标和量表的内容是动态发展的,可以在实践中不断完善。2.评价量表不同指标的赋分,是综合考虑该指标的重要性以及区分度等因素设计的。

评分指标		评价问题	评价标准	分值
教学本体过程	学生研究与运用	1. 对学生已有知识、学习特点、文化背景的分析和描述是否充分? 2. 学生研究结果在教学的各个环节是否得到了充分运用?	等级一:对学生已有的知识、学习特点、文化背景进行了分析和描述,但对理解没什么价值(1分); 等级二:对学生已有的知识、学习特点、文化背景进行了有价值的分析和描述,但比较常规和粗略,教学中运用的效果不明显(3分); 等级三:对学生已有的知识、学习特点、文化背景进行了有价值而又独到的分析和描述,并在教学各环节中得到了充分运用(5分)。	5
	教学目标设计与运用	1. 对教学目标阐述的清晰、完整程度如何? 2. 所阐述的教学目标体现人才培养要求的程度如何? 3. 整个教学过程是否紧扣教学目标展开?	等级一:教学目标内容与结构混乱,教学针对性不强(1分); 等级二:教学目标内容完整,结构清晰,重点、难点判断准确,教学过程完全围绕教学目标展开(3分); 等级三:教学目标内容完整,结构清晰,重点、难点判断准确,且人才培养的高度,显著地提升了教学水平(5分)。	5
	教学内容处理与传递	1. 系统化处理:对教学内容的内在联系建立得如何?是否理清并帮助学生建立了所教内容与前后教学内容,以及与其他课程的教学内容之间合理、清晰的联系?	等级一:教学内容没有科学性错误。教学内容呈现比较常规,对内容的结构和学习化处理深度不够,对所教内容与前后教学内容,以及其他课程的教学内容之间关系的分析不深入(5分);	20

续 表

评分指标		评价问题	评价标准	分值
教学本体过程	教学内容处理与传递	2. 结构化处理：对教学内容的结构化处理如何？是否通过对教学内容的结构化设计，形成了清晰的课的结构？ 3. 学习化处理：对教学内容的学习化处理如何？是否运用教师的专业知识和教学法知识对教学内容进行了有效的学习化处理，教学内容呈现清晰、透彻，学生易于掌握？ 4. 教育化处理：是否结合教学内容充分进行了职业素养与思维能力的培养？	等级二：教学内容没有科学性错误。围绕教学目标，对教学内容进行了有利于提升教学效果的处理，教学内容结构清晰，易于理解，对所教内容与前后教学内容，以及其他课程的教学内容之间关系的分析准确，教学内容呈现清晰、透彻，学生易于掌握(15分)； 等级三：教学内容没有科学性错误。围绕教学目标，不仅对教学内容进行了深入的、有价值的结构化和学习化处理，对所教内容与前后教学内容，以及其他课程的教学内容之间关系的分析准确，教学内容呈现清晰透彻，学生易于掌握，而且结合教学内容对学生进行了充分的核心素养培养(20分)。	20
	教学支持系统设计与运用	1. 选择或设计的教学方法、活动、教学组织形式、材料和资源与教学目标的一致性程度如何？ 2. 在保证与教学目标一致的前提下，选择或设计的教学方法、活动、教学组织形式、材料和资源的创新程度如何？	等级一：教学方法、教学组织形式、教学材料或其他资源对教学的支持作用一般，教师的运用能力一般(5分)； 等级二：教学方法、教学组织形式、教学材料或其他资源与教学目标一致，且能有效地支持教学目标的实现，教师的运用能力达到娴熟水平(15分)； 等级三：教学方法、教学组织形式、教学材料或其他资源与教学目标相一致，且有创新性，开发难度大，有明显的改革意识，能显著地提高教学效果，教师的运用能力娴熟且有灵活性(25分)。	25
教学社会过程	学生激励	1. 是否向学生表达了有挑战性的学习期望，并采取恰当方式有效地激励学生进行学习？ 2. 是否对学生的学习成果坚持了高标准要求？	等级一：忽视了对学生的激励，或者有激励，但方式形式化，没有实质效果(2分)； 等级二：积极地采取了显性的激励学生学习的方法，对学生学习坚持了高标准，学生学习积极性高(5分)； 等级三：综合运用教师人格魅力、专业精神、情感及显性激励方法激励学生学习，并对学生学习坚持了高标准，学生学习积极性高且能持续(10分)。	10
	公平学习环境营造	1. 是否公平地对待了不同背景的学生？ 2. 是否均衡地分配了学习机会？ 3. 是否在积极地构建平等的师生关系和学生关系？	等级一：忽视了对学习心理环境的营造，或者只是在形式上运用了营造公平学习环境的方法，没有实质效果(2分)； 等级二：积极地运用了营造公平学习环境的显性方法，形成了形式上的公平学习氛围(5分)； 等级三：运用教师人格，灵活地运用多种促进公平的显性方法，形成了事实上的公平学习氛围(10分)。	10

续 表

评分指标	评价问题	评价标准	分值
教学时间有效利用	1. 教学进度是否恰当？ 2. 非教学时间是否最小化？ 3. 教学时间分配与教学目标达成是否一致？	等级一：教学进度把握不是很准确，非教学时间比较多，教学效率不高（2分）； 等级二：教学进度把握较准确，将非教学时间控制到了最小范围，教学时间分配合理（7分）； 等级三：教学进度把握非常准确，教学时间分配合理，将非教学时间控制到了最小范围，并采用信息化等手段大幅度地提升了教学效率（10分）。	10
学习结果评价与运用	1. 是否设计了有效、可实施的学习结果评价方案？ 2. 对学生学习进度的实时掌控程度如何？ 3. 每一步教学是否是建立在学生对前一步教学内容掌握的基础上？	等级一：评价方案信度、效度低，教学中没有效地基于评价结果来推进教学过程（2分）； 等级二：评价方案清晰，易于实施，能较好地反映学习结果，通过运用评价，使教学充分建立在学生对前一步教学内容掌握的基础上（8分）； 等级三：评价方案清晰，易于实施，且有较大程度的创新，能对学习结果进行更加深度、及时的评价，通过对评价的运用，显著地提升了教学质量（15分）。	15

第五章 评价注意事项

（1）注意发挥评价手册的导向作用，即引导教师的教学回归教学内容本身，而不是关注教师信息化教学等教学方法的使用。在评价的过程中，要尤其注意教师是否关注学生对学习内容的学习和掌握，并采取相应的教学设计应对教学中出现的问题。通过回归教学内容、回归学生学习的教师教学能力评价活动，引导教师朝正确的方向提升教学能力。

（2）本评价手册主要用于对教师教学能力的评价。评价的是教师的教学过程，即教师在课堂教学中具体做了什么，以及做得怎么样，不是对整个教学运行以及学生整体的学业情况的评价，评价者在使用本手册时需要明确这一边界。

（3）评价者在使用本手册时需要深入把握本手册阐明的各评价指标的内涵，并严格按照科学合理的指标进行评价，不能凭借主观印象和经验对教师的教学能力进行评价。这是教师教学能力评价成为专业活动，实现评价活动引导课堂教学回归教学内容的关键。

（4）在理解评价指标中的学生研究与应用这方面需要注意的是，教师们几乎都认识到了研究学生的重要性，但是在这方面还是有很大的深化空间。教师在教学中研究学生不是在形式上或者在表面上了解一下学生，比如仅仅阐述学生缺乏学习兴趣与基本知识点等，而是需要深入洞察学生对知识点的学习与掌握情况，并有意识地采取相应教学设计，这是教师教学能力评价的重要方面。因此，评价时不能只关注教师表面上了解与研究学生的情况，而是需要着重关注教师深入运用学生研究结果的能力。

（5）在理解评价指标中的教学目标设计与运用这方面需要注意的是，在多大程度上重视教学目标？没有教学目标能不能上课？虽然没有目标也可以上课，但是没有深入研究目标，所上的课不会是好课。提升教学目标的研究，意味着对课程内容和学生的深入研究。因此"没有目标也能上好课"的观点是错误的，教师要反思，每节课到底要给学生教授什么知识，而做到这一点需要以对教学目标的深入研究与理解为支撑。因此，需要关注教师对教学目标的研究与阐释是否深入。

（6）在理解评价指标中的教学内容的系统化处理这方面需要注意的是，教师通过机械地设计课前的复习巩固环节，简单地对教学内容进行前后联系，这不是系统化处理，反而会对教学效果产生负面影响。教师需要通过知识点的联想和对比在过程中进行知识巩固，当学生有知识点学习障碍时，此时对其进行复习巩固，学生的学习热情与效率才是最高的。因此对教师教学能力进行评价时，需要细心判断教师在教学内容系统化处理方面的能力。